比較教育社会学への イマージュ

原　　清治
山内 乾史
杉本　　均

編著

学 文 社

執　筆　者

＊原　　　　清　治　　佛教大学教育学部教授（第1章・第8章第3節～第6節）

＊山　内　乾　史　　神戸大学大学教育推進機構／大学院国際協力研究科教授
　　　　　　　　　　（第2章・第8章第1節～第2節）

＊杉　本　　　均　　京都大学大学院教育学研究科教授（第3章・第7章）

　植　田　み　ど　り　　国立教育政策研究所教育政策・評価研究部総括研究官（第4章）

　深　堀　聰　子　　九州大学教育改革推進本部教授（第5章）

　南　部　広　孝　　京都大学大学院教育学研究科教授（第6章）

（執筆順）＊は編者

初版はしがき

　元来，教育問題は国内問題と考えられ，各国がそれぞれ別個の問題を抱え，別個に対策が練られてきた．せいぜい他国の教育政策の動向を参考にして，自国の教育政策を策定しようとする程度であった．しかし，近年は各国が抱える問題に，非常に多くの共通点がみられ，また相互の連関を深めているようである．たとえば，学力問題，授業崩壊などの荒れ，イジメ，不登校などの諸問題は代表的なものである．もちろん，問題の原因は一律的なものではなく，国の歴史的・文化的・政治的状況に応じて多様なものであろう．しかし，かつてよりはるかに，各国の教育政策が相互に影響を与えあっているようである．

　教育社会学のひとつの重要な使命は，教育問題を社会学的視点からとらえ，問題の解決に向けて社会科学的な視座からの提言を行なうことである．この観点からすれば，諸外国の教育政策をにらみつつ，国内のさまざまな教育問題を論じる著作があってもいいのではないかという思いが編者に共通するものとしてあった．諸外国の教育政策は，比較教育学を筆頭に多くの分野で研究されてきたものではあるが，一国の研究として完結するのではなく，他国との相互比較，日本への示唆を教育社会学的な観点からくみ取るという著作は，管見に入った限りでは僅少であった．

　しかし，ここ数年いちじるしい状況の変化がみられる．一方では，近年，教育社会学の領域で，ひとつの問題を取り上げる際に諸外国の事例を横断的に紹介しながら日本の問題の普遍性と特殊性を明らかにしていくというスタイルの研究や講義が増えてきているようである．また，比較教育学でもひとつのトピックに対して複数国の政策や制度を比較し，それを当該国の歴史的・文化的・政治的状況との関連でひもとこうとする研究や講義が増えているようである．要するに比較教育学的な視点からの教育社会学や，教育社会学的な視点からの比較教育学の研究や講義が増えているように思える．教育社会学と比較教育学

とは，元来まったく別の領域ではなく，前者は方法論，後者は対象をベースにした学問分野であり，大いに重なるのである．すなわち，海外に研究「対象」を求めれば比較教育学になり，社会学的な「方法」で研究をすれば教育社会学になるわけであるから，国際化の進む今日，国際交流，異文化交流が盛んに叫ばれる今日，両者の相互浸透が教育レベルでも研究レベルでも進んでいるのは，むしろ当然のことである．

他方では，近年若手研究者をはじめ教育学，教育社会学に携わる人びとが海外に盛んにフィールドワークに出かけ，当該国の教育問題を研究している．本書はまさにこのような領域の研究を志す人びとと，関心を寄せる人びとのために，入門書として書かれたものである．

本書はテキストとしても利用しやすいように，各章ごとに用語解説，文献解題，演習問題を明示している．

とはいえ，それでも非常に限られた教育問題を扱ったに過ぎず，比較の対象として取り上げた国も限られている．1セメスター15回の授業で用いるテキストであるという前提からこうなったのであるが，初版刊行後読者から寄せられた声をもとに新たな章を加え，さらに「比較教育社会学とは何か」，「本書が積み残したテーマ，国としては何があるか」をめぐる編者3人による座談会を補章として収録して課題を総括した．初版は幸いにして多くの読者に恵まれた．本書も多くの方々に読まれることを執筆者一同願っている．

末筆ながら本書の刊行にご高配を賜った学文社，特に田中千津子社長に執筆者一同感謝を捧げる．

平成 19 年 12 月

原　清治／山内乾史／杉本　均

● 四訂版はしがき ●

　本書は 2003 年 2 月に刊行された『比較教育社会学入門』の改訂版である『教育の比較社会学』（2004 年 1 月刊行，2008 年 1 月増補版刊行）の通算四訂版である．2008 年 1 月の増補版刊行から 8 年の年月が流れ，日本，イギリス，アメリカ合衆国では政権交代を経験し，教育政策のあり方も大きく変化している．今回，そういった近年の動向を可能な限り盛り込む形で四訂版を刊行することとした．

　なお，これを機に表題も『比較教育社会学へのイマージュ』と改めた．この新しいタイトルは，もともと 2001 年秋に上智大学で開催された日本教育社会学会第 53 回大会において，本書刊行の打ち合わせのために都心で会食しようと学文社の田中千津子社長と原教授，私の 3 名がタクシーに乗っていた折に原教授から出された候補の一つ『社会学のイマージュ』がもとになっている．原教授はかなりの思い入れをもっておられるようであった．フランス語の音感が大好きな私自身もかなり気に入っていた．

　しかし，フランスの社会学者，アラン・トゥレーヌに『社会学へのイマージュ』なる好著があることもあって，この時は結局『比較教育社会学入門』という，無難だが面白みに欠けるタイトルに落ち着いた．もちろん，原教授も私も「イマージュ」への未練を残していた．今回の改訂――おそらくは最後の改訂であろう――では，原点に戻り，『比較教育社会学へのイマージュ』とネーミングでき，長年の盟友，原教授の発案を実現でき，うれしい限りである．

　いつもながら，本書の息の長い改訂作業を温かく見守ってくださる学文社の田中千津子社長，編集部の方々に感謝したい．

　平成 27 年 12 月

　　　　　　編者を代表して，神戸大学鶴甲キャンパスの研究室にて　　山内　乾史

● 目　次 ●

はしがき　　　i

第1章　学校病理をとらえる視点
　　　　――いじめ問題を中心として―― ……………………………………… 1

第1節　学校をとりまくさまざまな問題のとらえ方　　1
⑴　子どもたちの変化…1／⑵　問題行動の変遷…3

第2節　いじめ問題のとらえ方　　4
⑴　いじめの発生件数…4／⑵　ゆとりを重視した教育改革といじめの因果関係…6

第3節　いじめの現代的特質　　9
⑴　いじめの定義…9／⑵　共依存関係のいじめ…10／⑶　立場の逆転現象…12

第4節　いじめ問題研究の潮流　　13
⑴　性格原因説…13／⑵　機会原因説…13／⑶　いじめの4層構造論…14／⑷　ストレス原因説と規範意識欠如説…14

第5節　いじめの国際比較　　15
⑴　世界のいじめ…15／⑵　アメリカにおけるいじめの特質…15／⑶　イギリスにおけるいじめの特質…17／⑷　「個」と「集団」の文化の違い…19

第6節　病理現象の解決に向けて――国際比較から見えるもの――　　20
⑴　個性を重視する教育の弊害…20／⑵　異年齢集団の復活と異校種間の連携…21／⑶　アメリカにおけるゼロ・トレランス方式…23／⑷　イギリスにおける「イジメ防止プロジェクト」…24

第7節　ネットによるいじめの増加　　25
⑴　問題行動と高校の学力階層との関係…27／⑵　生徒指導上の課題解決に向けて…29

第8節　いじめは学校問題なのか　　30

第2章　学歴社会は崩壊したか ……………………………………………37

第1節　学歴社会をとりまくさまざまな問題のとらえ方　　37

第2節　学歴社会とは何か　38

第3節　学校とは何か　39

⑴　教育，学校，公教育…39 ／⑵　教師の責任の肥大化…40

第4節　社会的地位配分と学歴　41

⑴　学歴社会の成立過程…41 ／⑵　学歴社会と職歴社会…42

第5節　実力・能力を量ることはできるのか　43

⑴　プロ野球における実力・能力…43 ／⑵　実社会における実力・能力…47

第6節　学歴はどのように評価されるか　47

⑴　漠然とした社会的評価…47 ／⑵　ブランドとしての大学…48 ／⑶　人的資本論（＝学歴の機能的評価）…48 ／⑷　スクリーニング仮説…48 ／⑸　統計的差別理論…50

第7節　国際的な視野から見た学歴社会論　52

第8節　学歴社会への批判　55

⑴　さらなる学歴社会化…55 ／⑵　教育機会と学歴社会…56 ／⑶　いったい，学歴は何をあらわすのか…56

第9節　学歴社会に求められるもの　57

第10節　21 世紀に入ってからの動向　60

第3章　国際化社会と教育 ……………………………………………………65

第1節　留学と国際教育流動　65

⑴　教育の自己完結性…65 ／⑵　留学とは…68 ／⑶　教育流動の世界的状況…74

第2節　国境を越えた教育流動　79

⑴　国際教育流動の形態…79 ／⑵　海外子女の教育…80 ／⑶高校生留学…83 ／⑷　国際バカロレア（IB）…86

第3節　トランスナショナル高等教育　89

⑴　「留学しない」留学…89 ／⑵　トランスナショナル高等教育の形態…92 ／⑶　日本のトランスナショナル高等教育…94

第4章　現代イギリスの教育改革 ··· 101

第1節　「多様化」した公教育制度　101

(1) 義務教育制度…102 ／(2) 多様な「公立学校」…105

第2節　全国共通の教育課程と試験制度　108

(1) 全国共通教育課程…108 ／(2) 全国共通試験制度…110

第3節　「専門職」を目指す教員　112

第4節　変化する教育行政の役割と新しい関係性の構築　114

(1) 変化する教育行政制度…114 ／(2) 官・民連携による新しい教育行政の仕組み…118 ／(3) 「参加」と「パートナーシップ」に基づく新しい学校経営…119

第5節　アカウンタビリティ（説明責任）確保のための学校監査制度　122

第6節　まとめ　126

第5章　現代アメリカの教育改革

——公教育システムの官僚制化の流れへの挑戦—— ······················ 133

第1節　教育改革への期待と緩慢な変化　133

(1) 教育改革：理想社会の飽くなき追求…133 ／(2) アメリカ教育改革のとらえ直し…134

第2節　アメリカ公教育システムの基本的特徴　134

(1) 教育の地方分権制と学区レベルの教育統制…134 ／(2) 学校制度の多様性…135 ／(3) 教育内容・方法の多様性…137

第3節　アメリカ教育改革を支える教育観　137

(1) 学校教育の3つの機能…137 ／(2) 社会問題の万能薬としての公立学校…141

第4節　アメリカ教育改革の特徴　141

(1) 短期的・政策サイクルと長期的・組織トレンド…141 ／(2) 教員の疎外…143 ／(3) 教育改革が定着する条件…145 ／(4) 学校教育の文法…146

第5節　現代教育改革の特徴　146

(1) 卓越性の追求：強化から構造改革へ…147 ／(2) 優先課題としての国力増強…148 ／(3) 学校・教員の自律的な教育実践に向けて…149 ／(4) 保護者の学校選択による学校参加…150 ／(5) チェック・アンド・バランスの仕組み…151

第6節　チャータースクール改革の特徴と問題点　153

(1)　チャータースクールの概要…153 ／(2)　チャータースクール改革の発展経緯…155 ／(3)　チャータースクールの類型…158 ／(4)　長期的・組織トレンドとしてのチャータースクール改革…159 ／(5)　チャータースクールの問題点…160

第7節　アメリカ現代教育改革が示唆する方向性　161

(1)　近代公教育システムの官僚制の弊害への挑戦…161 ／(2)　学校教育機能の矮小化…163 ／(3)　日本の教育への示唆…163

第6章　現代中国の教育改革 ……………………………………………………… **169**

第1節　学校教育体系　169

(1)　顕著な高学歴志向…169 ／(2)　学校教育体系…171

第2節　教育重視の政策　174

(1)　「科教興国」戦略…174 ／(2)　「人的資源強国」に向けた改革…175

第3節　学校教育の規模　176

(1)　学生数の増加…176 ／(2)　就学率…177

第4節　教育における市場原理の導入　178

(1)　学校設置主体の多様化…178 ／(2)　教育の受益者負担…180 ／(3)　高等教育機関における資源の重点配分と自主権の拡大…181

第5節　「素質教育」の実施　182

(1)　激しい受験競争…182 ／(2)　素質教育…183

第6節　現代中国における教育の多様な展開と課題　185

第7章　現代シンガポールの教育改革
　　　　──グローバル化への対応── ……………………………………… **191**

第1節　教育システムと学力政策　191

(1)　アジアの優等生…191 ／(2)　教育システムとメリトクラシー…193 ／(3)　才能児教育プログラム…197

第2節　政府主導の教育政策　202

(1)　思考する学校，学ぶ国家…202 ／(2)　シンガポール版「ゆとりの教育」：「教え過ぎず，学びを促す」…204 ／(3)　最先端のICT学校，フューチャースクール…207

第3節　マンパワー政策と高等教育　209

⑴　「東洋のボストン」構想…209／⑵　高等教育政策の展開…211

第8章　若者の就労問題について考える
　　　　——教育から労働へ移行できない若者の実態——　……………………… 219

第1節　いわゆる「ニート」について　220

第2節　いわゆる「使い捨てられる若者たち」について　222

第3節　どのような若者がフリーターやニートになっているのか　226

⑴　多様化するフリーター…230／⑵　新しいタイプの若年無業者「ニート」…232

第4節　フリーターやニート増加の背景にあるもの　235

⑴　労働市場説…235／⑵　教育問題説…235／⑶　家庭環境説…236

第5節　若年無業者は学業成績と関係がある!?　237

第6節　子どもの貧困と若年就労問題　240

欧文索引　……………………………………………………………………… 247
和文索引　……………………………………………………………………… 248

第1章

学校病理をとらえる視点

──いじめ問題を中心として──

本章のねらい

　いじめの様態が変化している．最近では，ネット環境を使ったいじめ，いわゆる「ネットいじめ」も多く見られるようになってきた．こうした実態を背景に，文部科学省は2013年9月にいじめ防止対策推進法を施行し，いじめの実態把握と未然防止に尽力している．このように「いじめ」や「学級崩壊」など学校にはさまざまな病理現象がある．

　本章では，学校をとりまくさまざまな問題に注目したい．とりわけ，「いじめ」は，学校だけの問題なのだろうか．わが国におけるいじめの変化や今日的な特質をとらえるのと同時に，こうした問題の解決の方途について考えてみたい．

第1節　学校をとりまくさまざまな問題のとらえ方

(1)　子どもたちの変化

　現在の学校教育は，いじめ，不登校，学級崩壊，学力低下などの問題を抱え，その早急で抜本的な対応が求められている．こうした問題の背景として，もっとも大きく論じられるのが，子どもたちの変化である．この問題に注目するとき，視野に入れておかなければならない論点が2点ある．

　第1には，そもそも子どもは，社会の変化に伴って変わるものであり，もう少し限定的にいえば，最近では，子どもをとりまく「家庭」と「学校」という主要な要素が変化することによって，必然的に子どもも変わらざるをえない状況となっているのである．したがって，子どもの問題をとらえようとすれば，

家庭や学校の変化やそこから派生する問題を論じなければ，その本質を見落とすことになる．

「家庭」と「学校」は，子どもたちが心身ともに成長するためのいわば車の両輪のようなものである．しかしながら，現実は，親が学校に学習面だけでなく，「しつけ」まで求める傾向が見られる．すべてを学校に任せようとしている風潮は大きな問題であり，学校の役割だけが肥大化している．したがって，子どもの世界はますます「学校化」し，学校における価値観や序列がそのまま子どもたちのアイデンティティを形成するのであれば，子どもから社会的なモラルや規範意識が決定的に欠けていくのは必然といわざるをえない．

第2は，子どもたちの変化という場合，変化した子どもとは，どのような子を指すのかという点である．それは，社会やおとなの目から見た場合に，自分たちとは明らかに容姿や価値観が異質な子どものことであり，社会や学校においては，問題行動を起こす子どもを指す場合が多い．表現を変えるならば，おとなからみて理解や解釈ができない子どもたちが増加してきていることであるといえよう．

さらに，今日的な特質として，問題行動を起こす子どもたちはおとなの価値観から見たときに「異質」と思われる子どもたちだけではない．「普通」といわれる子どもたちにおいても問題行動が起こっているという現状についても目を向けなくてはならないのである．「普通」に見える子どもたちの多くは，周囲や家族などから「いい子」であることをラベリングされ，本当の自分ではな

表1-1　問題行動の変遷

	戦前～50年代	60年代	70～80年代	90年代
発生場所	学校外	学校内外の境界	学校内	学校の内外，「心」
性　質	貧困・生存競争	疎外	受験競争	教育の拒否，人間関係，秩序の解体，「心」
原　因	社会	社会と学校の接続	学校	学校，「心」
解決策	経済・福祉	学校教育	学校教育	「心」，関係の再編

出典）伊藤茂樹『教育社会学研究第59号』1996年　p. 23

い「虚構」の自分を演じ続けてきており，それが，ちょっとしたきっかけで「キレた」ときに，問題行動としてあらわれる傾向が強いのである．それほど現代の子どもたちは，さまざまなストレスを感じており，どのような子どもであっても問題行動を起こしうる可能性を秘めているといえよう．

(2)　問題行動の変遷

　本章では，「学校」の変化を磁場としたさまざまな問題のなかから，とりわけ「いじめ」という問題行動を中心にとりあげて論じていく．そこで，まずは問題行動の変遷をまとめた伊藤茂樹（1996）の表を紹介しておきたい（表1-1参照）．

　これまでにも，子どもたちの問題行動の変遷を研究してきた成果は多いが，とりわけこの表は，問題行動を4つの時期区分に分け，それぞれの性質を，戦後直後の混乱期にあった「生存するため」の学校外での非行から，受験競争ストレスによる校内（家庭内）暴力の時代を経て，現代では学校の拒否が原因となるいじめや不登校といった学校の問題へと変化してきたことを論じている．ここで注目すべきは，問題行動が発生する場所が「移動」している点である．すなわち，かつて「学校外」で起こっていた問題行動が，「学校の内と外の境界」から「学校の内」へと移動し，最近ではとうとう「心の中」の問題としてとらえられるようになってきていることである．

　こうした論に従えば，いじめは次のように解釈できる．「例えば現在，いじめは学校における問題行動とされている．このとき，学校外の空間において暴力を振るったり金品を持ってこさせるといった行為が行われていても，学校や学級に基盤を持つ集団の中でいじめが発生するという解釈により，学校における問題行動として認識されることになる．それらは，そのような行動を生じさせる学校じたいの問題としても認識されるのである．」（傍線引用者）

　いじめ問題を解決するには，少なくとも傍線を引いた個所のような，いじめが学校だけの問題であるという解釈そのものを改めていく努力が求められるの

だが，それは本章のまとめに譲りたい．

　いじめが生じた場合，学校では，その問題は学校内部で，特に当人同士を和解させることによって，解決させようという傾向がある．つまり，いじめは，学校のなかの問題と認識されているのである．しかし，いじめは，強者が弱者に対して行なう一方的な心身への「暴力」である．子どもたちは，いじめていたとしてもその問題の重要性について認識していない．心身への暴力は，一般社会においては明らかに「犯罪」である．たとえば，強者から弱者への暴行は，明らかに傷害事件であるにもかかわらず，それを学校のなかで起こったひとつの問題として片付けてしまうことによって，子どもたちは，その問題の大きさに気がつかずにいるのである．確かに，いじめが犯罪行為であると子どもたちに伝えることは，衝撃的であるかもしれない．しかし，だからこそ，その問題の大きさを伝えられるのではないだろうか．

第2節　いじめ問題のとらえ方

(1)　いじめの発生件数

　いじめの発生件数は文部科学省の「生徒指導上の諸問題の現状について」(2001)において，「減少傾向にある」という調査結果が出されている．図1−1は文部科学省発表のいじめの発生件数のデータである．確かにこのデータを一見すると，いじめの発生件数が減少し，いじめ問題が改善されているように思われる．

　しかし，本当にいじめは減少しているのだろうか．本当の実態は，そうではないだろう．いじめの発生件数とは，何らかのかたちで，第三者によって発見されたものだけなのである．つまり，統計上，明らかとなっている数値は，あくまでも「見えるいじめ」であり，「見えないいじめ」はその数には含まれていない．

　また，この「見えないいじめ」は，「見せないいじめ」とも言いかえられる．

ティー・ブレーク **学校内における暴力の発生件数**

　「校内暴力」が多発した背景には，過度の受験競争によるストレスがあると
いわれる．平成9年度以降は調査データの取り方が変わったため，それまでのも
のとは単純には比較できないが，下図を見てもわかるように大きな社会問題と
なった70〜80年代と比較しても，沈静化するどころかさらに深刻な状況とな
っているのである．

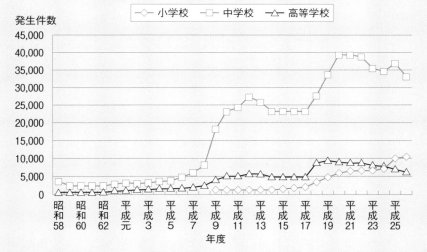

注1）平成8年度までは，公立中・高等学校を対象として，「校内暴力」の状況について調査している．
注2）平成9年度からは調査方法等を改めている．
注3）平成9年度からは公立小学校，平成18年度からは国私立学校も学校も調査．また，中学校には中
　　　等教育学校前期課程を含める．
注4）平成25年度からは高等学校に通信制課程を含める．
出典）文部科学省「平成26年度「児童生徒の問題行動等生徒指導上の諸問題に関する調査」について」
　　　（http://www.mext.go.jp/b_menu/houdou/27/09/__icsFiles/afieldfile/2015/10/07/1362012_1_1.pdf
　　　2015.12.19 アクセス）

最近のいじめはますます陰湿化してきており，いじめっ子たちは，誰からも一
見していじめであるとわかるようなヘマはしない．殴るところは，顔でなくお
尻や背中であり，タバコの火は手の甲でなく，陰部に押し付ける．さらに，そ
うした行為は，「遊び」や「悪ふざけ」として偽装され，他からは見えにくく

図 1 - 1　いじめの認知（発生）件数

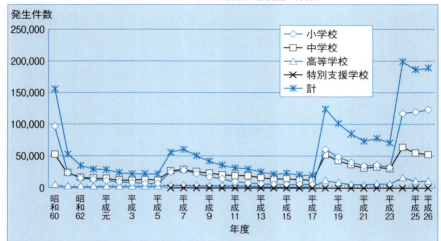

注 1）平成 6 年度，平成 18 年度からは調査方法を改めているため，それ以前との単純な比較はできない．
注 2）平成 6 年度以降の計には特別支援学校（特殊教育学校）の発生件数，平成 18 年度以降は国私立学校，中等教育学校を含む．
注 3）平成 17 年度までは発生件数，平成 18 年度以降は認知件数．
注 4）平成 25 年度からは高等学校に通信制課程を含める．
出典）文部科学省「平成 26 年度「児童生徒の問題行動等生徒指導上の諸問題に関する調査」における「いじめ」に関する調査結果について」（http://www.mext.go.jp/b_menu/houdou/27/10/__icsFiles/afieldfile/2015/11/06/1363297_01_1.pdf　2015.12.19 アクセス）

なっているのである．

　いじめの陰湿化については後に詳述するが，発生件数が減少している傾向の裏では，こうして第三者が発見できない場所で起こったり，誰かが見ていても傍観し，無関心を装ったり，いじめのことを誰かに伝えることで，「次に，自分がいじめられるのではないか」という不安感などが要因となって，いじめが見えにくくなってきているというのが実態なのである．

(2)　ゆとりを重視した教育改革といじめの因果関係

　いじめ問題をはじめとして，学校は大きな「教育病理」を抱えている．いじめ問題が深刻化した 1970 年代，文部省（現：文部科学省）は行き過ぎた管理教育がその原因ととらえていた．すなわち，管理教育によって子どもたちを抑圧

ティー・ブレーク　**体罰の推移**

　学校をとりまくさまざまな問題を論じる場合には，主として児童・生徒が引き起こす問題が語られることが多い．しかし，学校病理には，教師から起因する問題も多く存在するのである．そのひとつが「体罰」の問題である．かつては，「しつけ」や「愛のムチ」と称して，教師から児童・生徒へと一方的な体罰が行なわれ，権力の関係によって，子どもたちを統制しようとすることもしばしば見られた．

　今日の学校では，かつてのような教師の権力による統制は減少しているとはいえ，現状として年間約1,000件もの「体罰」が発生し，それがほぼ横ばいの状態で年次推移しているのである．しかし，この結果は，あくまでも「体罰」として申告されたものの件数であるということを忘れてはならない．つまり，申告されていないだけで，実際には，さらに多くの体罰が行なわれている可能性もある．これは「いじめ」のデータと同様，表面に現れた数字だけでは判断できない側面である．

　また，体罰は，かつてのように身体的な体罰だけでなく，教師の態度や発言などによる精神的な体罰も多く見られる．記憶に新しいところでは，児童に「死ね」と自殺を強要した事例などがある．

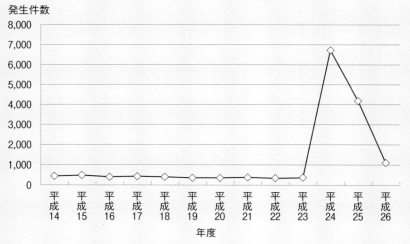

「体罰ではないか」として学校で調査した件数

した反発で，子どもたちが問題行動を起こしたと考えたのである．

　そこで，小・中学校では 1977 年，高等学校では 1978 年に改訂された学習指導要領において，従来の管理教育から，ゆとり教育へと大きく方向転換をした．さらに，1989 年改訂では，ゆとり路線を進めるために，体験学習を中心とした「生活科」が生まれ，「生きる力」の育成を目標にすえた．

　2002 年と 2003 年の学習指導要領の改定では，さらなるゆとりを求め，学習内容の 3 割削減，「総合的な学習の時間」の創設など，従来の知識偏重主義とは異なった体験や経験を重視する教育内容が多くもりこまれている．そこでは，自ら学び，自ら考え問題を解決する新しい学力としての「生きる力」の育成が急務であることが強調されている．

　これら一連の教育改革が，なぜ必要だったのだろうか．文部科学省は，これまでの「教育病理」を解消するための施策であったと答えるに違いない．事実，いじめが自殺を伴う社会問題にまで発展してきた時期には，1977 年と 1978 年の学習指導要領改訂において，はじめて「生きる力」という文言が登場し，その力を育てるために「ゆとり教育」が実践されてきたはずである．しかし，現実には「教育病理」は解消されず，いじめの陰湿化・巧妙化，不登校の増加，学級崩壊などの問題を露呈してきただけであった．さらに皮肉なことに，学力低下という副産物まで付けてである．

　ここまで見てきたように，学校におけるさまざまな問題は，ゆとり教育によって解消されることはなかった．それどころか，さらにそうした問題を複雑化しただけともいえるだろう．

第3節　いじめの現代的特質

(1)　いじめの定義

　文部科学省によれば，いじめは一般的に「自分より弱いものに対して一方的に，身体的・心理的な攻撃を継続的に加え，相手が深刻な苦痛を感じているもの」と定義されている．また，いじめとは一口にいってもさまざまであり，その行為がいじめであるか否かを判別する基準もあいまいであるといわざるを得ない．したがって統計上の数値にあがっているいじめは，あくまで教師などの第三者によって「発見」されたいじめであり，当事者以外の者からの「見にくさ」をその特徴のひとつとすることは前にも述べた通りである．

　また，いじめの概念規定に関しては，いじめる側といじめられる側の「フレーム間の矛盾」も統計の信頼性に大きな問題を投げかける．つまり，いじめは，いじめられる側の主観的世界に基礎をおいた現象ではあるものの，いじめる側の動機にも目を向ける必要がある．通常のいじめは，この2つが一致したもの，すなわち「加害者側の加虐的感情を込めた行為によって，被害者側が身体的・心理的苦痛を感じているもの」をいじめとして取り扱っているが，実際にはこの両者は必ずしも一致するものではない．行為主体の動機のいかんにかかわらず，この行為を受けた客体の方が被害感情を抱くような場合や，その逆のケースも考えられるのであり，これらのケースはやはり概念規定上の制約から統計上の数字にあらわれない暗数となることが多いのである．

　すなわち，いじめる側といじめられる側によって，いじめの認識がズレるために，いじめている側は「いじめとは思っていない」行為が，いじめられる側からは「いじめられたと思う」ということが頻発するのである．たとえば「ジュースをおごってやるから，俺の分も買って来い，といって2人分のお金を渡して使い走りをさせる」タイプの行為がこれにあたる．お金を出す（いじめる）側は，おごってやるのだから，いじめではないというだろうし，ジュースを買いに行かされた（いじめられた）側は，いやなことを強要されたのだから，いじ

めだと考えるだろう．いじめのなかには，こうした認識のズレを巧みに利用して，「遊び」や「ふざけ」に偽装されているものが多く，そうした類のいじめの巧妙化や隠蔽化がかなり進んでいるという指摘もある．

さらに，統計上の信頼性に影響を与えるものとしては，担任教師が，その「責任感」からいじめの事実を隠蔽したり，学校やPTAが子どもたちの進学や就職への悪影響を考慮した「教育的配慮」によるいじめ事実の否定や過少報告などがあるのも現実であろう．

(2) 共依存関係のいじめ

最近のいじめのなかに多く見られる傾向として「共依存関係のいじめ」があげられる．これは，グループ内で行なわれるいじめであり，いじめられる側が，抜け出したくても抜け出せない，あるいは嫌でもそのグループに居続けざるをえない状況において起こる．その背景には，現代の子どもたちが，学校で「ひとり」になることに対する不安感・恐怖感があり，とりあえずグループでいることを強く望む傾向があることが原因としてあげられる．

子どもたちのグループ意識が変化していることは，多くの現場の教員の意見からも聞こえてくる．たとえば，子どもたちには，2人のグループよりも3人以上のグループがより好まれるのはなぜだろうか．それは，3人いればたとえ1人が病欠しても，2人が残り，学校での1日を1人で過ごさなくてもすむからだというのである．この場合，グループには必ずしも仲良くなくとも，いわば「保険」のような友だちの存在が必要なのである．さらに，3人のグループが，2対1になることにも不安を感じている．したがって，トイレに行くにも3人一緒という現象が小学校，特に女の子の集団に見られることもしばしばである．

このように考えてくると，子どもたちは1人でいるくらいなら，グループ内でいじめられても，そのグループから離脱するよりは，むしろ形式的に依存関係を続ける方が安心できるという奇妙な関係が構築されるのであり，それが「共依存関係のいじめ」を増加させる背景になっている．

　表1−2のデータは，そうした共依存関係にいじめがあることを指摘した興味深いものである．日ごろから「よく遊んだり，話したりする」グループの「仲間」同士に，いじめ関係が多く存在するのである．「いじめられるぐらいなら，仲間でいることをやめればいいのに」という指摘は彼らにはあたらない．また，一見したところ仲間グループにみえるなかでのいじめであるから，教師にもなかなか見抜くことができない．具体的には，いじめられる側は，大縄跳びでは常に回し役，プロレスごっこでは，常に技のかけられ役であったりする．いじめる側は，罪悪感の軽減や解消，周囲からの非難の回避をもくろんで，いじめ行為を正当化しようと工作する．このとき「仲間同士」という言い訳は，いじめっ子にとって好適な隠れ蓑となる．

　このようにいじめの偽装は巧みに行なわれ，いじめとして発見することが困難となるのである．また，いじめられる側の立場から見れば，人間としてのプライドや他者への「やさしさ」が，いじめ被害の事実を口外させないといった，被害者の側の「見せにくさ」も指摘できる．さらに，共依存型のいじめでは，いじめられる側には，「自分がいないと他の人がいじめられる」という他者への「やさしさ」まで存在する．このような場合，いじめがエスカレートすると金品の要求などが起因となって，自殺や犯罪行為にいたるケースが近年多く報告されている．

表1−2　被害者と加害者の日常のつきあい方

属性　　　　付き合い方	性　別		学校別		全　体
	男　性	女　性	小学校	中学校	
よく遊んだり話したりする	44.1%（191）	51.8%（265）	51.3%（232）	45.5%（225）	48.3%（457）
時々話したりする	36.7%（159）	29.1%（149）	33.4%（151）	31.9%（158）	32.6%（309）
ほとんど話をしない	15.5%（ 67）	17.0%（ 87）	13.7%（ 62）	18.6%（ 92）	16.3%（154）
ほとんど知らない	3.7%（ 16）	2.1%（ 11）	1.6%（ 7）	4.0%（ 20）	2.9%（ 27）
計	100%（433）	100%（512）	100%（452）	100%（495）	100%（947）

出典）森田洋司監修『いじめの国際比較研究』金子書房　2001 年　p. 79

(3) 立場の逆転現象

いじめの報告で最近よく指摘されているものに,「立場の逆転現象」がある. 従来までのいじめは, 加害者と被害者がはっきりと分かれており, いじめられ やすい子どものタイプを容易に判断することが可能であった. しかし, 近年で はいじめの加害者と被害者との見極めが困難になり, 誰が被害者となってもお かしくない状況が子どもたちの世界のなかに存在するのである. どのような子 どもが被害者となるかはわからず, 子どもたちは常にその対象に自分が置かれ ないかを恐れている. そのために, 自分でない自分を演出したり演技すること で自己を防衛しているのである. しかし, 今日は加害者であったとしても, 何 らかのきっかけによって明日からは被害者へと変化するようなことが起こる. これが「立場の逆転」である.

また, あるグループでは被害者である子が, 他のグループ(ここでは自分より 弱いグループ)では, 加害者となっていじめを行なっているという事例もある. いじめられたストレスを, 他の弱いものへと向けるのである.

こうした背景には, 被害者になることの恐怖心が加害者になることを誘発し ているのではないか, という指摘がなされることが多い. 仲間に誘われたら同 調していじめなければ, 自分が逆にその対象とされることへの恐怖心から集団 に過度に同調してしまうのである. このように, 仲間集団の曖昧性や友人関係 の希薄化から考えると, あるときは被害者であっても, 集団に同調する意識さ えあれば容易に加害者にもなりうるわけであり, そういう意味では簡単に復讐 することもできるのである. 子どもたちは, 被害者, 加害者という区別が曖昧 であるがゆえに, 誰でもいじめの対象となる可能性があることをよく認識して いる. その恐怖のために, よけいに加害者をいじめに駆り立てるという現象が 起こるのである.

第4節　いじめ問題研究の潮流

　いじめについては，これまでにもさまざまな調査・研究が行なわれてきた．そして，その原因や過程が少しずつではあるが明らかにされてきている．ここではまず，いじめの原因を大きく4つに分類して見ていくことにする．

(1)　性格原因説

　いじめの原因を，被害者や加害者の性格に問題を起因させる考え方である．比較的初期のいじめ研究である．たとえば，加害者の特徴として「落ち着きがない」「無神経である」や，被害者としては，「小心者」「依存的性格」などのように性格に問題があるという見方をするものである．つまり，いじめは被害者と加害者の性格を直せば回避できるという考え方であった．しかし，この説は，いじめに対する考え方があまりに短絡的であることは論を待たない．

(2)　機会原因説

　いじめの発生は，きっかけにすぎず，所属している集団の状況や雰囲気によって左右されるという説である．この場合のいじめは，個人の所属する集団にいじめが発生する雰囲気があり，そこにある種の出来事や個人的な性格がきっかけとなって発生するものである．たとえば，何をするにも行動が遅い子どもがいたとしても，所属する集団によってはいじめが発生しないこともある．ここで，問題とされるのは，個人のどのような特性もがいじめのターゲットとなることである．つまり，われわれがもつさまざまな特性や資質は，それらが他者に許容される一定の幅あるいは強度を有している．そして，そこから少しでも外れる場合に，いじめの標的となるのである．言いかえれば，子どもの世界では，「普通」であることが求められ，その「違い」は「間違い」ではないにもかかわらず，排除の対象となる．たとえば，学業成績が良好「すぎ」たり，容姿が整い「すぎ」たりする場合においても，いじめの被害にあう可能性は高

まるのである．従来であれば，いじめの対象となりやすい者は，他の子に比べてマイナス面をもつ者であったのが，近年ではプラス面もいじめの発生原因となるところにその特徴がうかがえる．

(3) いじめの4層構造論

　森田洋司・清永賢二 (1986) は，いじめを学級集団全体の問題であるととらえ，加害者と被害者だけではなく，その周りにいる「観衆」や「傍観者」の役割や存在を指摘し，「いじめの4層構造論」を唱えた．この論によれば，いじめははやしたてたり声援を送ってみたり，見て見ぬふりをするなど，観衆や傍観者が同調や容認態度をとることによってエスカレートすることが指摘されている．いじめは加害者と被害者という当事者同士の問題でなく，その周囲を巻き込んだ社会問題であるという視点の転換が図られたことでも注目に値する．

(4) ストレス原因説と規範意識欠如説

　いずれも加害者の視点から論じた説で，いじめの背景には加害者の何らかのストレスや欲求不満が関係しているという考え方である．とりわけ，規範意識欠如説では，子どもの規範意識の崩壊や道徳性の欠如がいじめの発生に深くかかわっているという見方がとられている．加害者がいじめを行なった時に，「何も感じない」や「面白い」という感情表現をするケースが増えており，その背景にはテレビゲームやマスメディアの影響が深くかかわっているとも考えられている．

　現在では，いじめの原因や背景にはこうしたいくつかの説が折り重なっていると考えるのが一般的である．ひとつの説に当てはまるいじめもあれば，複数の要因が重なっているものもあり，簡単には判断できないのである．

第5節　いじめの国際比較

(1)　世界のいじめ

　今日の日本におけるいじめは，学校だけの問題にとどまらず，社会問題のひとつともいえるほど深刻な状況にある．したがって，いじめと聞くと日本固有のものであるかのような錯覚に陥りやすいが，実際はそうではない．イギリス，アメリカ，中国などおよそすべての国においてもいじめは存在するのである．だが，いじめと一口にいってもそれぞれの国によって社会的背景が異なることから，その発生要因や特徴も違ったものとなっている．

　では，世界のいじめにはどのような共通点があり，また，どのような点が日本に特有なものなのだろうか．

　「いじめは他の国にもあるのですか」という問いに対する答えは「あります」であり，その場合，いじめの訳語には bullying をあてることが多い．これは，bull（牡牛）を語源とするもので，わが国のいじめが陰湿で見えにくいのに対して，「外国におけるいじめは，男子の暴力的色彩が強い」からであるといわれる（滝，2001）．一方で，森田（2001）によれば，どの国においてもいじめが「力の強いものから弱いものへ向かう」という構図は世界共通であることがわかる．

　そこで，代表的な例としてアメリカとイギリスにおけるいじめをとりあげ，いくつかのデータと事例からいじめの国際比較をしてみたい．

(2)　アメリカにおけるいじめの特質

　アメリカでは，いじめを厳密に定義していない．あえていうなら，オルヴェウス（Olweus, D.）による，①いじめ行為は長期間にわたって繰り返し起こる，②いじめの加害者と被害者の間には力の不均衡が存在する，といういじめの2大要素がまとめられているくらいである．また，いじめの内容も，直接的な身体的攻撃と，言葉による脅しのような間接的な行為の両方を含む，という一

応の解釈はなされているが，目に見えない「陰湿」な部分への言及は見られない.

　このような事実から考えると，アメリカにおけるいじめは，よく起こる教育問題の一部に過ぎず，日本のような深刻な状況にはないかのように見える．しかし，たとえば，アメリカの教育専門誌である *Education Week* が 1997 年に行なった調査によれば，調査対象者の 10 〜 24％がいじめによる被害経験を有しており，これは日本とさほど変わらない数値となっている.

　しかし，アメリカの場合，社会が抱える深刻な問題といじめが深い関係を有していることに注目しなくてはならない．たとえば，今日のアメリカにとって，親から子への体罰や虐待はあとを絶たない．このような体罰や虐待を経験した子どもたちは，他者に対する攻撃性を形成しやすいといわれる（Strassberg, Dodge, Pettit & Batse, 1994）．また，いじめの被害体験は，私立より公立，小規模校より大規模校で高くなっている．これについて尾田清貴（2000）は，公立学校に在籍している生徒の家庭の社会経済的レベルや教育的関心の低さが無関係でないことや，その学校の教育内容や，教師の生徒への関与度合いや管理可能性の程度の差によるものであると指摘している.

　言いかえれば，アメリカにおけるいじめは，社会経済的に見た場合に低位な

図 1-2　実際の被害体験率（アメリカ）

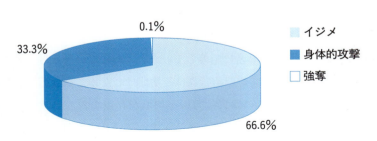

出典）清永賢二『世界のイジメ　イジメブックス 6』信山社　2000 年　p. 20 より作成

環境で頻発しており，教師や学校が恵まれた条件にない場合にも多く発生するということである．そこには，アメリカの抱える人種，民族に対する差別問題や貧困，ドラッグといったアメリカ社会全体が抱える問題が深く関係しているといえるだろう．

(3) イギリスにおけるいじめの特質

　イギリスにおいて，いじめに対する関心が高まったのは，1989年のイギリス教育省による「エグルトン・リポート」がきっかけであるといわれる．そのなかで，「いじめは広範に生起している問題で，教師はこのいじめを無視する傾向にある．（中略）また，いじめが，生徒個々に大きな苦悩を与えるのみならず，学校の気風も破壊する性格を持つことは明らかである」といった指摘がなされている．

　こうしたレポートが出された背景には，いじめによって自殺する子どもたちがあらわれはじめ，その深刻さが一部の生徒の問題としてではなく，学校の存続を含めた社会の問題であると認識されたからであり，その点はわが国と同様の傾向を示している．

　このように，イギリスにおいても注目を浴びるようになったいじめはどのように定義されているのだろうか．スミス（Smith, P., 1998）らによると，「いじめは『力』の組織的・システマティックな乱用・悪用・誤用である．もし，『力』の乱用が組織的，つまり，繰り返し意図的に行なわれるなら，その行為は『いじめ』と呼ぶにふさわしい」ということができる．つまり，イギリスにおけるいじめの定義は，身体的な，また集団的な「力」の意図的乱用と定義づけられるのである（清永，2000）．

　その集団的な「力」の意図的乱用を受ける対象が，気が弱い子どもや友人がいない子どもなどに向かうという点は，アメリカとも共通する部分であろう．スミスが行なったいじめに関する調査からは，いじめ問題の深刻さとともに，とりわけ，特別な教育的ニーズをもつ生徒，あるいは障害をもっている生徒も，

いじめられる危険性を抱えているという指摘がなされている.

　この場合の特別な教育的ニーズをもつ子どもたちとは，たとえばLDやADHDといった子どもたちのことも指すが，こうした子どもたちがいじめの被害者となっている割合が33％であり，学習困難をもたない子どもたち（8％）の約4倍もの高い確率であることが明らかになっている．特別な教育的ニーズをもつ子どもたちは，行動に特徴があったり，また，いじめとなりやすい気の弱さや友人の少なさ，さらにはその特異性から発見がされにくいという点に入り込んでいじめがなされているのである.

　さらに，都市部においては，人種差別的ないじめも見られる．都市部を中心に，アフリカやインドなどから移住してきたマイノリティが居住しているが，彼らのような非白人の子どもたちは，同じ年齢や性別の白人の子どもたちと比較して，人種差別的悪口を多く経験しているというデータもある（Moran, Smith, Tompson & Whitney 1993 ; Boulton, 1995）．つまり，イギリス社会も白人上位

図1-3　国別に見たいじめの発生場所（学校内）

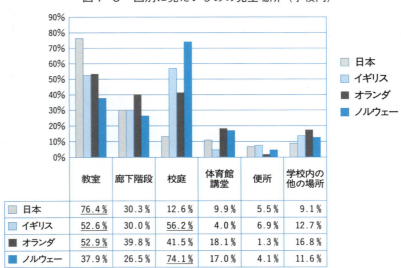

	教室	廊下階段	校庭	体育館 講堂	便所	学校内の 他の場所
日本	76.4%	30.3%	12.6%	9.9%	5.5%	9.1%
イギリス	52.6%	30.0%	56.2%	4.0%	6.9%	12.7%
オランダ	52.9%	39.8%	41.5%	18.1%	1.3%	16.8%
ノルウェー	37.9%	26.5%	74.1%	17.0%	4.1%	11.6%

出典）表1-1に同じ（傍線筆者）

社会であり，それに即さない人種やいわゆる弱者に対しては厳しい制裁を加えるのである．総じて，イギリス社会は，「力」による「異色」なものに対するいじめが多く見られる傾向があるといえる．

その他にも，家庭環境に起因するいじめ（Clarke, 1992）や，しつけの一環として懲罰的な態度をとっている育児との因果関係が認められるいじめ（Farrington,1993）などが報告されている．

(4)　「個」と「集団」の文化の違い

外国のいじめの特徴を一口に整理することはむずかしい．しかし，その傾向としては，マイノリティとマジョリティという民族的，文化的な差別や偏見によるいじめが存在する点があげられる．また，多人数対1という構図のいじめというよりは，1対1の関係から生じる問題もいじめの対象としてとらえられることが多く，個人を基盤とした文化的な背景がその根底にあるといえよう．

日本の場合は，そのようなグループ間同士の抗争や1対1という個人間の問題ではなく，多人数対1，あるいは集団のなかでのいじめが特徴的である．もともと日本には，「集団」を重んじる文化が存在しており，異質なひとりをターゲットにして，その他の集団成員全体で個人をいじめるという構図が一般的な傾向である．その今日的な典型が，前述したような共依存型のいじめである．子どもにしてみれば，まずは集団やグループに属したいという欲求があり，その次に個人の意志がくるのである．

このような外国との国際比較から，いじめ問題が日本だけに起こっている特有の問題ではないことが理解できた．日本のように「集団」を重んじる文化と，欧米のように「個」を大切にする文化による違いが，それぞれの国におけるいじめの形態や様相に大きな影響を与えているのである．

しかし，いじめは時代とともに，あるいは社会変化につれて，かなり変化している．現在のいじめは，少なくとも，おとなたちが経験したいじめとは様相が大きく異なる．おとなたちは，自分たちが経験したいじめを思い出しながら，

その基準に当てはめようとするが，現実的には，今日の子ども世界に起こって
いるいじめはおとなの認識をはるかに超え，予想外の域まで達しているものさ
えある．

第6節　病理現象の解決に向けて
——国際比較から見えるもの——

　本章のまとめとして，こうしたいじめ問題を解決するための方策を，諸外国
の例もとりあげながらいくつか考えてみたい．

(1)　個性を重視する教育の弊害

　価値観が多様化する現在，個々の性格や能力といった「個性」を重視する教
育の必要性が叫ばれている．子どもの「個性」を重視した教育は，子どもそれ
ぞれをしっかりと見つめることから始まるといえるだろう．

　しかし，この個性を重視する教育の成果は，大きな「負」の結果をもたらし
ていることも認識する必要があろう．それは，子どもが何をしても（よいこと
だけでなく，悪い行為に対しても），その子の「個性」として理解しようとしたこ
とに問題があったといえる．

　ゆとり教育を前提として 2002 年から実施された新学習指導要領のもとで，
さらにこの問題は深刻化するのではないだろうか．子どもたちの得意・不得意
を把握し，指導することは必要なことであるが，「不得意も個性」ととらえ，
その不得意を改善するように指導を行なわないのは問題である．

　後の章で詳述するが，ゆとりの教育のもとで明らかに子どもの学習時間は減
少している．そして，「個性」という大義名分をよいことに，「勉強をしない」
ことまでも個性として受け止められる傾向となってきたのである．過度の個性
化教育は，佐藤学（2000）の指摘するように，「学びから逃走する子どもたち」
に市民権を与えてしまったといえるだろう．子どもたちは学ぶ価値を見つける

ことができず，さらに，不景気な社会を見るにつけ「どうせがんばって勉強したって，しょせん……」といった諦めムードから，学ぶことに意欲や意味をもてないようになってきている．そして，目標ももてずに，「今さえ楽しければよい」と，現実や将来について，失望感を覚えているのである．

　こうしたニヒリズムに支配されはじめた子どもたちに対して，教師は何ができるのだろうか．教師の現状を見ると，日常の教科指導や生徒指導，公務分掌，さらには，「総合的な学習の時間」をはじめとする新学習指導要領への対応等に追われ，非常に多忙であるといえよう．

　今日的ないじめが「遊び」や「ふざけ」に偽装されて「見せにくく」なっていることは，先に述べた通りである．さらに，「共依存関係」のなかに存在する「見えにくい」いじめもある．これを超多忙な教師たちはどうやって発見するのだろうか．ゆとりや個性化教育を実践するという名のもとで，さらに教師を多忙な状況に追い込んでしまえば，進化するいじめは，もう手の届かないところまでいってしまう危険性がある．

(2)　異年齢集団の復活と異校種間の連携

　では，このような進化するいじめに対して，どのような取り組みができるのであろうか．ここでは，その対処として，「異学年集団の復活」と「異校種間連携」という視点を提示してみたい．

　今日の学校教育は，年齢によって区切られた同一年齢集団を基本とした構成となっている．日本においては，特に「学級」が子どもたちの集団の基盤となっている．そのために，学級から排除されてしまうとその子には所属する集団がなくなってしまうのである．

　同一年齢の集団のなかで生活する子どもたちには，「ヨコ」のつながりはあっても，「タテ」の関係は希薄である．同じ年齢の集団においてのみ，子どもたちは自身の存在意義を見つけようとする．そして，そのグループ内での自分の役割が決定されると，その後は自身のポジションを演じ続けるのである．な

ぜなら，彼らは，それぞれの役割を演じることで，グループのバランスを保ち，自身がいじめに合わないように，自己防衛をしているからである．

　しかし，グループ内のバランスを崩すものがあらわれると，彼らは，それを崩した犯人を決定し，いじめの対象にするのである．つまり，同一年齢においては平等という意識が強いことによって共依存的なグループを形成しやすく，それが崩壊すると，見えにくいいじめが発生するのである．

　それに対して欧米では，各教科で教室を移動するために，日本のように一日中同じ集団で行動することが少ない．そのため，ひとつの集団に固執しなくともよく，いくつかの集団に属し，そのなかから自分にあった集団を選択することができるのである．たとえひとつの集団から阻害されたとしても，また違う集団に所属すればよいという柔軟な考えは，所属集団の数の差であり，かつ，もともと集団へ帰属するという意識が薄いからであろう．

　そこで，解決の方策として異年齢集団の復活が望まれる．異年齢集団においては，グループを形成した最初から異年齢という特質によって，ある一定の関係がすでに存在している．年齢の高い子は，小さい子の上に立ってリーダーとして面倒を見なければならないし，小さい子はフォロアーとして従いながら，リーダーになる予備訓練を受けるのである．したがって，同年齢集団のように，他者の様子をうかがいながら役割を決めるというものではなく，それぞれの年齢の子どもたちが，それぞれの役割を自然に果たすことができるのである．

　異年齢集団を形成することで，教師には見えなくともこの集団においては対処できるいじめもあろう．グループの子が他からのいじめ被害にあっていても，年長者がその被害者を守るという効果が期待できるかもしれない．

　また，いじめのみならず，異年齢集団を形成することによって，人への思いやりや処し方など，人間として社会で生きていく上で，必要となるモラルも学んでいくことができるであろう．

　さらに，異校種間における連携も，こうした学校におけるさまざまな問題に対して重要な役割を担う可能性を秘めた考え方である．子どもたちが，いかに

して安心して学校生活を送れるかという視点に立った場合，上級学校へ進学する際に，まったく異なった環境へ進むことに対する不安は大きい．異校種間連携とは，たとえば，小学校6年生の担任教師が，子どもたちの卒業と同時に一緒に中学校へ赴任することや，逆に，中学校の教師が，小学校にでかけていって定期的に授業を行なうことなどがあげられる．

　子どもの様子を知っている教師が何人かいるだけで，新しい環境に不安を抱く子どもたちにとっては気強く，先生が安心できる存在となるのである．

　学校をとりまく環境は日々変化している．そのなかで，子どもたちに「安心して学ぶ場」を提供できるような取り組みこそが求められるのである．

(3)　アメリカにおけるゼロ・トレランス方式

　1997年2月，アメリカ大統領（当時）ビル・クリントン（Clinton, B.）は，「21世紀におけるアメリカ教育のための大統領クリントンの呼びかけ」（President Clinton's Call）（以下，クリントンコール）を全米に対して行なった．この呼びかけには，「国家教育目標」を達成させるための方針が詳細に示されている．とくに「国家教育目標」の第6項目にある「薬物，暴力からの解放」が軸となっており，とりわけ学校において乱れている規律の向上のために「生徒指導（school-discipline）」を重要視すべきだという指摘がなされている．クリントンコールの主な内容は，表1-3のとおりである．

　ゼロ・トレランス（Zero-tolerance）方式の「トレランス」とは，「寛大な」

表1-3　『President Clinton's Call』

1．武器や暴力や麻薬を無くす．
2．規則を強化し，暴力に対応できる教員の養成をおこなう．
3．学校を小規模化しコミュニティとの連携を強化する．
4．学校は制服を検討すべきである．これは，暴力を防止し，規律を高め，良い学校環境を醸成するためである．
5．コミュニティは怠学（不登校）法を整備，強化すべきである．
6．ゼロ・トレランス方式を確立すべきである．

出典）加藤十八『アメリカの事例から学ぶ学校再生の決めて』学事出版　2000年　pp. 90-91 より作成

「寛容な」などといった意味である．したがって，この方式は，寛容を許さない指導方法と定義されている．「国家教育目標」の決議以前の生徒指導は，生徒が規則違反を犯した場合，教師は生徒の事情をよく聞き，生徒理解に基づく指導を目指すガイダンス方式が取られてきた．それに対して，ゼロ・トレランス方式は，事情を問わず，規則違反者には一切の寛容のない規則どおりの措置を行なう指導である．

　罰則も規則どおりに適用し，違反者自身に責任を取らせる．暴力行為や麻薬，非行に走る生徒はすぐさま罰則を受けるのである．規則違反者に対して寛容のない指導を行なうゼロ・トレランス方式は，違反者以外の大多数の生徒に対して，安全で明るい学校生活を送らせることができるのである．この方式は，もともと産業界にあった考えの応用であり，できあがった製品のなかで不良品の許容は認めないという考えを，生徒指導に持ち込んだものである．

⑷　イギリスにおける「イジメ防止プロジェクト」

　このプロジェクトは，イギリスの政府が助成し 1991 年から 1993 年まで４年にわたって行なわれたものであり，「シェフィールド大学イジメ防止プロジェクト」（the DFE Sheffield University Anti Bulling Project）と呼ばれる．ねらいは，教員や校長らが，いじめとは何か，なぜ起こるのかなどを勉強し，相談する場をつくることであり，いじめに対する指導方針を開発し，確立することが中心となっている．

　活動内容は，①カリキュラムに取り入れる活動，②いじめ状況への直接介入があげられている．①は，ビデオ教材を取り入れ，各クラスでいじめとは何かについて討論を行なったり，劇団による劇を見たりしていじめについての認識を高めさせることである．②は，直接加害者や被害者とかかわりあうスキルを教師が学ぶものである．

　効果としては，全国のすべての学校にこのプロジェクトに関する資料が配布され，いじめに対する学校での指導方針が再考され，その対策の必要性が見直

された．いじめの追放活動が盛んな学校においては，いじめの発生率が驚くほど減少したという報告もされている．具体的には，データから昼休みにいじめが行なわれていることが多いことを突き止めると，「昼休み指導員」がすぐにも組織され，昼休みのすごし方を有意義にするための工夫がなされるなど，「緊急」かつ「対処療法的」にいじめへの直接介入がなされたのである．

第7節　ネットによるいじめの増加

　近年いじめ問題のひとつとして取り上げられるのは，ネットいじめである．ケータイ，とりわけスマホの普及は情報社会の必然とはいえ，9割近くの所有（表1-4参照）という実態は，ネットへの過度な依存を生み，リアルなコミュニケーションへの価値づけを低めてしまう結果を招いた．ネット上は高校生にとっても規範意識が脆弱な空間であり，ネットいじめなどの人権侵害が起こりやすい．

　いじめ問題の背景となる不登校や中途退学率の実態は微減（p. 31 ティー・ブレーク表1 T‐1参照）の状況にある．こうした高校生の実態に沿えば，それぞれの課題が単独で発生するのではなく，むしろ重複し，相互に重なり合いながら生起されていること，また，問題行動はこれまでにも増して，それぞれの高校が置かれている学力階層に沿って特質を異にしていることなどを指摘することができる．

　具体的な事例をあげて考えてみたい．たとえば，大津市で起きた中学生のいじめ事件とその報道による影響の大きさは，この問題に関する社会的関心を高

表1-4　高校生における携帯電話所有率

スマホ	ガラケー	合　計
60.9%	28.8%	89.7%
(n＝1,330)	(n＝628)	(n＝1,958)

出典）原清治・山内乾史・浅田瞳「ネットいじめの要因と実態に関する実証的研究」（日本教育学会第72回発表資料，2013.8.29）より作成

めただけでなく，教育委員会のあり方そのものに対する議論や，学校関係者に向けられる視線の厳しさを伴って進行した．しかし肝心の子どもたちの世界からは，問題の大きさに比して，いじめの影がなくならないどころか，それが原因と思われる痛ましい自殺の連鎖があとを絶たない．このように，最近のいじめが見えにくくなっている要因として，「一定の人間関係をもつ仲間集団のなかにいじめが入り込みはじめた」ことがあげられる．かつてのように，どのグループにも属せない子をターゲットにして，集団から孤立させるといったタイプのいじめは少数化し，逆に，いつも一緒にいるグループの中に「からかい」の対象となる子を作り，ときに「遊び」や「ふざけ」の延長上に，いじめ行為を潜在化させてしまっているケースが多くなってきている．こうした行為の対象となる子が，いわゆる「いじられキャラ」である．その子は，本当は「いじられる」ことが嫌なのかもしれないが，その集団に属していたい願望から，これは遊びなのだと自己を合理化し，ふざけの延長として自分も楽しんでいるかのように笑いで装ってしまう．すると，「いじって」いる側も，「いじめ」ている自覚や良心の呵責が薄らいでしまう．グループ内という閉鎖された関係の中で，本人たちも無自覚のまま「いじり」と称した「いじめ」行為がとめどなく続き，次第にエスカレートしていくのである．

　学校で起こるいじめ（ここでは，ひとまず「ネットいじめ」と対比するために「リアルいじめ」と呼称する）の被害者となる子の特徴として，森口朗（2007）はクラス内のステイタスを表す「スクール・カースト」の下位に位置する場合が多いことを指摘している．高校生がスクール・カーストを決定する要因には，面白さやコミュニケーション能力の強弱があるといわれ，成績や運動能力，容姿などのように判断基準が目に見えやすいものよりも，周囲の空気を読めない（KY）ことがカーストを下げてしまう背景となる．とりわけ，高校生のリアルいじめは，本人の所属するグループがカーストのどの位置にあるのかによって，そのいじめられやすさが異なると指摘されている．

　こうした現実世界（リアル）の行為がよく似た関係性をともなって，子ども

たちのネット環境（バーチャル）の中にも展開される実態が一般に「ネットいじめ」と称されるものである．「いじり」や「いじられ」のやり取りが，ケータイやスマホなどの通信機器を用いてネット上でも繰り返され，その行為そのものは，もちろん周囲からはまったく見えない．ネットいじめの標的となった子は，学校にいる時間以外もネット空間を気にしながら，絶えずびくびくしなければならず，気の休まる時がない．周囲から見れば，突然のように被害者の我慢が限界を超えて，不登校や中途退学の引き金を引いてしまうことにもつながるのである．

(1)　問題行動と高校の学力階層との関係
——生徒指導上の諸課題の特質——

　ここでは筆者を代表として 2013 年に行った近畿圏の高等学校を対象とした「ネットいじめに関する大規模調査」（サンプル数 1,528 人）の一端から，いわゆる大学進学実績の高い「学力上位校」（以下，上位校と表記）と「進路多様校」（同様に，多様校）の違いについて考えてみたい．

　これをみると，ネットいじめの発生率は高校階層による有意差は見られず，上位校（7.5％）でも多様校（6.7％）にあっても一定数，「ネットいじめを受けた経験がある」との回答を得た（表1-5）．しかし，ネットいじめの内容や影響を及ぼす変数について，上位校と多様校では有意差のある項目がいくつか見られた．表1-6 はその結果である．

　この結果をみると，上位校のネットいじめの特徴としては，学校裏サイトへ

表1-5　高校階層別ネットいじめ発生率

	たくさんある	時々ある	たまにある	ほとんどない	まったくない
上位校	0.8% (n = 11)	2.1% (n = 29)	4.6% (n = 63)	19.1% (n = 262)	73.4% (n = 1,008)
多様校	1.0% (n = 7)	1.5% (n = 10)	4.2% (n = 29)	17.5% (n = 120)	75.8% (n = 520)

$(x^2=2.393, df=4, p=0.664)$

表1-6　ネットいじめの内容（複数回答）

	中傷メール	ブログ	裏サイト	個人情報	画像流出
上位校	3.9% (n＝4)	18.4% (n＝19)	3.9% (n＝4)	15.5% (n＝16)	6.8% (n＝7)
多様校	4.3% (n＝2)	28.3% (n＝13)	0.0% (n＝0)	30.4% (n＝14)	4.3% (n＝2)

の投稿（上位校 3.9％：多様校 0 ％）や画像流出（同 6.8％：4.3％）など，被害者に関する
ネタをネット上に「さらし」てみんなで笑うといった類が多いことが指摘できる．自由記述欄には，「名指しこそしていないが，読めば自分とわかる内容がたくさん書かれていた」といった回答が寄せられている．それに対して，多様校では，直接，ネットいじめの対象となる子の誹謗中傷をブログに書き込んだり（上位校 18.4％：多様校 28.3％），個人情報の流出（同 15.5％：30.4％）など，人権侵害にあたるような内容も少なからず発生している傾向がみてとれる．

　こうしたネットいじめの実態から浮かび上がってくるのは，高校の学力階層によって生徒指導上の課題に違いが見られることである．ひとつ「ネットいじめ」という現象だけを切り取ってみても，学力上位校と多様校では，その内容や対応方法も異なり，どの学校でも応用できるような汎用性のある指導法を見出すことは非常に難しい．雑駁ではあるがあえて整理をしてみれば，学力上位校においては，グループによる派閥があったとしても，それがカーストと呼ばれるような序列制を強く持つわけではなく，グループ内あるいはグループ間の上下関係を区別することは難しい．したがって，重篤ないじめなどの問題行動が起こりやすい条件があるわけではないが，むしろ「いじり」や「さらし」のような軽微（に見える？）課題への細かな対処が求められる．しかし，多様校では，所属するグループ内において自分がどの位置にいるのかや，自分が所属するグループがいかなるカーストに位置しているかを巡った個人攻撃や，「いじめ」のような順位確認作業が頻発しやすく，ひとつの問題行動が連続して次なる課題を生じさせやすい．ただ，あくまでそれは「いじめ」とはみえないよう

な工夫や工作がされていることが多く，こうした環境条件を前提とした生徒指導が計画的，継続的になされなければならない．しいて言えば，多様校においては，グループ間でも個人間でも形成されている既存のカーストを解体するような方略が求められるのである．

(2)　生徒指導上の課題解決に向けて

いじめの問題の解決が難しい根源には，子どもたちの人間関係の構築方法に変化が生じたことがあり，ケータイやインターネットの普及がその背景のひとつとなっている．高度情報社会の進展の陰には，負の副産物としてネットツールに頼り，対面でのコミュニケーションを取り結ぶことを不得手とする子どもたちの姿があるからである．

対面よりもネット上でのコミュニケーションを重視し，さまざまな書き込みを「ネタ」として扱うことに慣れてしまった子どもたちにとって必要なのは，やはり原点に戻って，対面でのコミュニケーション機会，とりわけ多様な他者とつながる力を涵養することではないだろうか．

たとえば，高等学校において実践されている「カタリバ」などは，今回指摘してきたような生徒指導上の問題行動を抑止する手段として有効であろう．同級生だけの「ヨコ」の人間関係ではなく，少し先輩である大学生との「ナナメ」の信頼関係を作り，それをもとに本来の「ヨコ」の人間関係を揺さぶる取り組みなどが効果的であるといわれる．ここで大切なのは，カーストの下位に位置づく生徒たちが声を発しやすい環境をどのように構築するかという視点である．カースト下位の子やグループはクラス内での発言力が低く，学級運営という教師目線のなかでも彼らの声が先生に届くことは少ない．また，いったん形成されたカーストの位置が自然に上がることは考えにくいことから，彼らに「あえて」注目した生徒指導の在り方が求められる．

そのためには，データ調査などで実態をしっかり把握したうえで，学校ごとに最適な対策を取ることが必要であることは論を待たない．とりわけ，ネット

いじめを手掛かりとした場合，いじめる側の罪の意識の薄さと，いじめられる側の心の痛みとの間の温度差が大きいことが特徴であるのだから，それへの理解と対処は急務である．

第8節　いじめは学校問題なのか

　現在，いじめとして処理されているものの多くは，窃盗や暴力行為など，社会的に考えると犯罪行為としてあげられるものまでがいじめとして取り扱われているのである．また，いじめはその「進化」の過程において，複雑化し，陰湿化し，巧妙化の度合いを高めている．そして，一層可視性を低め，他からの目に見えにくくなっているのである．いじめのなかには，驚くべきほど長期に渡って継続されているものもあり，いじめの多様化も進んでいる．このような状況を考えると，現在学校で起こっているいじめは，単に「いじめ」と表現してもよいのだろうか，という憤りにも似た思いがよぎる．

　図1-4のデータは，「いじめを誰に相談するのか」という問いかけに対して，「誰にもいえなかった」と回答した割合である．もっとも数値が高いのが日本の33.9％である．なぜ，日本の子どもたちは，自分がいじめ被害にあっている

図1-4　「いじめを誰にもいえなかった」国際比較

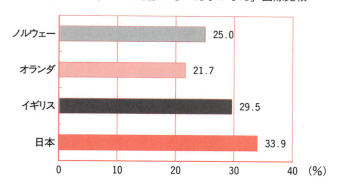

出典）森田洋司監修『いじめの国際比較研究』金子書房　2001年　p.115

ティー・ブレーク　不登校児童生徒数の推移

　本章では，学校をとりまくさまざまな問題のなかから，とくにいじめの問題を中心に論じてきたが，教育病理はそのほかにも多くの現象を抱える．そのひとつが，「不登校」の問題である．

　「不登校」は，平成 3 年度以前は 50 日以上の長期欠席者を指していたが，平成 4 年度以降は，下図にあるように 30 日以上の欠席者を不登校としてみなしている．

　また，文部科学省は不登校のきっかけと，その状態が継続している理由を表 1 T－1 のように分類している．

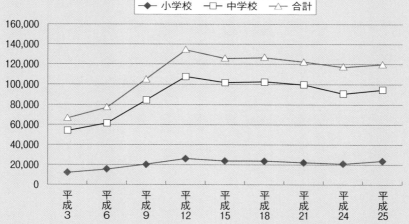

図 1 T－1　不登校児童生徒数（30 日以上欠席者）

出典）http://mext.go.jp/component/b_menu/houdou/__icsFiles/afieldfile/2014/08/07/1350732_01.pdf より作成

　不登校になったきっかけを多い順に並べると，小学校では「本人の問題に起因」，「家庭生活に起因」，「学校生活に起因」で，中学校では，「学校生活に起因」，「本人の問題に起因」，「家庭生活に起因」となっている．確かに「本人の問題に起因」するものが多く見られるが，一般に，不登校のきっかけは，いくつかの要因の複合的なものが少なくない．そのため「学校生活に起因」や「家庭生活に起因」といった児童生徒が自らの力では解決できない理由も含めて，多角的な見方が必要である．

　また，小学校，中学校ともに不登校が継続している理由も，「不安など情緒

的混乱」,「複合」,「無気力」の順になっており, 不登校が継続する理由から見た場合にも単一の理由ではなく, 多くは複合的な理由が要因となっている.

　データの上からは, 平成14年度以降にはじめて不登校の件数にブレーキがかかっており, 今後の推移を注目しておく必要があろう.

表1T－1　不登校のきっかけと継続理由

直接のきっかけ

学校生活に起因	友人関係をめぐる問題	いじめ, けんか等
	教師との関係をめぐる問題	教師の強い叱責, 注意等
	学業の不振	成績の不振, 授業がわからない, 試験が嫌い等
家庭生活に起因	家庭の生活環境の急激な変化	親の単身赴任等
	親子関係をめぐる問題	親の叱責, 親の言葉・態度への反発等
	家庭内の不和	両親の不和, 祖父母と父母の不和等本人に直接かかわらないこと
本人の問題に起因	その他本人にかかわる問題	極度の不安や緊張, 無気力等で他に特に直接のきっかけとなるような事柄がみあたらないもの

不登校状態が継続している理由

学校生活上の影響	いやがらせをする生徒の存在や, 教師との人間関係等, 明らかにそれと理解できる学校生活上の影響から登校しない（できない）.
あそび・非行	遊ぶためや非行グループに入ったりして登校しない.
無気力	無気力でなんとなく登校しない. 登校しないことへの罪悪感が少なく, 迎えにいったり強く催促すると登校するが長続きしない.
不安など情緒的混乱	登校の意志はあるが身体の不調を訴え登校できない, 漠然とした不安を訴え登校しない等, 不安を中心とした情緒的な混乱によって登校しない（できない）.
意図的な拒否	学校に行く意義を認めず, 自分の好きな方向を選んで登校しない.
複合	不登校状態が継続している理由が複合していていずれが主であるかを決めがたい.
その他	上記のいずれにも該当しない.

出典) 図1-4に同じ

ことに対して口をつぐむのだろうか．先行研究からは，「親や先生に相談しても無駄だから」や「誰かに相談すると，チクッたといわれて，かえってひどいいじめをうけるから」といった分析がなされた．また，大学の講義などで，「いじめられた経験のある人は，手をあげてください」と発問しても，他者のまえではほとんど手はあがらない．ところが，その実態と理由について匿名を担保して紙に書いてもらうと「いじめっ子だったという事実を他の人に知られたくないから」や，その奥底にある「人間としてのプライドとして秘しておきたい」という表現がいくつも見られ，いじめ問題の深刻さを端的にあらわしているといえよう．さらに，最近の特徴として，子どもたちのこころの「やさしさ」がかえって取り返しのつかない帰結となっていることにも附言しておかなければならない．

　次の遺書は，ある中学校の女生徒が，いじめられて自殺する前に書き残したものである．われわれは，このような遺書をどのように読めばいいのだろうか．

　　お父さん，お母さんごめんなさい．お兄ちゃんごめんなさい．私は先に死にます．お母さん，私はお母さんが嫌いな，いじめられっ子でした．何度も何度も話そうとしたけど，お母さんに心配かけたくないから，一人でずっと我慢してきました．でも，もう限界です．私が先に死ぬことを許してください．それと，私をいじめてた人を責めないでください．一人でいた私に声をかけてくれた人たちだったから……．ほんとにほんとにごめんなさい．

　親がこの遺書を手にしたとき，どのような思いに至るのか想像できない人はいないだろう．こうした「やさしさ」は，まさに他者との関係性を重視する最近の子どもたちのおよそ共通した特徴である．

　確かにいじめは，学校をとりまくさまざまな問題のひとつである．しかし，それを単なる問題として看過しておくと，この女生徒のような「被害者」を次

34

つぎと生み出すことになるのである．少なくとも，日本における最近の「いじめ」は，単に「いじめ」という表現ではごまかせないものになっている．内容によって，それは強盗であり，恐喝であり，他人の「やさしさ」にあぐらをかいた「殺人」なのだということを，われわれは再認識しなければならないのではないだろうか．

〈付記〉
　　本稿は文部科学省科学研究費補助金基盤研究ⓒ 24531082「ネットいじめの実態とその学校の『荒れ』をめぐる実証的研究」（研究代表者：原清治，2012 〜 2015年）および佛教大学特別研究費（2012 〜 2013 年）として 2010 年より行っている研究の成果の一部であり，『月刊高校教育 2014 年 8 月号』（学事出版，pp. 22-25）に大幅な加筆修正を行ったものである．

〈引用・参考文献〉
『いじめの国際比較研究』金子書房　2001 年
森口朗『いじめの構造』新潮社　2007 年
森田洋司監修／監訳『世界のいじめ　各国の現状と取り組み』金子書房　1998 年
深谷和子『「いじめ世界」の子どもたち』金子書房　1996 年
清永賢二『世界のイジメ　イジメブックス 6』信山社　2000 年
高徳忍『いじめ問題　ハンドブック』つげ書房新社　1999 年
佐藤学『「学び」から逃走する子どもたち』岩波ブックレット№ 524　2000 年
原清治「いじめを考える」中谷彪・浪本勝年編著『現代の教育を考える』北樹出版
　　1999 年
土田陽子「学校問題としてのいじめ現象」宮崎和夫・米川英樹編著『現代社会と教育の視点』ミネルヴァ書房　2000 年
森田洋司・清水賢二『いじめ　教室の病い』金子書房　1994 年
P. K. スミス・S. シャープ編，守屋慶子・高橋通子監訳『いじめととりくんだ学校　英国における 4 年間にわたる実証研究の成果と展望』ミネルヴァ書房　1996 年
森田洋司・滝充他編著『日本のいじめ予防・対応に生かすデータ集』金子書房
　　1999 年
恒吉遼子『「学校崩壊」再生のプログラム』東京書籍　1999 年
坂本勉『学校信仰の崩壊　いじめの検証と教育改革の方向』鳥影社　1998 年
内藤朝雄『いじめの社会理論　その生態学的秩序の生成と解体』柏書房　2001 年

遠藤克弥監修『新教育辞典』勉誠出版　2002 年

〈用語解説〉

• 共依存関係

　　ひとりでいると，不安感や虚無感，孤独感などから，他者から見離されるといる恐怖心感をもつ．そして，常に自身を誰かに必要とされたいと感じ，特に大きな悩みや何らかの常習癖（アルコール，薬物など）をもっている他者に惹かれ，相手の問題を自分のことのように対処することで，自分の存在価値を確認しようとする関係のこと．つまり，一方的な依存の図式ではなく，お互いに存在価値を求める側も依存しているという図式になっている人間関係．

　　最近では，学校における仲間関係にもこうした共依存関係がみられる．たとえば，いじめられることがわかっていても，そのグループのなかに居続けることを選択する子どもがいるが，その理由には，孤独になることへの恐怖があることが多い．

• ゼロ・トレランス方式

　　アメリカにおける生徒指導の一形態．トレランス（tolerance）とは「寛容」を意味し，ゼロ（zero）を組みあわせることで，「寛容しないこと」（zero-tolerance）と訳される．

　　学校教育の荒廃が激しいアメリカにおいては，一貫した「寛容なき」生徒指導が求められている．たとえば，一度でも喫煙すると停学処分となったり，校内暴力は理由によらずに即，退学処分というように，生徒の成績や日常生活における態度，程度の差などを問わず，すべての学生に対して一貫した基準によって処分を行なうのである．これにより，学生たちは何をしたらどのように処分されるのかを認識することができ，問題行動の抑止となる効果を期待して始められた生徒指導の施策である．日本においても鹿児島県の高校をはじめとして，数校でゼロ・トレランス方式を導入している．しかしながら，放校された学生たちを受け入れる場所が用意されていないわが国において，ゼロ・トレランス方式を取り入れるためには条件整備が必要であるといえよう．

• カタリバ

　　「カタリバ」とは NPO カタリバが実践するキャリア教育のひとつであり，高校生を対象に大学生のボランティアが高等学校に赴き，高校生とともに進路

や学校生活を本音で「語り合う」授業である.
（http://www.katariba.net/　2014.6.26 アクセス）

〈文献解題〉

森田洋司監修『いじめの国際比較研究』金子書房　2001 年
　「国際いじめ問題研究会」が手がけた世界 4 ヵ国（日本，イギリス，オランダ，ノルウェー）のいじめ調査データをもとにまとめられた分析集．いじめが日本だけの現象でないことを指摘しながら，それぞれの国におけるいじめの特徴や，いじめ対策の策定の視点を提示している．国際的な視野に立ったいじめ研究の重要性を説く必読の書.

森田洋司監修／監訳『世界のいじめ　各国の現状と取り組み』金子書房　1998 年
　世界の国々で問題視されるようになってきた「いじめ」に対して，それぞれの国の研究者がその成果や実践的試みを盛り込んだ論文集．アジア・オセアニア地域からアメリカ，ヨーロッパなど世界を詳細に 7 つの地域に分割し，それぞれの地域に属する国の教育制度を紹介しながらいじめの現状やその対策例をとりあげている．それぞれの国でいじめがどのような言葉で定義されているのかといったガイドラインが設けてあり，国際比較研究には好適の書.

清永賢二編『世界のイジメ』信山社　2000 年
　世界のいじめを，文化や社会経済的背景の違いに焦点をあてて分析している．最終的に，いじめ問題の背景には「人間の差別する心の問題」に至る点は示唆に富む．本書では，イギリス，オーストラリア，中国，韓国，ドイツ，アメリカにおけるいじめをとりあげ，それぞれの国におけるいじめ問題の背景の分析に迫っている．「イジメブックス」としてシリーズで刊行されている（全6巻）中の 1 冊であり，他書との併読によってその全貌をつかむことができる.

〈演習問題〉

①わが国におけるいじめの今日的特質と，そのメカニズムについてまとめてください.
②日本と諸外国のいじめの違いについて，文化的背景をふまえながらまとめてください.
③今日的いじめの特質から，どのような方策をとればいじめを減ずることが可能かについて，諸外国の取り組みとも関連づけて述べてください.

第2章

学歴社会は崩壊したか

本章のねらい

「学歴社会は崩壊した！」という声は，ずいぶん前から聞かれる．そして学歴不問の企業が登場したり，高学歴をもたない人物が出世すると世間は拍手喝采する．この根底にあるのは，個々人の実体験に基づいた学歴社会に対する，激しい生理的嫌悪感とルサンチマンがある．しかし，こういった感情的な議論ではなく，学問的に検討すれば学歴社会とは一体どんな社会なのか．なぜそれほど「よくない社会」が延々と続いてきたのか．学歴社会は，実力社会の登場を阻止するのか．こういった問題について考えてみたい．

第1節　学歴社会をとりまくさまざまな問題のとらえ方

　これまで日本では，学歴社会はあまりいいイメージをもって語られることはなかった．「受験地獄」や「偏差値輪切り体制」などという言葉とともに用いられ，その人間が内面的にもつ「本来の資質」を考慮せずに，うわべの「勉強ができるかどうか」だけでその人間を評価する理不尽かつ非人間的な社会として語られることが多かった．

　現在，学歴社会の崩壊が盛んに叫ばれ，現実に一流大学を卒業し，一流企業に就職した人間がリストラや倒産で職を失う事態が頻繁に生じている．学歴社会というひとつの物語にのっていれば，とりあえずはよかった時代は過ぎたのだといわれるゆえんである．また，一流大学を出た人物が汚職，セクハラなど

で職を追われるケースも多々見られる．学歴社会で高位についた人間が，実は内面的には「立派な人間」ではないのだ，ということも真実味をもっているように思える．しかし，いじめ，不登校，非行などあらゆる子どもたちの問題を，学歴社会に原因があるとするのは妥当なのであろうか．学歴社会を非学歴社会化できれば，さまざまな教育問題は一気に解決するのであろうか．それならば，いじめや不登校などの問題が諸外国でも同様に観察されるのはなぜなのであろうか．

　本章では，とりあえず，学歴社会がいかなる経緯で発生し，どのような役割を果たしたのか，そしてその問題点としては何があり，今後どうなるのかについて概観したい．

第2節　学歴社会とは何か

　学歴社会とよく混同される言葉に，高学歴社会がある．高学歴社会とは，単に「高学歴者の多い社会」を意味する言葉である．具体的には，高校卒業後の高等教育機関への進学率が50％を超える社会であるとされる．日本はアメリカ合衆国，カナダなどとならび，数少ない高学歴社会のひとつである．

　一方，学歴社会とは，「社会における社会的・職業的地位などの配分の基準として学歴が重きを占める社会」を意味する言葉であると考えられる．学歴は配分の基準として考えられるのであり，論理的には「低学歴社会だが学歴社会」という社会もありうるし，「高学歴社会だが非学歴社会」という社会もありうる．つまり学歴社会と高学歴社会とでは，その意味するところがまったく異なるのである．

　重要なことは，学歴社会が，ただ単に教育を重視する社会ではない，ということである．現在，先進国，発展途上国を問わず，教育の充実は各国家，社会の最重要課題のひとつにあげられている．教育を重視する社会が「学歴社会」であるなら，「学歴社会」でない社会などこの世には存在しないことになって

しまう．ただ単に，教育を重視するという意味以上のものが，学歴社会のなかの教育にはあるのである．その点について，もう少し詳しく見てみよう．

第3節　学校とは何か

(1)　教育，学校，公教育

　現代社会では，あたかも公教育＝教育との錯覚が生じがちである．つまり公的な教育システムとしての小学校や中学校や高等学校，短期大学，高等専門学校，大学で与えられる教育がすなわち，社会における教育のすべてであるかのような錯覚である．しかし，本来，教育はより広いものであり，家庭におけるしつけや地域社会における学習（たとえば，コミュニティ・ベースのサッカークラブやお稽古ごと）も含むし，成人学級や公開講座なども含む．前者は informal education，後者は non-formal education と称される．学校で行なわれる教育は教育全体の一部であり，すべてではない．さらに公教育システムで行なわれる教育，すなわち formal education は「学校で行なわれる教育」の一部を占めるに過ぎない（料理学校や自動車学校の存在を考えてみよ）のである．さらに職場や企業で組織的に展開される研修や企業内教育もまた公教育とは別個の教育である．

　しかし，現実には公教育システムが，他の領域の教育を次つぎととりこんでいくのが現代社会における教育の特徴のひとつであり，しつけも学業もスポーツ活動も何もかも学校で展開されるようになる．つまり公教育が肥大化し，非公教育の領域を次つぎと公教育の領域にとりこむ，あるいは非公教育が公教育化されていくのである．その結果，学校の役割が大きくなり過ぎ，子どもの生活世界に占める学校の比重が重くなり過ぎることになり，これが現代社会における教育の大きな問題点のひとつとなるのである．

(2)　教師の責任の肥大化

　これは他方で，学校教師の子どもに対する責任の過大さにも結びつく．つまり，社会のさまざまな機関・集団が担ってきた教育機能を学校が引き受けるようになればなるだけ，他の機関・集団の教育機能は弱まっていくのであり，社会や児童・生徒本人，父兄からヒステリックな目が学校教師に向けられることにもなるのである．「学校では成長途上の子どもに必要な○○を教えていない，だから教えよ」，とか，「××の側面を評価していない，だから評価せよ」とか，これまで公教育の埒外にあったものが次つぎに公教育に要求されるようになる．それに伴い，教師の仕事も多様化していく．特に精神面のサポートとか，基本的なしつけとか，これまでは家庭で担ってきたはずの役割も「公教育で展開されるべきである」とされる傾向にある．つまり，公教育は単に教科を教えるだけの場ではなくなっているのであり，今後もその流れは止まらないであろう．そしてそうである以上，教師の担う役割も加速度的に増えていくのである．公教育が単なる学校と違う点は，公教育において何がどのようになされるべきかについて，国民の間に明確なコンセンサスがないことである．たとえば人間形成か基礎学力の修得か，という代表的な争点がある．さらに，仮に基礎学力の修得とすれば，教科中心のカリキュラムか，体験中心のカリキュラムか，そしてどの程度まで学べばよいのか，などさまざまな点について，明確なコンセンサスがあるわけではない．個性や創造性を育むことも公教育の責務であり，日本の公教育はそれに「失敗している」という一般論がある．しかし，はたして公教育が個性や創造性を育むべく努力すべきかどうかも議論のあるところであろう．なぜなら公教育は一種の社会的方法による教育であり，どうしてもある程度画一的で型にはめる教育になるのはやむをえない面もある．個性や創造性は公教育によって養われるべきであるのかどうかは，簡単には結論は出ない．

　実際には，どこかの国で理想的な教育が実現されているわけでもない．また，どこかに理想の教育なるものがあって，その実現が何らかの事情で実現できない，あるいは妨害する勢力があるために実現できないというわけでもない．ま

た，その理想的な教育を実践しうる理想的な教師が，万人にとって「いい先生」がいるわけではない．特定の時代の特定個人，特定集団にとっての理想的な教育はあろうが，国民の間で広くコンセンサスの形成されるような国家・社会レベルでの理想の教育というのは最初から求めにくいものなのである．各国とも時代状況に応じてカリキュラムの構成も教授法も変化しているに過ぎない．これが予備校とか，自動車教習所とか，料理学校であれば，何をどう教えるか，そしてその成果をどう計るかはかなり明確である．しかし，公教育の目的・方法は，実はそれほど明確ではないのである．この事実を明るみに出したのが，近年の学力低下論争であったわけである．

第4節　社会的地位配分と学歴

(1)　学歴社会の成立過程

　上述の通り，学歴社会とは，当該社会の社会的・職業的地位を決める主たる基準のひとつが学歴であるような社会である．社会的地位とは職業的地位と重なる側面もあるが，もっと広い意味であり，具体的には文化的地位なども含む．

　学歴社会に対しては，古くからさまざまな批判がなされてきた．就職・昇進や結婚と関係した大学間格差の存在や，学歴による差別に対する批判はその代表的なものである．さらに，入学試験に対する批判も多い．また，学校の管理・教育のあり方や学校外の教育産業に対する批判も数多く見られる．ただし，こういったジャーナリスティックなレベルでの議論とは別に，客観的に学歴社会を考察してみると，こういった社会になっていく，それなりの必然性が理解できる．

　明治時代がスタートし，維新政府が必要としたのは，各分野における優れた人材であり，その質的・量的に安定した供給を保証してくれる機構であった．それまでの身分社会では，主として士農工商のような封建制度下の父の身分が子どもの進路・職業を決定した．教育についても，典型的にいえば，士族の子

は藩校に行き，四書五経や朱子学など人の上に立つ者としての心構え，必要な教養，帝王学を教えられていた．それに対し，町人・農民の子は寺子屋に行き，読み・書き・そろばんなど実用的な知識・技能を教えられていた．このように別々のカリキュラムによって営まれる，異なる教育機関を経て，子どもたちは父親と同じ身分に参入していったのである．

しかし，このような身分階級に縛られた形で人の教育・職業が決定されるシステムは，明治維新期のような大改革の時期には適さない．なぜなら，明治初期の「富国強兵」に代表される欧米へのキャッチ・アップを意図した国家目標の達成のためには，幅広い分野で相当数のリーダーが必要とされるからであり，しかも，リーダーに求められる知識・技術の水準は絶えず向上していく．こういった変革の時期に，リーダーを質量両面で安定的に養成するためには，これまでの身分に依存したシステムではうまく機能しないし，レッセ・フェールの過程から優れたリーダーが次つぎと安定的に登場してくるとも考えにくい．したがって，より効率的な人材養成・登用のシステムが必要である．この必要性を満たすものと当時考えられたのが学歴社会・主義であったのである（もっとも，このような呼び名が定着するのは，ずっと後の話である）．学校という場にできるだけ広い諸階層の子どもを集め，そこで一定のルールに基づき子どもを競わせる．そして学校という場でのパフォーマンスに応じて社会的・職業的地位を割り振るというわけである．

学歴社会は，一方では国民の精神的，知的統合や識字率の向上など文化的基盤を整備する役割を果たし，他方では多方面にわたるリーダーを質量ともに安定的に供給する役割を果たした．つまり，一言でいえば，近代日本をそれなりに支えてきたメカニズムだったのである．

(2) 学歴社会と職歴社会

しばしば学歴社会は「実力社会・能力社会」と対置されて語られてきており，「実力社会・能力社会」の実現を阻害するものであるかのように語られること

が多かった．そして「実力社会・能力社会」を実現している国の例として，欧米諸国，ことにアメリカ合衆国があげられることが多かった．しかし，上述のような経緯からいえば，学歴社会は「実力社会・能力社会」の実現を阻害するものではなく，むしろそれを実現する手段のひとつと考えられたと見るべきである．アメリカ合衆国など欧米社会にしても，むきだしの「実力社会・能力社会」を現実のものにしているのではない．たとえば，前の勤め先での上司や有力者の評価・推薦状が重視されるとか，その分野での過去の実績が重視されるとか，いわば職業経歴社会・履歴書社会ともいうべき状況にある．職業経歴社会であることがこれらの社会にとっては，「実力社会・能力社会」を実現するための方策なのである．日本の場合はその経歴が職業経歴ではなく，教育経歴（学歴）であるに過ぎないともいえる．

　なぜならあたりまえのことではあるが，人の実力・能力を適確に測定することは非常にむずかしいからである．たとえば，ある人が自分の原稿をワープロ化してくれる人材を探していたとしよう．その場合には，ワープロ検定の何級の資格をもっているかどうかを本人に聞けばワープロの操作能力は分かるし，あるいは目の前でワープロを打たせてみればよい．しかし，銀行マン，商社マンとして求められる実力・能力を採用時に適確に計測することができるのであろうか．また，実力・能力というのは，個々人がきまった一定の量をもっているというものではなく，環境によって可変的なものである．したがって，予めその人の実力・能力なるものを適確に計量するすべなどないように思われる．この点を次に見ておこう．

第5節　実力・能力を量ることはできるのか

(1)　プロ野球における実力・能力

　はたして実力・能力を量ることはできるのであろうか．この点で，矢野眞和は非常に興味深い分析を行なっている．矢野はプロ野球界を例にとり，人の実

力・能力を読みとる難しさを実証しようとしたのである．プロ野球の世界で求められる実力・能力は，基本的にはアマチュア野球で求められる実力・能力と同一線上にある．用具の違いはあっても，打者であればより出塁し，得点に貢献することであり，投手であればより失点を抑えて勝利に貢献することである．しかもこの実力・能力は打率や防御率など数量化された形で計測される．そしてそれをスカウトはじめ，人材発掘のプロが慎重に見極めるのである．そしてスカウトの査定によってドラフト順位，契約金，年俸などが決められていく．

したがって，先述の銀行マン，商社マンの採用と比べて，①入職前の経歴と入職後の経歴に連続性があるため，入職前の経歴により入職後の業績を予測しやすい．②しかも経歴は客観的に数量化された形で表現されるため，非常にはっきりしている．③過去の経歴をもとに入団後の業績を予測する専属のプロ（スカウト）がいる，などの条件のために，より選手の将来の予測がつきやすいはずである．しかし，現実にはかなりのはずれがある．

まず表2-1をみよう．ここでいう第一段階とは，ともかくもプロ野球の世界に入った若者の総数（ドラフト制度創設以降1985年まで）である．第二段階とは，一軍の試合に出場した選手である．プロになった以上，二軍（あるいはそれ以下）の試合に出場する機会はほぼ万人に与えられているはずである．そこで第二段階としては，代走や敗戦処理投手などいっさいを含んではいるが，とにかく一軍の試合に出場した選手の数をあげている．この時点で第一段階の3分の2になっている．第三段階とは，レギュラーに定着したという段階であり，具体的には規定打席数や規定投球回数に到達した選手である．代打専門の選手や

表2-1　到達者数と到達確率

	全　体	打　者	投　手
第一段階（入団）	1,743(100.0)	884(100.0)	819(100.0)
第二段階（一軍出場）	1,099(63.1)	570(64.5)	485(59.8)
第三段階（レギュラー）	280(16.1)	123(13.9)	150(18.3)
第四段階（代表選手）	87(5.0)	64(7.2)	20(2.4)

出典）矢野眞和『試験の時代の終焉』有信堂　1991年

クローザーはどうなるか，という問題はあるが，この段階に達してようやくプロ野球選手として世間的に認知されるといえよう．第四段階とは，リーグを代表する選手になる段階であり，具体的にはベストナインに選出された経験があるかどうかを基準にしている．当然のことながら，第四段階に至る選手は僅少である．さて，この到達段階とドラフト順位との関係を表２－２に見てみよう．

　矢野はこれに関して，３つの点を指摘する．すなわち，①４位以下は，それほど差がない，②レギュラーの経験者の内訳は１位指名が３分の１，２位＋３位指名が３分の１，４位指名以下が３分の１である，③ドラフト外の活躍者もかなりいる，である．ここから矢野は「特別に優れた人材を別にすれば，その後の活躍を予想するのは難しいというのが適切である」と結論づける．

　次に，図２－１を参照されたい．これは，学歴ならぬ球歴別到達確率であり，累積％で表されている．入団後７年といえば，大卒29歳，高卒25歳であり，遅咲きの選手もいようが，まずおおかたの才能ある選手はすでに頭角をあらわしているはずと考えて差し支えないだろう．これで見ると，第二段階にせよ，第三段階にせよ，大卒と社会人は似たようなカーブを示すのに対して，高卒はかなり低い数値に留まっている．これが意味するところは，矢野によれば，即戦力となることを期待してとった選手に関しては実力・能力の読み違いは比較的少ないが，将来性を期待してとった選手に関しては読み違いがかなり起こりえるということである．

表２－２　ドラフト順位と到達確率

（単位：人，カッコ内は％）

	1位	2位	3位	4位	5位	6位	7位以下	ドラフト外
第１段階	223 (100)	214 (100)	184 (100)	169 (100)	136 (100)	117 (100)	144 (100)	516 (100)
第２段階	201 (90)	184 (86)	146 (79)	111 (66)	87 (64)	70 (56)	79 (55)	178 (34)
第３段階	91 (41)	58 (29)	35 (19)	21 (12)	15 (11)	11 (9)	19 (13)	23 (5)
第４段階	32 (14)	21 (10)	12 (7)	5 (3)	4 (3)	3 (3)	5 (4)	2 (1)

出典）表２－１に同じ

　要するに全体を通じて矢野が主張したかったことは，次の通りである．プロ野球の世界のように，入職前に求められる知識・技術と入職後に求められる知識・技術が連続的で，しかも，入職前の知識・技術の水準が数量化された形であらわされ，それを判断するプロのスカウトがいるという条件下でも，人の実力・能力の読み違えは起こりえるのであるということである．まして求められる知識・技術の水準が不明確な場合には，実力・能力を読みとる困難さと読み違いの発生はかなりのものとなる．

　よく考えてみれば，トレードなどで球団が替わる，あるいは監督が替わる（つまり，環境が変わる）ことでこれまでパッとしなかった選手が突如頭角をあらわすこともあれば，逆もある．同じ人間であっても，その選手をどう活用していくかによって結果が大きく違うというわけである．けっして実力・能力がど

図2-1　球歴と累積到達確率

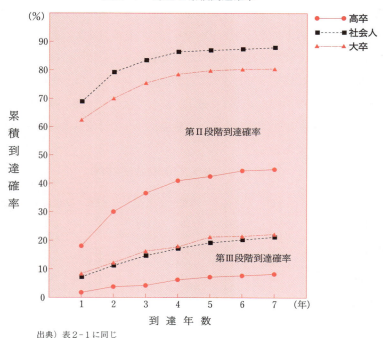

出典）表2-1に同じ

んな環境下にあっても不変であるわけではない.

(2) 実社会における実力・能力

　それでは，実力・能力をどのようにして測定するのかというと，それぞれの
国家・社会では何らかの社会的指標を手がかりにして推測しているのである.
それがこれまでの日本であれば，学歴（＝教育経歴）であり，アメリカ合衆国な
どでは職業経歴であったわけである. これは社会によって，求める人材像が異
なるからに過ぎず，潜在能力を重視するか，即戦力であることを重視するかと
いう国家戦略や企業戦略の違いを反映している. 少なくともごく最近までの日
本では，後に述べるように，特定の企業（あるいは官公庁）に採用されると，ス
ペシャリストは別として，かなりの人材が一定の年齢まではさまざまな職務を
経験する，ジョブ・ローテーションがあった. したがって，特定の職務につい
ての高度な知識・技術よりも，一般的な潜在能力の方が重視されてきたわけで
あり，職業上必要な知識・技術は入社後に修得させてきたわけである. 要する
に，読みとろうとする「実力・能力」が異なるから，その指標も異なるのであ
る.

第6節　学歴はどのように評価されるか

　さて，学歴が具体的にはどのように評価されるのかは，さまざまなパターン
があろう. ここでは，5つのパターンに分類しておきたい.

(1) 漠然とした社会的評価

　これはきわめて漠然としたレベルの社会的評価であり，世間に蔓延している
「××ランキング」なるものによって醸成される漠然とした評価である. 大企
業（一部上場企業）への就職率，偏差値，国家公務員試験合格者数，司法試験・
公認会計士・医師などの国家試験合格者数，あるいは大企業社長輩出率などに

よってはかられる漠然としたもので，それだけに細かい部分まですべての成員
の間で一致するものではない．しかし，ある程度共有される大きな枠組みがあ
る．その一方で，たとえば地域差や自分の専攻分野による違いや，性別による
女子大学の評価の相違など，個人の属性によって異なる面もある．

(2)　ブランドとしての大学

　これは(1)と違い，何かの社会的実績に基づいてつくられるものではなく，
たとえば〇〇女学院や△△学院は良家の子女が集まっているというイメージが
一般にはあるように，学生の社会階層上の特性から生まれるイメージがある．
これは伝統や授業料の設定など多くの要因によって形成される．こういった側
面の評価は，就職にも影響するのであろうが，主に，結婚や交友関係の形成に
大きく役立つのであろう．

(3)　人的資本論（＝学歴の機能的評価）

　これは知識・技術の水準が学歴によって表現されると考える理論である．た
とえば大学医学部・医科大学を例にとって考えてみよう．よりよい大学医学
部・医科大学はそうでない大学医学部・医科大学と比べて，教授陣の質が優れ
ており，医療設備も整っており，看護師他医療スタッフも充実しており，図書
館の蔵書も質量ともに優れ，同僚や先輩・後輩の能力も高いとすれば，そうい
う環境で学んだ人物は，そうでない環境で学んだ人物よりも，平均的に見てよ
り高い水準の医療技術・知識を身に付けていると考えられる．つまり，学歴の
高低が学習内容のレベルの高低とダイレクトにつながっているのである．

(4)　スクリーニング仮説

　これは，経済学的な仮説であり，学歴がその人の知識や技術・技能の水準を
あらわすとは考えない．つまり，学校での教育内容（学習歴）はどうでもいい
のであり，しかし学歴（学校歴）は大事であるという考え方である．なぜなら，

学歴（学校歴）はその人の訓練可能性（＝Trainability）をあらわすからである．この仮説によれば，企業が人材を採用する際，その人が職業上必要とするであろう知識・技術は，学校教育で身に付けてくるとは想定せず，入社後身に付けると想定する．つまり，O. J. T. や初任者研修，大学院派遣（Off. J. T.）などである．ただ，そうはいっても，この職業的訓練を同じように受けても，適確にそれを身に付け戦力になる人材と，そうではない人材がいる．同じ教育を受けても分かれるわけである．もちろん戦力になる人材の方が，企業としては投資効率は高い訳であるが，この投資効率の高い人材をあらかじめ見分けるにはどうすればよいのか．

　ここで出てくるのが，学歴である．学習内容は何であれ，要は教えられたことを適確に身に付け，こなし，テストの際に高いパフォーマンスを示した人材が高い学歴を獲得するのである．この教えられたことを適確に身に付け，こなし，高いパフォーマンスを示す能力こそが企業の求める能力でもあり，したがって，学歴を訓練可能性の指標と見なして採用・不採用を決めることは一定の経済学的合理性をもつわけである．

　もちろん，このような採用法には問題がある．学歴は教育の指標であり，職業での訓練可能性は経済の指標である．両者は必ずしも一致するとは限らない．つまり，高い学歴を有するが職業的には能力の低い人材もいれば，低い学歴しか持ち合わせないが職業的には能力の高い人材もいるであろう．協調性のないガリ勉型受験秀才もいれば，学校的な勉強スタイルにはなじまないが実践的なタイプの人間もいるであろう．スクリーニング仮説に従って，採用・不採用を決めていくと，こういった点で大きなミスマッチが生じる．つまり，採るべき人材を採らず，採るべきでない人材を採ってしまうことになるのである．

　それではこのような考え方は無効かというと，そうではないのである．つまり，人材の訓練可能性をあらわす指標として学歴を信用せず，一人ひとりの人材の「実力・能力」を測定する（それが可能であるとしての話だが）ことを思えば，時間・手間・コストなどあらゆる点で，学歴をスクリーニングの指標として使

う方が合理的であるというわけである．そのためには多少のミスマッチはやむをえないということになる．

　いずれにせよ，この点からすれば，労働市場は明らかに学歴によって分節化していることになり，新古典派経済学が想定する完全競争・完全情報の前提は崩れ去るのである．であるとすれば，機能主義的な教育拡大の解釈，つまり社会の要求する知識・技術・技能の水準が向上するから高学歴化が起こる，という解釈は妥当性を失うのである．なお，スクリーニング仮説は雇用者＝求人者の側から見た理論であるが，同じような問題を求職者の側からみた理論としてシグナリング理論がある．この理論によれば，求職者はより有利なシグナル（＝潜在的能力の指標としての）を獲得し，労働市場における自己の立場を有利にしようとするが，学歴はその有力なもののひとつであり，獲得競争が生じる．ただ，この理論ではシグナル獲得に要する費用とその便益が天秤にかけられるため，ある学歴を獲得することが労働市場での立場を有利にすることがわかっていたとしても，その学歴獲得にあまりにも費用がかかる（つまり，教育産業にかける経費がかさむケースとか，多年にわたる浪人生活とか）場合には，その学歴獲得をあきらめ，次善の学歴を獲得しようとするということになる．つまり，無制限な高学歴化は起こらないということを含意している．いずれにせよ，これらの理論によれば，教育への投資は労働生産性の改善ということに必ずしも結びつくとは限らないのである．

(5)　統計的差別理論

　これも学歴がその人の受けてきた教育内容を反映し，知識・技術の水準をあらわすとは考えない．つまり学習歴はどうでもよく，学校歴こそが大事だという理論である．しかし，スクリーニング仮説とは異なり，訓練可能性が大事であるとも考えない．

　たとえば，X氏とY氏がある企業A社への就職を希望したとしよう．通常，初期の選抜の段階では，誰が適応性が低いかを見分けるのはきわめて容易で，

面接官・採用担当者の間で意見が分かれる可能性は低い．しかし，人数が絞られてくると，そのなかで誰を採用するのかについては，面接官・採用担当者の間でも意見が分かれることがしばしばある．この場合，どちらをどういう基準で採用することになるのであろうか．

　人的資本論もスクリーニング仮説も，知識・技術の水準であれ，訓練可能性の水準であれ，学歴が高い方がいい人材であるという前提に立っていた．しかし，統計的差別理論ではそう考えない．どのような企業でも人事部には，過去に入社してきた社員の経歴と業績についてポートフォリオ，データベースが蓄積されている．そのポートフォリオ，データベースを見ると，たとえば学歴別に企業への貢献度を算出することができる．

　A社では，X氏と同じ α 大学卒の人は過去75％が有効な戦力になったのに対して，Y氏と同じ β 大学卒の人は過去95％が有効な戦力になったとしよう．そういうデータが提示されると，Y氏を採用しようということになるであろう．ここで注意が必要なのは，75％にしろ，95％にしろ有効な戦力になった人びとは，X氏，Y氏の同窓に過ぎず，言いかえればただ単に一属性を共有するに過ぎない人びとである．それにもかかわらず，その人びとのあげた業績に基づいて，X氏，Y氏の採用・不採用が決定されることになるのである．

　つまり，X氏，Y氏自身の職業的能力を計測するのではなしに，両氏の先輩の業績をもって，両氏の評価に変えるわけであり，見方を変えれば学歴差別にもつながる．しかし，たんなる予断・偏見に基づくものではなく，一見科学的に見える統計的データにより客観的に採用不採用を決定するところから，実質的には何らかの偏見や差別が介在していたとしても，その非合理性は表向きの合理性に隅へ押しやられるのである．

表2-3　統計的差別の例

	A社	B社
X氏（α 大学卒）	75％	95％
Y氏（β 大学卒）	95％	75％

　たとえば，学歴でなく人種や性別，宗教などのデータで学校の入学や企業の採用が決定されるケースを想定すればいい．あるいは犯罪者の確定に当たって，人種や地域や前科のあるなしによる統計データに基づき，見込み捜査が行なわれるケースを考えてみればいい．後者の場合であれば，真犯人の検挙につながる場合もあれば，冤罪を生み出す可能性もある．

　ただ，この理論が特徴的なのは，次の点にある．たとえば，両氏が他の企業B社でやはり競合したとしよう．ところがB社では両氏の先輩に関してまったく逆のデータが蓄積されていたとしよう．そうすると採用・不採用の判定はまったく逆になるのである．つまり，すべての職種・業種・企業が同じようにいい学歴をもった人材を探しているのではなく，職種・業種・企業によるバリエーションがあるということである．販売職や営業職，サービス職などでは一流大学の受験秀才よりも，ノン・ブランド大学の体育会系クラブ（特に団体競技）を出た人材，つまり体力，社交性，協調性に富む人材が80年代に多く採られていた背景は，こういった観点から説明できる．いずれにせよ，こういう考え方からすれば，学校教育が知識や技術を身に付ける場であり，学歴がその水準をあらわすと一面的に考えるのは無理ということになろう．

第7節　国際的な視野から見た学歴社会論

　先述のように，国際的な視点から見て，一部に根強い，しかし，おそらくは誤った議論として「日本だけが学歴社会」という議論がある．

　確かに少なくともごく最近までのヨーロッパやいくつかの発展途上国では，日本ほどの学歴獲得をめぐる熾烈な競争はないように見える．しかし，それが望ましいことかどうかはまた別の問題である．

　図2-2のように，天野郁夫によれば，学校教育制度は3つに類型化される．第1の分離型は，入学する時点である基準によって進学する学校の種類が異なり，当然カリキュラム・教育方法も異なり，修業年限・卒業後の進路まで異な

るというものである．日本であれば，士族の子どもは藩校へ，町民の子どもは
寺子屋へと分かれていた時期の学校教育制度がこれに近い（もちろん，中間的な
形態として郷学があったが）．藩校では支配階級に着くものとして必要な教養・心
構え，帝王学を朱子学，四書五経など中国の古典から学んで，武士になってい
った．寺子屋では，周知のように，「読み・書き・そろばん」のスキルを身に
付けることが謳われ，修了後は町人になっていった．

　現在，世界的に見て初等教育の義務教育化・共通教育化が進んでいるので分
離型の教育システムを制度上残している国は少ないが，たとえば，イングラン
ドのパブリック・セクターとプライベート・セクターのように（日本の公立学校
と私立学校との関係とは異なり），就学年齢，修業年限，カリキュラム，教育環境，
卒業後の進路などことごとく異なり，プライベート・セクターの教育費がかさ
むことから，それを利用する階層（階級）もまた異なる．分離型の場合には，
社会階級や社会階層など生得的属性によって，進学する学校の種類が異なるの
である．生まれつき就学すべき学校が決まっており，一部の例外を除き他のコ
ースに進めないのである．そしてエリート・コースに教育資源を集中して良質
のエリートを育てようとする教育制度である．

　分岐型の場合には，分離型と異なり，最初の数年間は共通である（つまり義
務教育）．その後の進路が，本人の希望だけでなく，共通教育の期間のパフォー
マンスや，家庭の経済的状況などによって分かれていく．その後は分離型と同

図2-2　学校教育制度の三類型

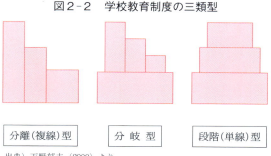

分離（複線）型　　分岐型　　段階（単線）型

出典）天野郁夫（2000）より

様である．日本の場合であれば，第二次世界大戦以前の旧制学校制度はこれに近いものと考えることができる．旧制高校→帝国大学というエリート・コース，実業学校→高等専門学校というサブエリート・コースなどが，明白に分離し，いったんあるコースに振り分けられたらコース変更はきわめて難しいという制度である．ヨーロッパ社会では，少なくともごく最近まで，何らかの形で分岐型教育制度がとられてきた．この場合，システム上は共通の基礎教育が終わった時点ではじめて進路振り分けが展開されるようにみえるが，現実には習熟度別学級編成がその基礎教育段階で実施されていたりする場合もあり，そういった場合には分離型に限りなく近いものになる．

　たとえば，ドイツでは，10歳まで Grund Schule で学んだ後は，学力試験によって，Gymnasium, Real Schule, Haupt Schule の3つに進路が分かれる．Gymnasium はアカデミックなカリキュラムを中心とした進学のための準備教育を施す．Real Schule はアカデミックなカリキュラムに実学的なカリキュラムを加えて中下級技術者の育成を目指す．Haupt Schule は基礎的な技能に職業教育の習得を目指す．この3つのタイプの学校はカリキュラムも卒業後の進路もまったく異なるわけであり，しかも決定後のコース変更は困難である（カリキュラムが違うのであるから当然である）．いささか大げさにいえば，10歳で人生が決まってしまうのである．こういうシステムがとられる前提としては，人間の能力はきわめて早期に決定されるという考え方がある．ひとたび，能力が決定されれば，その能力に応じた教育を展開するのがいいと考えられているのである．また，ヨーロッパ諸国の場合には，階級ごとに学校に求めるものが異なるという背景もあるとされてきた．

　段階型の場合には，分離型，分岐型とかなり異なる制度である．最終的な進路決定をできるだけ先延ばしにする，あるいは最終的な決定を回避するという教育システムである．たとえば，アメリカ合衆国や第二次世界大戦後から現代に至る日本がこれに当てはまる．義務教育段階を終えて，次の学校段階に進む場合に，社会的評価の高い学校と社会的評価の芳しくない学校とに分かれると

しよう．しかし，これは，（分離型や分岐型と異なり）最終的な進路振り分けでは
ない．将来まで決まってしまうのではない．社会的評価の芳しくない学校に進
学したとしてもそこで頑張り，学力を向上させれば「リベンジ」可能なのであ
る．逆に社会的評価の高い学校に進学したとしても，それはその子どもがエリ
ート・コースを歩むことを保証されたということを意味しないのである．この
前提として，人間の実力や能力，あるいはその発揮のされ方は可変的であると
いう考え方がある．そこでできるだけ同一学校段階内の各学校のカリキュラム
に共通性をもたせて，コース変更がきくようにとの配慮がなされるのである．

　実は学校システムの点から見て，学歴社会化しやすい，受験競争が長期化，
過熱化しやすい社会というのは，この段階型の社会なのである．すべてのメン
バーの前にさまざまな可能性が残されており，決定的な進路振り分けが行なわ
れないため，よりいいものをつかみ取ろうと競争が激化するのである．逆にい
えば，分離型や分岐型の社会の場合，社会内の階級構成などのため，将来が早
い時点で見えてしまうので，受験競争もしょせん一部の集団内ではあっても，
社会をあげて過熱するということにはなりにくいのである．

第8節　学歴社会への批判

(1)　さらなる学歴社会化

　もちろん，先述のようなジャーナリスティックな批判だけでなく，データに
基づくアカデミックなレベルの批判も数多い．たとえば，学歴社会は一見平等
な条件のもとでの競争的な社会に見えるが，実は，階層の再生産に組みするも
のでしかないという見方がそれである．しかし，逆に学歴社会化を図る動きも
1990年代以降見られる．日本では，欧米諸国と比べて大学卒業者の数はトッ
プ・クラスにあるが，そのうちで大学院に進学するものの比率は低い．しかし，
今，国際機関に就職する際，修士の学位をもっていることは当たり前で，学士
の学位ではマイナスにしかならないという状況がある．また，外交官，大使ク

ラスの学歴を見ると，いわゆる低学歴社会の外交官，大使クラスでも修士・博士の学位をもつ者が多くを占めるのに対して，日本の外交官，大使クラスには学士の学位しかもたない者が多い．もっと職業訓練の場，高度な知識・技術を身につける場として大学・大学院を編成し直し，大学院入学者を増やして，専門職などの高度な知識・技術を必要とする職業人を養成するべきであるという主張は根強い．ビジネス・スクール，アカウンティング・スクール（会計士大学院），メディカル・スクール，ロー・スクール（法科大学院）などはこの例であろう．

(2) 教育機会と学歴社会

さらに，今，日本で盛んに学歴社会批判が展開される一方で，開発途上国においては教育を人間のもつ根本的なニーズ（ベーシック・ヒューマン・ニーズ）のひとつととらえ，就学率を上げるべく，国際機関の援助を受けながら国際機関も国内の官民も一体となってとりくんでいる．そして，それがよりよい職業機会につながるのであり，貧困層の貧困からの脱出を助けるというストーリーもまだ生きている．いわば明治期の日本のように意図的に学歴社会化を進めようとする社会もあるのである．

重要なことは，学歴を固定的な個人の属性ととらえずに，可変的なその人の知識・技術の水準をあらわすものとして，また受けてきたトレーニングの証として受け取ることであり，現実に高等教育機関で行なわれている教育改革もそのような視点から生涯学習社会の実現を目指すものであると考えられる．もちろん，その前提として教育機会の均等化がより一層図られねばならないのは当然である．日本の奨学金政策は，他の先進諸国と比してきわめて貧弱であることは広く知られる．

(3) いったい，学歴は何をあらわすのか

しかし，こういった教育機会の問題以上に学歴社会において問題とされるのは，学歴なるものが一体何をどの程度あらわすと考えられるのか，という問題

である．これについては主に 2 つの疑問がある．ひとつは，学歴が，実は大学入学試験を受験する 18 歳から 20 歳頃の時点での学力をあらわすに過ぎないという問題である．近年のように，生涯学習化した社会では，若い時点でその人間の教育経歴の評価を定めてしまうという傾向は徐々に弱まってはいるが，まだまだ主流であるとはいえるであろう．この場合，問題になるのは，若いときに獲得した学歴が，その人の将来の可能性を拘束するということである．つまり学歴が一種の身分と化するということである．学歴社会は封建的な身分社会からの解放を謳っていたはずが，自ら新たな身分秩序を形成するというわけである．

　もうひとつは，18 歳から 20 歳頃の学力とは受験学力であるがゆえに，その人のもつ多面的な実力・能力のごく一部しかあらわさないということである．学力はその人のもつ実力・能力のごく一部しか表現しないのに，それがあたかも実力・能力の主要部分をほぼ表現し，さらには人格の評価にも関わってしまうというのは，おかしいというわけである．また，ごく一部しかあらわさないにしても，当該大学・学部で求められる人材の選抜のために適切な方法で入試が行なわれているかどうかも問題である．つまり，数学や理科ができればいい医者になりうるのか，国語や社会ができればいい商社マンや銀行員になりうるのか，という問題である．

第 9 節　学歴社会に求められるもの

　以上，学歴があらわすものは実は多様で，社会によって人によって，あるいは時代によって何がどう読みとられるかは変化しうる．しかし，共通するのは学歴が，その人のもつ（多くは職業的）実力・能力のなにがしかの側面，あるいは教養や品格の程度をあらわすと考えられている点である．そしてもし，学歴がこれらのものを適確にあらわさないのであるとしたら，新たな基準を考えて編み出す必要がある．ただし，それは巷で叫ばれるような観念的なむきだしの「実力」や「能力」ではなく，何らかのその人の経歴・（生得的・獲得的）属性に

よらざるをえない．学歴社会がさまざまな矛盾をはらむことはもちろんだが，しかし，学歴を指標にしなくなればすべての，あるいはかなりの問題が解決するという考え方は非現実的である．学歴社会的ではないといわれる諸外国の事情をみれば，そこでも日本と同じような問題が起こっているからである．要は，どの指標を使えば多くの国民が納得できるのか，ということであり，ごく最近までは（むきだしの身分や階層よりも）学歴のほうが妥当だということであったわけである．繰り返しになるが，すべての教育問題，子どもに関わる問題が学歴社会に原因があるというわけではない．

　また，学歴社会であるかないかということと，学校で勉強することが必要かどうかということも本質的には別のことである．近年，学歴社会ではなくなったから，あくせく勉強してもしょうがないという議論が一部にみられる．驚くことに，一部の評論家や教育学者の間でさえ，こういう説が大まじめに語られている．しかし，勉強や学習，教育の価値と，学歴社会の存在とはまったく別のことである．勉強や学習，教育の目標にもよろうが，学校に行き，学習し，ある種の学位や資格・免許を獲得することの価値は，学歴社会による恩恵という御利益があろうがなかろうが，存在するのである．

☕ ティー・ブレーク　教育投資の個人的・社会的収益率

　学歴の経済的価値を計る指標のひとつに収益率という概念がある．教育を一種の投資とみなし，それに対する見返りがいくらあるかによって収益率（利子率）を算出することができる．マクロレベルでは，国家が教育への支出を拡大すると，教育の質が上がり（より有能な教員を雇うとか，新たな学校を創設するとか，設備を更新するとか，奨学金を充実するとかによって），その教育を受けた人の労働生産性を改善し，ひいてはGDPの向上など国家の経済的発展に与するということである．ミクロレベルでは，家庭が子どもへの教育支出を拡大すると，その子どもの受ける教育の質が上がり（私立学校へやるとか，学校外の教育産業に投資するとかによって），その子どもの労働市場での価値が高まり（というのはよりいい教育を受けることによって労働生産性が改善されているから），生涯所得が増

表2T－1　教育投資の個人的収益率（1999～2000年）

就学期間，税，失業リスク，授業料，公的学生補助の影響を考慮した後期中等教育及び高等教育の個人的収益率（男女別，パーセントポイント）

		後期中等教育の収益率 （パーセントポイント）[1]		高等教育の収益率 （パーセントポイント）[2]	
		個人的総合収益率		個人的総合収益率	
		男	女	男	女
O E C D 加 盟 国	カナダ	13.6	12.7	8.1	9.4
	デンマーク	11.3	10.5	13.9	10.1
	フランス	14.8	19.2	12.2	11.7
	ドイツ	10.8	6.9	9.0	8.3
	イタリア[3]	11.2	m	6.5	m
	日本	6.4	8.5	7.5	6.7
	オランダ[4]	7.9	8.4	12.0	12.3
	スウェーデン[5]	6.4	m	11.4	10.8
	イギリス	15.1	m	17.3	15.2
	アメリカ合衆国	16.4	11.8	14.9	14.7
	OECD 各国平均[6]	11.4	11.1	11.4	11.3

1．後期中等教育の収益率は，前期中等教育修了者が受ける個人的な利益と費用との比較により計算．
2．高等教育の収益率は，後期中等教育修了者が受ける個人的な利益と費用との比較により計算．
3．男性のデータは1998年の税引後所得データを使用．
4．調査年は1997年．
5．高等教育の収益率は，理論上の高等教育の就学期間を基に計算されており，男女別プログラムで見た理論上の平均的就学期間は用いられていない．女性に関しては，後期中等教育と前期中等教育修了者の所得に大きな差は見られず，収益率の増加は認められていない．
6．男性のデータは，イタリアを除く．女性の後期中等教育のデータはスウェーデンとイギリスを除く．
資料）OECD

表2T－2　教育投資の社会的収益率（1999～2000年）

後期中等教育及び高等教育の社会的収益率（男女別，パーセントポイント）

		後期中等教育の社会的収益率[1]		高等教育の社会的収益率[2]	
		男	女	男	女
O E C D 加 盟 国	カナダ[3]	m	m	6.8	7.9
	デンマーク	9.3	8.7	6.3	4.2
	フランス	9.6	10.6	13.2	13.1
	ドイツ	10.2	6.0	6.5	6.9
	イタリア[4]	8.4	m	7.0	m
	日本	5.0	6.4	6.7	5.7
	オランダ	6.2	7.8	10.0	6.3
	スウェーデン	5.2	m	7.5	5.7
	イギリス	12.9	m	15.2	13.6
	アメリカ合衆国	13.2	9.6	13.7	12.3

1．後期中等教育の収益率は，前期中等教育修了者が与える社会的な利益と費用との比較により計算．
2．高等教育の収益率は，後期中等教育修了者が与える社会的な利益と費用との比較により計算．
3．生徒一人当りの後期中等教育費支出に関するカナダのデータは無い．
4．女性の所得に関して，イタリアでサンプルとなる資料が少なかったため，収益率を計算できなかった．
資料）OECD

加する，ということである．前者，後者について，それぞれ投資に対する見返り（収益の増加）をもとに，収益率を計算することが可能である．この収益率は前者については社会的収益率，後者については個人的収益率と呼ばれている．こういった考え方は，1960年代以降，教育投資論，人的資本論として世界の教育計画に大きな影響を与えてきた．

さて，OECDの2002年版教育インディケータによれば，OECD加盟諸国中，データが利用可能な国の範囲内では，意外と高くない（表2T－1参照）．こういった意味でも日本を単純に「実力社会ではなく学歴社会である」と決めつけることには問題があることがわかるだろう．

第10節　21世紀に入ってからの動向

しかし，これらの諸理論は，現在においては新規採用者選抜の初期段階で使われることはあっても，そのウエイトはかなり減じている．長く続く不況の中，企業は新規採用者数を減らす一方，「即戦力」志向を高め，求めている能力が求めているレベルに達しているかどうかを慎重に見極めようとする傾向が強まっている．それは一般的な能力（訓練可能性）ではなく，よりスペシフィックな能力である．したがって面接を再三繰り返し，慎重に新規採用者を選ぼうとする風潮が高まり，大学生の就職活動期間が長期化する傾向が顕著になった．2015年度から，この傾向に歯止めをかけようとする動きがみられるが，2015年時点では企業，大学生，大学の三者とも混乱の極みにあるようである．

ただ，よりスペシフィックな能力を求められるようになり，企業もそれを明示するようになれば，大学生にとっても，自分が希望する業種，企業に進むには，どのような能力をどのレベルまで引き上げねばならないかという具体的な目標を立てることができるようになるだろう．それが大学での学習へのモチベーションを高めるのであれば，大学にとっても有意義なことではないかと考える．

現在，こういった就職に当たって求められる能力については経済産業省の社会人基礎力（表2-4），厚生労働省の就職基礎能力（表2-5），内閣府の人間力，

文部科学省の学士力などにおいて，より細かく，はっきりとした形を取って定められている．

表2-4　社会人基礎力（経済産業省）

前に踏み出す力	主体性，働きかけ力，実行力
考え抜く力	課題発見力，計画力，創造力
チームで働く力	発信力，傾聴力，柔軟性，状況把握力，規律性，ストレスコントロール力

出典）経済産業省（2004）

表2-5　就職基礎能力（厚生労働省）

コミュニケーション能力	意思疎通，協調性，自己表現能力
職業人意識	責任感，向上心・探求心，職業意識・職業観
基礎学力	読み書き，計算・整数・数学的思考力，社会人常識
ビジネスマナー	ビジネスマナー
資格取得	情報技術関係，経理・財務関係，語学力関係

出典）厚生労働省（2004）

〈引用・参考文献〉

天野郁夫「学校制度の社会学」天野郁夫・藤田英典・苅谷剛彦編『改訂版　教育社会学』放送大学教育振興会　2000年

OECD『図表でみる教育（OECDインディケータ（2002年版））』明石書店　2003年

苅谷剛彦『大衆教育社会のゆくえ―学歴主義と平等神話の戦後史―』中央公論新社　1995年

サロウ，L.C.著，小池和男・脇坂明訳『不平等を生み出すもの』同文舘　1984年

竹内洋『学歴貴族の栄光と挫折（日本の近代12）』中央公論新社　1999年

広田照幸監修，本田由紀・平沢和司編『学歴社会・受験競争（リーディングス「日本の教育と社会」第Ⅰ期第2巻）』日本図書センター　2007年

盛田昭夫『学歴無用論』朝日新聞社　1987年

矢野眞和『試験の時代の終焉―選抜社会から育成社会へ―』有信堂　1991年

山内乾史「学歴社会と教育」宮崎和夫・米川英樹編『現代社会と教育の視点』ミネルヴァ書房　2000年

〈用語解説〉

• 学歴社会と高学歴社会

　文中にあるとおり，社会の社会的地位，職業的地位など限られた資源配分の重要な基準のひとつを学歴に求めるのが学歴社会である．つまり，社会構造と

62

資源配分の問題なのである．それに対して，高学歴社会とは高学歴者が数量的に多い社会という以上の意味をもたない．

- **公教育と教育，学校**

  文中にあるとおり，これもしばしば混同される用語であるが，公教育とは法令等に基づいて，国家・社会が展開する公的な教育事業である．単なる教育にはこれに加えて家庭のしつけなどプライベートなものが含まれる．学校には，公教育以外にも各種学校（自動車学校・料理学校）などが含まれる．

〈文献解題〉

竹内洋『学歴貴族の栄光と挫折（日本の近代12)』中央公論新社　1999年

　「学歴貴族」と著者が命名するエリートたちのパーソナル・ヒストリーをまじえながら，教育社会学的な視点から，学歴社会の変遷をわかりやすく解き明かしたもの．学歴社会研究には必読．

盛田昭夫『学歴無用論』文藝春秋　1966年（朝日新聞社より1987年再版）

　著者盛田氏はソニー設立に関わった立志伝中の人物で，社長，会長を歴任した．学歴社会の批判を展開した書物は多いが，本書はビジネス界のトップ・リーダーが単なる感情論ではなく実体験をもとに，学歴社会を批判したものとして大きな反響を呼んだ．

苅谷剛彦『大衆教育社会のゆくえ──学歴主義と平等神話の戦後史──』中央公論新社　1995年

　苅谷氏が学力論争でメジャーになっていく直前の時期に出された著書で，教育社会学者の視点から見た戦後社会の階層性，平等性，教育についての分析が展開されている．豊富な内容をコンパクトにまとめ，苅谷氏独自の用語「大衆教育社会（大規模に拡大した教育を基軸に形成された，大衆化した社会のこと─著者)」を解き明かす重要文献．

〈演習問題〉

①「『学歴社会』は崩壊した」といわれますが，それはどのような意味で学歴をとらえているのでしょうか．たとえば，ある一定のものを保証する，特権を与えられる，もっていても特に何かが与えられるわけではないが，もっていなければ大変なことになる，などさまざまなケースが考えられます．時代背景や進

学率とともに，学歴社会の歴史を整理してみましょう．

②発展途上国には，意図的に学歴社会を図ろうとする動向が広く見られます．しかし，先進国には学歴社会ではないとされる社会もあります．このように公教育システムが国によって多様なありかたを示すのは，どういう原因があるのでしょうか．また，日本はそういった分布のなかでどのような位置を占めているのでしょうか．極端な学歴社会なのでしょうか．考察してみましょう．

第3章

国際化社会と教育

本章のねらい

　本章では，教育を受ける子どもたちや大人が，国境を越えて頻繁に移動するようになった国際化の時代に，教育制度はどのような問題をかかえ，それに対してどのようなとりくみがなされているのかを理解する．今日のさまざまな形態の国際教育流動について知るとともに，それらは時代の変化とともにその性格を変化させ，新たな意味をもつようになってきていることを理解する．またそうした情況の中で，完結性・閉鎖性が高いとされる日本の教育に求められている変化と目指す方向性について考察する．

第1節　留学と国際教育流動

(1)　教育の自己完結性

　一国の教育制度がどの程度自前で運営されているかの指標として，①誰が学校を設置し，②どのような授業言語を使い，③どこの国の教員が教え，そして④誰が教科書とカリキュラムを開発しているか，といった点があげられる．これらの指標において，日本の教育制度は国際的に自給・完結性が高く，これまで日本人にとって幼稚園から大学院に至るまですべての教育を日本で日本人教員により日本語で受けることは，ごく普通のことと考えられてきた．しかし，経済を中心とした人的な国際移動の増加に伴い，また海外の教育機会の多様化によって，国境を越えた教育流動が次第に高まりを見せる今日，その完結性は

必ずしも日本の教育の常識，そして利益とはいえなくなってきている．

　そこで問題となるのが国境を越えた教育の接続性であり，教育内容，単位・学位の互換性である．国境を越えて移動する子どもたちにとって，前の国で受けた教育が，次に移動する国で認められるかは大きな問題であるが，これが原則的には保証されていないという事実に，われわれは必ずしも明確な認識があるとはいえない．これは公教育の多くの部分が国家（権力）によって定義され，さまざまな社会的機能（人材選別・国家統合・科学技術の発展・移民の同化など）を担うエージェントとして機能している現状では，教育の国境を越えた普遍性が，その一見共通の名称（学校とか単位，学位など）とは裏腹に，保証されていないということはむしろ当然のことであるといえる．

　しかし現実に国境を越えた教育流動がある以上，そしてその当事者である子どもたちにはそのデザインにかかわる権限や能力がない以上，システムを定義する側で，できる限り国家間の教育的デザインの矛盾や齟齬を明確にして，それらを取り除く努力をすべきであろう．日本の教育制度の完結性は，日本語による授業，日本人の教員のシェアなどにおいて世界に誇るべき偉業ではあるが，それは教育が閉じた系としてのみ機能している場合にのみいえることであり，今日の流動化する国際社会にあっては，むしろ日本の教育の海外における認知度を下げ，外国人や留学生の受け入れにおいて，教育の適応力に問題をもたらす原因ともなりうる．

　教育における人的流動の起源はきわめて古く，紀元前4世紀のギリシアの哲学および修辞学の学校にすでに留学生のグループがあったという記録がある．教育機関とは本来，教育に関して特定の意志と能力をもつ者の集まりであるから，そこにさまざまな出身や所属の者が混在することは自明のことである．そこにたまたま国家という概念が持ち込まれたとたん，その機関のある集団が留学生（foreign students）や外人教師（expatriate）と呼ばれるようになるのである．近代的な意味では，留学は，国家教育システムのもつ規模と質の面での限界を克服するための，「個人と国家にとっての重要な教育的選択肢（オプション）を

提供するもの」ととらえられている（Barber, 1984 : 1）．また在外研究は科学者，とりわけ自然科学の研究者にとっては「知の普遍性の追求，連続した系としての地球世界の探求のため」に必要不可欠の活動であると認識されている．また国連の経済・社会委員会は1960年，ユネスコにあてて，「国際的な人的・知的相互接触は，国際協調と平和の前提条件であり，教育・科学・文化の分野での交流は，経済的・社会的発展の必須の要素である」とする決議を採択している．

　これと対象的な留学の側面は，第二次世界大戦中の日本の南方特別留学生のような例に見られる留学生の戦略的利用であった．1943年から1944年にかけて，東南アジア諸国の王族や支配層の子弟ら212名が日本に留学させられ，「国家の人質」として，戦争の遂行に利用された．しかし特別留学生の一部が，戦後各国で頭角を現し，新国家の政界や経済界で「知日家」として活躍するようになり，留学生の重要性が皮肉な形で実証されることになった．第二次世界大戦後の冷戦構造が終結した今，国際関係における教育と文化の交流の役割はかつてない重要な局面を構成するようになってきた．これまで教育における人的流動の問題は，多くの国においてその存在と重要性は確かに認識されてきたが，あくまでその国の教育システムの例外的な，周縁的問題であった．近代化の達成に海外留学をもっとも有効に利用した明治日本の経験は遠い昔の歴史的例となったが，戦後の日本の復興と，それに続くアジアの新興工業化諸国・地域の成長が，いずれも海外留学と研修にもっとも熱心な諸国で起こったことは，交流の経済的効用に対する関心を高めることになった．

　アルトバック（Altbach, P. G., 1987 : 172）は，教育を受けるための学生の国際的流動は，西洋の工業化諸国と第三世界の国々との間でもっとも顕著であると論じ，教育の場で国際的流動が起きる要因をプッシュ・プルの両側面から分析した．要約すれば，人的流動は①国内教育施設の量的不足と，②質的格差（±），③外国学位の威信（−），④国内の政治的制約・弾圧と，⑤民族差別（＋），⑥外国政府の受入れ姿勢と奨学金（−），⑦国際的生活機会への期待（±）（＋はプッシュ要因，−はプル要因）が存在する時にもっとも起こりやすいという一方，

留学や海外研修は，一部の渡航先国からの招聘を除けば，その経費の多くは送り出し国側の負担であり，大量の派遣には，国としてのある程度の経済的成長が前提になる．アジア諸国について，人口 1,000 人あたりの留学生送り出し率を計算してみると，上位 10 ヵ国のうち，6 ヵ国は中近東の国であり，残る 4 ヵ国は香港（2位），シンガポール（3位），ブルネイ（5位），マレーシア（9位）とすべて経済的に中進国に属するとされる諸国・地域であった．日本は 25 位で 2,000 人に 1 人という比率であった（UNESCO 1999/UN 1997）．しかし活発な留学生送り出し政策が経済的離陸に貢献したのか，経済的発展が大量留学生送り出しを可能にしたのかは，このデータからは明らかではない．

(2) 留学とは

「留学」とは広辞苑によれば「外国に在留して教育を受けること」とされているが，この定義では，①どのレベルの教育機関で，②どの程度の期間学ぶのか，という点が不明確である．2 週間から 1 ヵ月程度外国に滞在して，民間の語学学校で会話を学ぶコースなども，「留学」として宣伝されているが，明確な定義がないうえに，経歴として聞こえがいいことなどから，近年国会議員の経歴詐称事件に留学がからむケースも見られた．商業ベースにおける呼称のインフレーションの感もある．たとえば，わが国の出入国管理においては，日本人の海外への留学と，外国人の日本への留学を区別して別の定義を適用しているようである．文部（科学）省や運輸省（国土交通省）では「留学」を「日本人が海外で就学する場合，3 ヵ月未満の海外での就学を『研修』と呼び，3 ヵ月以上にわたる勉強のための渡航を『留学』と規定している．」これは 3 ヵ月未満の海外渡航は，主要国との間で査証の相互免除規定があるため，ビザの種類による出国の目的の特定が難しいことに由来しているという見解もある（井上，1994：17）．

一方，来日外国人に対しては「出入国管理及び難民認定法」「別表第一」に留学生の規定が見られるが，それによれば，「日本の大学・大学院・高等専門

学校（専門課程）において教育を受けるために来日する場合を「留学」とし，日本滞在が1年以上の予定であっても，日本語学校で日本語を習得するために来日する場合は「就学」」と称している．一般に先進国は留学に名を借りた単純労働者の流入を警戒する意味で，入国する学生に対して厳しいコントロールを行なう傾向があり，それは日本も例外ではない．

　教育にかかわるもっとも包括的な国際機関であるユネスコ（UNESCO）は留学生（foreign students/étudiant étranger または international students）について次のような定義を行なっている．すなわち留学生とは「自分が恒久的な住人ではない国または地域において，高等教育機関に入学した者」であるという．この「恒久的」という表現は，高まる国境を越えた人的移動によって，そもそも学生にとって「本国」もしくは「母国」という概念が，国籍という枠をはずれてゆらいでいることを示唆している．生後数年で母国を離れて，別の国で成長し，大学にまで進学した者にとって，その高等教育は留学なのかどうか，という問いは本人にさえも難しい問いかけであろう．

　英国文化センター（British Council）は留学生に当たる術語に overseas students または students abroad という用語をよく用いる．これはかつての大英帝国時代に，植民地の優秀な子弟を本国に留学させていたが，彼らを foreign students と呼ぶと，出身地は英国の領土ではないことを認めることになってしまう．そこで領有権を侵さずに彼らを一般英国人学生から区別するために，島国である英国は海外学生という呼び名を好んで用いるようになったようである．その overseas students の定義は「海外に恒久的住居を有し，英国の中等後教育（post-secondary）機関において，正規課程に入学し，終了後本国に帰国する前提の者」である．課程修了後，本国に帰国するつもりはない，などと言って渡航する学生は，そもそも入国できない以上，この最後の文言は機能的には無意味である．しかし潜在的な移民である留学生への警告という意味で，当局の切実な胸のうちを込めた定義である．

　一方，アメリカは overseas students という術語を留学生に用いることはで

きない．なぜなら，カナダやメキシコからの留学生は必ずしも海を越えて来ないからである．米国国際教育協会（International Institute of Education）の外国人学生（foreign students）の定義は「米国の市民でも移民でもない者で，米国における（高等教育の）課程に登録している者すべて．ただし難民は含まれる」とされている．すなわち，移民はアメリカに永住する前提の者，難民は一時的に政治的・経済的理由から保護されたもので，その原因がなくなればやがて本国に帰国する前提の者である．したがって前者がアメリカで高等教育を受けても市民と同様，留学生ではなく，後者が受ければ留学生として扱われることになる．

しかし，これらの定義ではカバーされない多くの留学が発生していることはすぐに気がつく．たとえば，高校生や中学生の留学も増えているし，高校生が親の海外赴任を契機に，同じ国に留学した場合，彼らは親に同伴した海外子女なのか，自己の意思による留学生なのか，ほとんど判別不能である．また通信教育や課程の一部を母国で履修可能なスプリット・コースの開発により，留学が学位取得という側面から見る限り，人的国際移動を伴わない場合や，最小限の期間に押さえられるケースも増えてきている．これもわれわれの一般的留学のイメージからは離れたものである．

従来，先進諸国は，外国，とりわけ途上国からの留学生に対して，奨学金を用意する他に，授業料の免除や減免のための補助金を拠出するなどして，海外からの留学生に門戸をできる限り開いてきた．これは留学生の受け入れが，受け入れ国の義務感や責務感を満足させる効率的な援助の形態であるからというだけでなく，受け入れ国にとっても長期的にさまざまなメリットをもたらすという，暗黙の認識があったからである．近年各国の高等教育機関に学ぶ留学生の数が顕著になるにつれて，彼らの教育に対して支払われる補助金や援助の負担も無視できない存在となり，これらの国民の税金に基づく費用が本当にメリットに見合うものなのかという疑問が広く問われるようになった．

多くの論者が教育における人的交流の効用を論じているが，その要点はおよそ次のとおりである．①アカデミックな効用（優秀な学生による学術水準への刺

激，研究に対する国際的視野の提供，研究の国際的拡大・海外調査への便宜の提供），②経済的効用（授業料，生活費の支払い，帰国後の留学先国への商品・サービスの発注，貿易上のコネクションの形成，国内学生数の増減に対する緩衝定員），③政治的効用（留学先国への政治的支持，政治的コネクションの形成，受け入れ国政府や社会の唱道する政治的立場やイデオロギーの輸出）.

　留学生受け入れの社会的利益（social benefits）に関する議論は，主として直接的経済収支の側面と，間接的長期的経済外収支の側面がある．前者は，国民の税金から支払われる留学生等への援助や授業料の減免に費やされた費用（costs）が，それによってもたらされる留学生等の増加とその国内消費の増加の収支とみあうものであるかどうかという議論であり，後者はその計算に，留学生を当該国に招くことによって，留学生の出身国との間に生じる政治的，経済的，文化的利益（もしくは損失）を加算した議論である．ナフサ（NAFSA）は毎年，留学生の受け入れによるアメリカへの経済的効果（インパクト）を推計している．それによれば 2013-14 年度では授業料収入 197.5 億ドル，留学生の落とす生活コスト 167.0 億ドルに対して，留学生へのアメリカ諸機関の支出する補助金がマイナス 96.7 億ドルで，差し引き 267.8 億ドルの黒字と試算されている．うち州別ではカリフォルニア州だけで 40.8 億ドル，ニューヨーク州だけで 32.9 億ドルの収益をあげているという（NAFSA, 2014）.

　オーストラリアでも同様に，職業教育課程を含めて 63 万人の留学生の受け入れにより，2009 年度には 180 億ドルの貿易収益をあげ，国内第 3 位の輸出品目として重視されている（Phillimore, 2010）.

　しかし留学には，そのほかに留学生のもたらす政治的，文化的コネクションなどの非経済的効用も大きく，これらは場合によっては経済的収益より大きいこともありうるが，量的な数式にのせることは困難である．これらの留学生マーケットは，消費者が渡航費用を払って，受け入れ国の商品（高等教育）を長期間買いに来てくれる，きわめて有利な「輸出」産業であることは確かである．高等教育という「輸出品」は大きなサービス貿易品目として注目を集めている

が, 世界貿易機構（WTO）を中心に, その輸出品にかける貿易障壁の削減の交渉が行なわれている.

　海外留学や研修が受け入れ国側から見れば有効な輸出であれば, 送り出し国の側から見れば高等教育というサービスの輸入すなわち購入にあたり, 大規模な購入は投資としての性格ももつようになる. 送り出し国側から見た海外留学生派遣の効用は, 自明ながら, ①最新の知識, 方法, 概念の吸収, ②国内高等教育施設の不足の補填, ③国際ネットワークへの参加, ④政治的, 経済的, 学術的なコネクションの形成, があげられる. さらに留学生個人についてみれば, 上記①③④に加えて, ⑤個人的威信・就職条件の向上, ⑥国内の政治的弾圧や差別の回避, ⑦徴兵制等の猶予や免除, ⑧国際的活動能力や外国語能力の獲得, ⑨海外生活の体験, 国際交流の実践などのうちいくつかが当てはまるであろう.

　反面, 送り出し国にとって留学はコストとリスクも伴う. たとえば, ①膨大な留学費用と外貨の流出, ②言語など準備に要する時間的負担, そして特に国家にとっては, ③頭脳流出のリスク, ④反体制的思想・宗教・風潮の流入, ⑤自国の文化や伝統に対する軽視などが考えられる. さらに論者によって見解は分かれるであろうが, 以下に述べる⑥教育的従属の現象とそれに起因する国内教育システムのゆがみの問題も起こりうる.

　アルトバック（1987:46-49）は, 教育・科学の分野にも, 知識の生産とその分配において, 地球規模の不平等が存在し, それによって生じる従属（dependency）は, 第三世界の国々が軍事や政治・経済の面において先進国に従属している状況に似て, 少数の中軸的国家に知的権力や影響力が集中し, それに第三世界の教育が従属し, また再生産されるような構造が作り上げられていることを示した. 新植民地主義（neo-colonialism）とはそのより意図的な枠組で, かつての宗主国が, そこから独立した旧植民地との関係において, その影響力を独立後も維持しようとして意図的な政策によって組織的・知的なネットワークを作り上げようとする現象をいう. 教育および科学の分野においては, 言語, 出版, カリキュラムなどのコントロールがその典型的な例としてあげられてい

るが，彼は海外留学もそうした地球的規模での不平等の状況において発生する，新植民地主義的従属関係であると分析した．その根拠として，彼は，①教育・研究上の言語の制約，②国際知識ネットワークへの束縛，③留学先国の商品，サービスへの依存，④研究方法，学派・学閥的系列化，といった弊害をあげている．

　問題は，これらの従属関係は，従属する側から断ち切ることが困難なだけでなく，すすんでその関係に安住し，断ち切ることに消極的である場合が多いことである．第三世界の諸国の政策担当者は，短期的・局所的には外国の既存のシステムに頼ることによって，すべてを一から創造する場合より，資源と労力と時間の無駄を省き，国内の教育的不備を効率的に埋め合わせることができると考えるかもしれない．特定の国，Ａ国で教育を受けたＢ国のエリートは，Ａ国に対する彼の個人的好悪がどうであれ，帰国後はＡ国派と認識され，Ｂ国とＡ国の関係が深まるほど，職場での本人の立場は高まるため，彼はＡ国派として行動せざるをえなくなる．したがって，政府官僚であろうが大学教官であろうが，Ｂ国の指導者層はＡ国との関係を断ち切ることに消極的になるのである．

　ワトソン（Watson, 1985:83-94）はこうした先進国と第三世界の国々の教育関係を一方的な従属関係としてとらえることに反対し，相互従属（Inter-dependency）という概念を提唱した．彼によれば，まず国際的教育現象の多くを，経済的下部構造の不平等に起因する必然的結果として説明しようとする従属理論を批判し，非資本主義的従属関係や，国内の地域的・個人的・偶発的要因の存在を強調した．続いて，新植民地主義の理論などに用いられる，植民地支配者対被支配者，中央対周縁，といった二極構造の枠組みを疑問視し，かつての宗主国を凌駕する経済的勢いの新興工業化諸国・地域（NICs/NIEs）の存在や，第三世界の国の側が援助等の決定のイニシアティブを握るいくつかの事例をあげて，先進諸国の側でも，第三世界の国々の政治的決定におおいに依存している状況を，タイとマレーシアの事例で説明した．教育における国際的流動の現象を，国家間の高等教育の「輸出」・「輸入」産業ととらえるならば，原油

表 3-1　外国人留学生受け入れ統計　2010（1,000 人以上受け入れ国中）と出身地域

		留学生数	高等%	アフリカ	北米西欧	南米	アジア	中東欧	その他
1	アメリカ	684,714	3.4	4.6	11.8	9.6	65.4	3.8	4.8
2	イギリス	389,958	15.3	8.1	32.1	–	49.7	8.3	1.8
3	豪　　州	271,231	21.4	2.5	6.4	–	81.4	0.7	9.0
4	フランス	259,935	11.5*	18.5	15.4	5.5	30.3	8.3	22.0
5	ド イ ツ	200,862	5.3*	4.3	20.9	4.4	30.2	31.2	8.9
6	日　　本	141,599	3.7	0.4*	3.7*	1.1*	93.8*	0.9*	0.0*
7	ロ シ ア	129,690	1.4	3.5	1.0	0.7	64.0	30.7	0.1
世界（上位 50)		3,572,840	2.0	7.2	15.2	5.5	48.2	10.8	13.1

出典）ユネスコ・グローバル教育要覧 2012（UNESCO *Global Education Digest* 2012）table 9：高等％＝高等教育学生に占める外国人留学生比率％；豪州＝オーストラリア；*2009（Global Education Digest 2012）
http://www.uis.unesco.org/Education/Pages/ged-2012-press-release.aspx

の輸出と輸入における国際的駆け引きに見られたような，貿易に対する双方の依存，すなわち相互従属の関係が浮かびあがってくる．

　第三世界の多くの国々でも，高等教育施設は急速に拡大してきているが，中等教育修了者の数もそれを上回る勢いで増加している．国内の教育の質や政治風土に問題のある国も依然多く，前述のプッシュ要因はますますその圧力を高め，世界の教育的国際流動はその勢いを緩める気配は今のところない．現在の教育流動をめぐるグローバルな傾向をまとめるならば，①送り出し側ではアジアからの留学生の急増，②受け入れ側ではアメリカ合衆国への留学生の集中，といえるであろう．世界の留学生受け入れ実績上位 50 ヵ国に留学している外国人学生は総数で 357 万人を越えており，その半数近い 172 万人（48%）がアジア・オセアニアからの留学生である（表 3-1）．

(3)　教育流動の世界的状況

　ユネスコ・グローバル教育要覧（2013）によれば世界の高等教育レベルの国際教育流動（受け入れ留学生の上位 50 ヵ国の総計）は 357 万人である．これは 2006 年の 245 万人から 45% の増加である．そのうちアメリカの留学生受け入れ数

は 2010 年度で 68 万人で，世界の留学流動の 19％を占めている．続いてイギリス（39 万），オーストラリア（27 万），フランス（26 万），ドイツ（20 万）が続き，日本は第 6 位で，14 万人の留学生を受け入れており，世界における割合は 4％である．第 1 位から 7 位のロシアまでで，全世界の留学生数の 6 割を占めている．アメリカ国際教育協会（IIE）の機関誌 *Open Doors*（IIE, 2014）によれば，アメリカへの留学生は 1954 年の統計記録の開始時の 3 万人から増加しつづけ，2013/14 年度は 88 万 6 千人に達しているが，現在でも年 8％で増加しており，一貫して世界最大の留学生受け入れ国である．2003/04 年度にわずかに減少が見られるが，これは 2001 年の同時多発テロによる入国制限や審査の厳格化による影響とみられている．

このアメリカへの留学生の 65％はアジア・オセアニアからきており，ヨーロッパからは 15.6％である．出身国別では上位から中国（31.0％），インド（11.6％），韓国（7.7％），サウジアラビア（6.1％），と上位 4 位までをアジア諸国が占めている（2013/2014）．イギリス，ドイツ，ロシアは北米・ヨーロッパとアジアからの留学生が多くなっている．フランスにアフリカからの留学生が比較的多いのは，かつての北アフリカ植民地のエリート層がフランス語を話すことも一因である．日本はアジア・オセアニアからの留学生がその 94％を占めている（IIE 2014 Fast Fact）．

アメリカは世界最大の留学生受け入れ国であると同時に，世界最大の高等教育人口と機関数をもつ国であり，4 年制大学だけで 2,774 校，2 年制短大も含

表3-2　主要国の高等教育留学生比率

	アメリカ	イギリス	ドイツ	フランス	オーストラリア	日　本
1987 年	3.1%	11.8%	5.6%	11.1%	－	0.6%
2006 年	3.4%	13.4%	8.6%*	11.0%	16.6%	2.7%
2010 年	3.4%	15.3%	5.3%**	11.5%**	21.4%	3.7%**

*2000 年
**2009 年
出典）表 3-1 に同じ

めるとその機関数は 4,495 校に達し，学生数も 2,042 万人に及んでいる（「教育指標の国際比較」2013 年）．したがって，高等教育機関に占める留学生のプレゼンスは，高等教育人口に対する留学生比率を考慮に入れなくてはならない．すなわち各国の留学生受け入れ数をその国の高等教育在籍者数で除して 100 をかけたものが高等教育留学生比率となる．たとえば日本は，2011 年の留学生数 13.1 万人を同年の大学生数 293.3 万人で除すると，約 4.4％という数字が出てくる．これは 1987 年当時から比べれば，比率にして約 8 倍の増加であり，30 年間の日本の留学生政策の成果でもある．これを主要国について比較したものが表 3-2 であるが，オーストラリアの 21.4％という数字が目立っている．

　カミングス（Cummings）は，アジアの学生がなぜアメリカへの留学を望むのか，について論じ，一般的には，アメリカ高等教育の高い質と受容力（規模），適正な授業料とパートタイムでの職の得やすさなどを理由にあげた．さらに，アジア 34 ヵ国について 6 つの変数で回帰分析を行なった結果，アメリカが留学生大国である前に移民大国であったこと，アメリカ製品が送り出し国で普及していることなどが，留学先としてのアメリカの選択に関係があると結論した．

　一方，表 3-3 は留学生の送り出し数の多い国上位のリストである．ただし対象国が公表した「送り出し数」ではなく，各国の留学生「受け入れ数」上位 50 カ国の統計にある，対象国からの留学生の数の合計数である．各国の留学生統計は「送り出し数」よりも「受け入れ数」について精密に管理しようとする傾向があるので，送り出し数についてはホスト国からの受け入れ数を集計したほうが正確な数が把握しやすい．

　日本からの留学生派遣数は 2004 年度の 8 万 3,000 人をピークにその後減り続けており，2006 年には 6 万人で世界第 4 位であったが，2012 年には約 4 万人で世界第 13 位にまで低下している．日本からの留学生数の長期的減少については，少子化による 18 歳人口の減少，リーマンショック以来の経済不況に加えて，若者の「内向き志向」などがその原因としてあげられている．日本以外のアジア諸国の留学生派遣はほぼ一貫して増加しており，特に中国とインド

からの留学生の増加がいちじるしい．中国人留学生は 2006 年の 34 万人から 2012 年の 56 万人へと 64％増加している．「高等教育学生比留学生送り出し率」は，この留学生送り出し数を高等教育人口で除したものである．この比率は日本の 1.1％に対して，マレーシアの 5.5％，韓国の 3.9％などが高くなっているが，その国の学生の留学への志向性の高さを表している．ただしこの数字は人口の小さな国，経済的に発展しながら国内高等教育機関の不足が感じられる国で特に高くなる傾向があり，本表以外ではシンガポールが 22.8，カタールが 38.9，アラブ首長国連邦 39.2，ルクセンブルク 43.8 などの数字が目立っている．

　国境を越えた教育的流動の障害となる教育障壁への取り組みについては，ヨーロッパでの取り組みが参考になる．ヨーロッパでは 1967 年の欧州経済共同体（EEC）が欧州連合（EU）へと発展し政治・経済統合が進められており，27 ヵ国，4 億 5,000 万人が加盟するとともに 1999 年には一部を除く通貨統合も実現した．その過程で教育の分野では，ヨーロッパ人という概念の形成を目指して，ヨーロッパ教育ネットワークを構築するために 1987 年から欧州大学生

表 3-3　留学生送り出し国　送り出し（Outbound mobility ratio）2012 年

		送出数*	比率	主な留学先
1	中　　　国	562,889	1.8	アメリカ，豪州，日本，英国，韓国
2	イ　ン　ド	200,621	1.0	アメリカ，英国，豪州，NZ，カナダ
3	韓　　　国	126,447	3.9	アメリカ，日本，豪州，英国，カナダ
4	フランス	54,407	2.4	英国，アメリカ，スイス，カナダ，ドイツ
5	マレーシア	53,884	5.5	豪州，英国，アメリカ，ロシア，インドネシア
6	アメリカ	51,565	0.3	英国，カナダ，ドイツ，フランス，豪州
7	ロ　シ　ア	49,585	0.5	ドイツ，アメリカ，ウクライナ，フランス，カザフスタン
8	ト　ル　コ	49,116	1.6	アメリカ，ドイツ，ブルガリア，アゼルバイジャン，英国
9	ベトナム	47,974	2.4	アメリカ，豪州，フランス，日本，ロシア
10	カ　ナ　ダ	45,090	－	－
13	日　　　本	40,447	1.1	アメリカ，英国，オーストラリア，カナダ，ドイツ

出典）表 3-1 に同じ．「送出数」＝当該国の留学生を受け入れている国上位 50 カ国の合計；「比率」＝対国内高等教育学生数比％；豪州＝オーストラリア，NZ＝ニュージーランド

移動アクション計画（ERASMUS 以下エラスムス計画）がスタートした．これは大学を中心とした在学生が，域内を自由に移動して学習・訓練・研究を行ない，もっとも適した教育機会と就職機会を獲得し，あわせて域内人材の有効利用を図ろうというものである．それまでの留学は学生個人の努力により，自国の大学を休学するなどして行なわれており，履修科目の重複や費用の面などでも負担が大きかった．エラスムス計画は域内の学生・研究者の自由な交流や移動を促進するための奨学金を用意し，学生の負担を軽減するために履修単位や卒業資格の相互承認の作業を行ない，労働市場における人材の確保と潜在的人的資源の有効活用を目指している．

　エラスムス計画は主として①域内大学留学奨学金，②域内大学コース単位相互認定制度（ECTS），③域内言語学習プログラム，④教員流動計画，⑤カリキュラム共同開発などからなっている．これらの計画から，逆に域内の大学生交流・流動の障害が何であるかが明らかとなる．すなわち，留学資金の不足，履修単位の互換性のなさ，授業言語の相違，教員の準備不足，カリキュラムの不整合などが，これらの交流の促進を抑制する原因であるといえる．特に国境を越えた単位や，さらには学位の相互認定がその根幹であるが，膨大な作業とナショナリズムに影響されて，その実現は通貨統合より多難であるといえる．またイギリス，フランス，ドイツへの留学生の集中による，送り出しと受け入れのアンバランスは宿命的な問題として残るであろう．

　江淵（1992）はこうした問題にもかかわらず，エラスムス計画がこれまでにない新しい留学パターンを生み出しつつあることに注目している．すなわち，これまでの留学は，途上国からの「先進文明吸収型」や「学位取得型」と，先進国からの「地域研究型」「異文化理解型」のいずれかであったが，このエラスムス計画によって，「相互理解型」もしくは「共同体理解型」とも呼びうる共同体市民の形成を目指した留学が生じつつあるという．

　エラスムス計画のアジア・太平洋版として，アジア・太平洋大学交流機構（University Mobility in Asia and Pacific：UMAP）が 1998 年に発足し，東アジア，東

南アジアのほぼすべての国々とオセアニア諸国，アメリカ，カナダ，メキシコ，チリ，ロシアを加えた30ヵ国・地域が参加を表明して，単位互換スキーム（UCTS）などの調整が始まったところである．しかし，エラスムスに比して，参加国の経済格差，文化的・歴史的距離，地理的非連続性，大学入学資格制度という概念の欠如などを考慮すると，UMAP の実施はさらに前途は多難であると予想される．

第2節　国境を越えた教育流動

(1)　国際教育流動の形態

　国際教育流動と呼ばれる現象にはいくつかの形態があり，留学はその一部に過ぎない．留学は一般的に高等教育レベル以上の教育段階での，自分の意思に基づく海外での就学であるが，日本を基点に考えれば，日本からの海外留学と，日本への外国からの留学の問題は別の問題を抱えている．しかし，近年では高等教育未満の教育レベルでの留学も盛んになっており，これは高校生留学（中学や小学校レベルもある）と呼ばれる．

　また小学校，中学校レベルでは，親の海外赴任や転動に伴われて，海外に渡航し，そこで現地校や日本人学校に就学した場合の教育問題は，海外子女教育問題と呼ばれる．そしてその海外子女が日本に帰国した場合には，それが帰国子女問題となる．視点を逆にすれば，外国から日本に就労した外国人が子どもを伴っていたり，日本で子どもが生まれた場合，やがて学齢期に達すれば，日本における海外子女教育の問題となるが，これは外国人の子ども（児童・生徒）の教育問題ということになる．この問題は次節で扱う．

　そのほか，人的流動以外にも，大学や高校などの教育機関が国境を越えて展開するケース，カリキュラムや教育方法などのソフト面が国際移植や移転されるケースなども，広い意味での国際教育流動に含まれる．これらを表にまとめると以下のようになる．

表3-4　日本を中心にみた教育の国際流動の形態とパターン

	個人移動		教育機関の移動
	本人の意思による	本人の意思によらない	
Outbound	（1—1）日本人の留学	(1)海外子女教育	(4)大学などの海外展開
Inbound	（1—2）在日留学生	(2)帰国子女教育 (3)外国人労働者の子どもの教育	(5)カリキュラムなどの移植

　高等教育レベルの日本人の海外留学数は，前節で述べたとおり，約4万人で，在日留学生数は14万人に達している．高等教育留学以外の国際教育流動としては，上記のように海外子女，高校生留学生，外国人労働者の子どもの教育などがあげられる．海外子女と高等生の留学は，高等教育未満における児童・生徒への海外での教育であるが，海外子女は親の都合による渡航であり，本人の意思によらないものであり，高校生留学は原則として本人の意思による外国での就学という違いがある．

(2)　海外子女の教育

　海外に渡った日本人の子弟の教育施設はすでに江戸時代（寛永年間）にマニラやマカオに存在しており，在外子女教育という概念は戦前から存在し，日本人学校や日本語学校は明治10（1877）年のプサン共立学校を嚆矢に，日本人移民と日本の軍事的勢力の拡大に伴い南米や中国，「南洋（東南アジア）」各地に開設されていった．これらは在外邦人子弟を，現地の「文化程度の低さ」に同化させないための日本精神の堅持を目的として行なわれた軍国主義的事業の一環であるとされる．特に1905年からは海外指定校制度が設けられ，この指定を受けた在外子女教育機関の教員は国内の公立学校と同等の年金や遺族扶助・恩給が保障され，優秀な教育を確保してその地域への移民を促進する機能を果たしていた（小島，2003:11-26）．

　戦後はこれらの機関はすべて廃止されたが，1950年代には早くも台北とバンコクに日本人学校が設置され，1960年代の日本の経済的成長と海外展開の

拡大に伴って，再び各地に日本人学校が開校され，日本の外務省と文部（科学）省は公益法人である海外子女教育振興財団を通じて財政的・教育的援助を与えた．財団の運営は海外に進出する企業・団体が拠出する維持会費でまかなわれており，進出企業はすべて入会することが義務づけられている．これは日本の政府にとって，海外子女とは，本人の意思にかかわらず海外に連れ出された日本経済発展の犠牲者であり，政府および進出企業はその犠牲者を救援する道義があるとする認識を示している．しかし，すべての海外の日本人学校の卒業生に国内高校への入学資格が保障されたのは，意外にも 1972 年の学校教育法施行規則の改正において，「中学校の課程に相当する課程」としての認知が与えられた時であった．

　文部科学省の「海外で学ぶ日本の子どもたち」（2014）によれば，日本人の海外子女の就学地域は，当然のことながら日本企業の主たる経済活動の分布に比例しており，2012 年度に海外で生活する義務教育段階の子ども 7 万 1 千人のうち，アジア地域に全体の 38.5 ％（27,586 人），北米地域に 35.8 ％（25,540 人），ヨーロッパ地域に 17.8 ％（12,788 人）が分布しており，この 3 地域の合計で 9 割を越えている．海外への子女同伴率は当然ながら低学年児童ほど高く，地域的には現地の教育レベル，治安，衛生状態により大きく異なる．

　現地での海外子女の就学形態は，①現地学校の外国人子女への受け入れ態勢やプログラム（第二言語としての英語など）の有無，②現地学校の授業言語や教育水準，③現地通学地域の治安や通学距離，④現地通学圏内での補習授業校や日本人学校の有無，などによって左右される．現地校にのみ就学している子どもは 32,751 人（全体の 45.7 ％，不就学を含む）である．基本的には現地校に通いながら世界 203 ヵ所の補習授業校に週 1 回程度通って帰国時の準備をしている子どもが 16,058 人（25.1 ％）で北米ではこのケースが 48 ％に達する．一方，日本の教育課程に準拠する全世界 88 校の日本人学校に通っている子どもは 20,878 人（29.1 ％）で，アジアでは在外児童生徒の 60 ％が就学している．またそれ以外に私立在外教育施設が 8 校設立されている．このほかに通信教材による家庭学習

者が約 1 万人おり，海外での日系塾の増加も顕著である．

　海外における日本人学校の教育内容や教育方法は，日本の教育の完結性と国境を越えた流動性の両面を知るうえで興味深い．日本人学校の使命は，地球上のどこにおいても，国境を越えて流動する日本人の子どもの教育に途切れなく，重複のない一貫した（義務）教育体系を保障することにある．したがってその教育内容やカリキュラムは日本の学習指導要領に準拠し，日本人の教員が日本の検定教科書を使用して教えることが望ましい．しかし，その教育が日本国外で行なわれる以上，不可避的に変更を迫られる部分が出てくる．たとえば，赤道直下のマレーシアやシンガポールなどの国では，気候条件が異なるため，理科の実験や観察などは日本国内のそれと異なる結果や異なる教材を使用せざるをえない場合がでてくる．また不可避的ではないが，子どもたちの現地での生活や交流を想定した場合，地理や歴史などの内容も現地に関連する単元に多くの時間を配分することもあれば，小学校段階から英会話や一部地域では現地語などの授業，国際理解教育を実施する学校が増えてきている．また現地の気候や習慣（祝祭日など）が年間授業日数や行事予定に制約をもたらし，日本と同じようなカレンダー構成が組めない場合もありうる．

　しかし一方で，大部分が日本への帰国を前提とする子どもたちにとって，日本での上級学年や上級学校への接続が支障なく行なわれること，とりわけ高校入試などにおいて不利にならないような配慮をすることは重要であり，そのために上記のような制約は克服されるべき障害として認識されやすい．アフリカの日本人学校においてはほとんど日本の試験にはでないアフリカの地理や歴史を学ぶべきか，あるいは現地にいてはまったく縁のない北海道の気象について学ぶべきか，この問いは多くの日本人学校の教員のジレンマであろう．理想的には，現地との交流や理解も大事であり，帰国後の日本の教育への接続も大事であり，理科などは「ここではこうだが，日本ではこうなる」といったように両方の環境でのシミュレーションができれば望ましい．

　これら海外子女が日本に帰国すると帰国子女と呼ばれ，毎年 1 万 1 千人ほど

の児童・生徒が日本の学校に編入している．特に英語圏で現地校に長期に通った児童・生徒は日本語の問題や日本の学校の風土や習慣になじめない場合があり，一定期間特別のクラスなどに集めて帰国子女学級とする場合があった．1965年，東京学芸大学附属大泉中学校での「帰国子女教育学級」の設置が最初である．帰国子女の直面する問題としては，日本の上級学校への進学問題のほかに，日本語の語彙や用法の間違い，流行に関する知識の欠如，態度やメンタリティの衝突などがあげられている．まれに英語圏で獲得したすぐれた英語力が日本の教室で孤立を招くケースも報告されている．

　一方，高校段階の帰国子女の進学問題を軽減するために，日本の国立大学の半数が，入学選抜に帰国生徒特別枠を設け，通常の学科試験によらない進学のルートを設定しているが，その数はいまだ少数で，かつそれを特権と見る「新たなエリート」観といった視線も見られる．帰国子女の問題の多くは，本来，さまざまな能力，性格，家庭環境の子どもたちが，異なる国で体験した，異なる教育，生活に対して，ホスト社会が「そうあるはずだ」というステレオタイプの一方的なイメージを押しつけることから生ずる場合が多く，「帰国子女」という言葉自体がその傾向を促進しているともいわれている．近年では，適応すべき模範像を想定せずに，優れた特性を見つけて伸ばすことを目指す教育として特性伸長教育という方向性が目指されている．

(3)　高校生留学

　日本は自国の教育システムの高い完結性のゆえに，外国の教育機関で取得した学位や単位の承認には積極的とは言えなかった．高校生の海外留学そのものは1950年代から見られた現象で，ロータリー青少年交換留学，アメリカ・フィールド・サービス（AFS），太平洋教育文化交流協会などの団体によって斡旋されてきた．当時，日本の高校生が外国に留学する場合，かつてはそこで取得した単位や資格は帰国後の日本の高校では一切認知されず，高校生は長期間の留学には休学・退学をせざるをえなかった．ところが文部省（当時）は1988

☕ ティー・ブレーク　高校留学の明暗

　高校生の海外留学の成否は，配属されるホストファミリーの質や本人との相性に大きく左右される側面がある．その意味で1991年に雑誌報道された「米国高校留学の無残：精神病棟に強制入院させられた女生徒たち」（AERA）という記事は衝撃的であった．そのひとつはミズーリー州の宗教布教家の家庭に配属されたＡさんが，家族ぐるみの布教勧誘や過酷な家事奉仕に4ヵ月間なやみ，耐えたすえパニック状態となり，精神病棟に送られた事件であった．一方，ホストファミリーにめぐまれて実りある留学を果たした例としては，文献解題にあげた『母と子のマレーシア通信』（中公新書）がある．

年に学校教育法施行規則を改定し，学校長が有益であると認める場合には，外国の高校で取得した単位を30単位までに限って卒業に必要な単位に算入することが可能になった．これによっておよそ1年間までの海外での高校留学で，日本の高校を休学することなく履修でき，同期の生徒と同時に卒業することが可能になった．この結果，外国に留学した高校生の約75％がこの制度を利用して，帰国後に進級もしくは卒業している．この制度などにより1986年度の約3,000人から2006年度の4,500人程度まで増えたが，近年少子化の影響もあり3,000人台に戻っている．2011年度に，3ヵ月以上外国の高校等に在籍した高校生の数は3,257人（公立校918人，私立校2,308人，国立校31人）で，39カ国に留学し，そのおよそ60％が高校2年次に渡航していた（文部科学省2011）．

　留学先国としてはアメリカが32％（1,048人），ニュージーランドが20％（654人），カナダ15％（495人），オーストラリア12％（386人），イギリス4％（144人）であった．大学レベルの留学と異なり，英語圏が8割以上を占めるのは，高校生の履修外国語としての英語の地位を考えれば当然ではあるが，高等教育での留学先国に比べて，アメリカと英国の占有度が低いことが特徴的である．この調査では，高校生の留学の目的について調べているが，第1には「語学力を向上させたい」，第2には「外国の人と友達になりたい」，第3には「外国の文化，スポーツ，歴史，自然等に触れたい」という理由をあげていた．また留

学を希望しない高校生にその理由をたずねたところ，その理由の第1は「言葉の壁」，第2は「経済的に厳しい」，第3には「留学方法，外国での生活，勉強，友達関係の不安」をあげていた．

　高校生留学が高等教育留学と異なる点は，ただ単に留学者の年齢が若く，就学教育レベルが低いというだけではない．そのほかに，留学先選定のパターンとして，多くの場合，日本の斡旋団体と現地の受け入れ団体により，まずホスト・ファミリーが選定され，留学先はその家庭のある学区の高校などとなる．これはまず学習したい分野，コース，大学，もしくは習いたい指導教官などを決め，その後に滞在先（寮，下宿，アパートなど）が決まる，高等教育レベルの留学と反対の手順である．このことは，高校は大学などと比べれば教育内容やカリキュラムの専門性が低く，また本人の留学目的から「この高校でなければ」というほどの指定や限定があることはまれであり，むしろ生活の安定と安全が第一の前提であることを考えれば当然のプロセスであるといえる．

　第2に，高校生留学生は法的な立場も，高等教育での留学生とは同じではない．アメリカでは交換留学の場合，査証の滞在身分も「学生」としてのF-1ビザではなく，交換訪問者用ビザであるJ-1ビザとなる（私費高校留学を除く）．受け入れ保証団体も高校ではなく，交流団体が適格証明文書（DS-2019）を発行して入国が認められる．一方，日本での海外からの高校生留学受け入れの際も，「就学生」枠で受け入れているので，いわゆる「留学生」の統計には含まれていない．

　第3の違いとして，高校生は語学力・自我（アイデンティティ）の確立という点で，個人差は大きいとはいえ，大学生に比べて比較的未熟な場合が多いことは予想される．この2つは留学生活が順調に進行している場合でも重要であるが，特にファミリーや学校，友人，斡旋機関との何らかのトラブルや誤解が生じた場合，どちらかもしくは双方の欠如は深刻な結果をまねきかねない．留学中のトラブルの多くは文化・習慣の違いや誤解から起こることが多く，生徒の側から十分な意思表示や情報の提供ができない場合，その裁定はファミリーや

斡旋団体の一方的な価値判断から下されることになり，日本からの対応や支援にも時間的ラグが生じやすい．

　また第4の違いとして，帰国後の大学受験（進学）をひかえていることがあげられる．これは高校生の留学期間や現地での学習内容にも影響を与えるもので，日本独特の受験勉強と呼ばれるものと，外国での教育風土は多くの場合矛盾する傾向があり，それらの両立には多大な努力が要求される．前述の大学の帰国子女特別入学枠を利用する場合には，通常2年以上の海外教育体験が必要であり，文部科学省の推奨する1年以内の単位認定による留学の概念とは重なるところがなく，どちらの留学を選ぶのか，早い段階での二者択一を迫られることになる．日本での通常のルートでの大学受験を想定しない場合，外国の国際学校や国際バカロレア（IB）加盟校で，次項で述べるような2年以上のIB課程を取得して外国のIB認定大学への進学を目指すという選択肢も存在している．

(4)　国際バカロレア（IB）

　今日のように国境を越えた人の移動がさかんになり，それに伴い，国境を越えて教育機関を渡り歩く子どもたちが，さほど特殊な存在ではなくなった時代には，こうした教育資格や経験が国境を越えて持ち越せないという状況は，きわめて不都合かつ非効率なことである．たとえば，A国では理科のある単元を小学校4年で履修し，同じ単元をB国では小学校3年で学ぶ場合，A国の3年からB国の4年に転学・進学した場合は，その子どもはその単元を学ばないことになり，逆にB国からA国に転学・進学した場合は，同じ単元を二度繰り返すことになる．この不都合を何とか解消しようとしたひとつの試みが，小国を多くかかえるヨーロッパを中心に発達した国際バカロレア（International Baccalaureate：IB）資格である．

　IBの概念の起源は1953年にルクセンブルクに開校した「ヨーロッパ学校（European School）」にあり，子どもの転校がそのまま国際教育流動になるよう

な小国において，共通のカリキュラムをもった国際学校が周辺各国にあれば，子どもの移動による負担がかなり軽減できるという発想から，イギリス，ドイツ，イタリア，オランダ，ベルギーなど7ヵ国に12校のヨーロッパ学校が展開することになった．1960年代にこの学校がヨーロッパを越えて世界各地に国際学校が設立されるようになったが，大学への入学を控えた後期中等教育段階のために開発されたカリキュラムがIBである．とりわけ1962年，この開発まもないIBがイギリスのアトランティック・カレッジによって全校生徒の必修カリキュラムとして採用され，このカレッジがその後世界カレッジ連盟 (United World College) を結成して，カナダ，シンガポール，スワジランド，イタリアなどで展開することにより，世界的に普及するきっかけとなった．

　1985年に定められた「国際バカロレア規約」(General Regulations) では6群と3要件をその資格の要件として設定している．それによれば，6群とは，①語学A（母語），②語学B（近代語），③個人と社会（歴史・経済・地理・政治），④実験科学（物理・化学・生物学・生理学・海洋学），⑤数学，⑥選択科目（美術・音楽・古典・計算機，地域特殊科目など）であり，3要件としては，①知識の理論（信念・価値判断の育成），②小論文，③週1回半日の特別教育活動（創造的・審美的・身体的活動ないし積極的な社会奉仕活動）が義務づけられている．

　6群の科目は日本の学校の科目と大きく異なるものではないが，カリキュラムの設定レベルは日本の高校の履修レベルよりやや高度で，一部には大学の教養課程のレベルを含むといわれる．ただし各科目について，標準レベルと上級レベルの試験が用意されており，すべての科目を上級レベルで合格する必要はない（3〜4科目）．

　IB資格は中等教育段階の最後の2年間の教育カリキュラムを国際的に統一し，試験と評価の基準を一定にすることによって，その2年間の生徒の成績を比較可能にしたものであり，1985年に国際規約として成立した．この資格を認知する高等教育機関は，入学を志願する生徒に対して，どこの国でそれを取得したかにかかわりなく，原則としてその機関の定める最低基準を満たしてい

る限り，改めて大学等の独自の試験を課すことなく，その生徒の入学を許可できるようになったのである．この IB 資格の普遍性・比較可能性を維持するために，カリキュラム内容や質を可能な限りコントロールし，さらに成績評価には学位論文なみの外部審査員制度が導入されている．日本では現在のところ，生徒の成績評価は相対評価が行なわれ，学校間の標準化はされていないので，上級の学校は下級の学校の卒業生のなかから入学者を選抜するに際して，出身校の成績を単純に比較することはできず，改めて学校ごとの入学試験を実施しなくてはならないことになる．

　2014 年現在，日本国内の国際バカロレア実施校は 27 校で，うちディプロマ・プログラム実施校は 19 校である．またうち 6 校は学校教育法第 1 条において定める要件を満たしており，日本の高校の卒業資格も得られる（国際バカロレア日本アドバイザリー委員会報告書，2013）．

　一方，日本の大学等の入学における認定としては，1979 年文部省告示第 70 号で「高等学校を卒業したと同等以上の学力があると認められる者」の要件に 18 歳以上の国際バカロレア資格取得者を認定しており，IB 事務局のホームページなどでも 262 大学が recognize していると明記されている．しかし実際には，帰国子女・在外子女の特別枠選抜において少数の入学枠を割り当てているものがほとんどで，一般の高校卒業生には利用が難しいものであった．

　しかし，近年，中央教育審議会や教育再生実行会議などにおいて，国際バカロレアコース履修者の語学力，問題解決能力，論理的思考力の高さが評価され，その資格を国内大学がより積極的に評価し，履修者に門戸を開くことを提言する報告が多く出されている．これをうけて，玉川大学，岡山大学，大阪大学などが，海外学校での滞在歴を条件としない一般高卒者に対して，国際バカロレア資格を選抜の資料の一部とする試みが開始されている．また 2016 年度から予定されている国立大学のいわゆる特色入試において，IB 資格のさらなる採用が検討されている．

第3節　トランスナショナル高等教育

(1)　「留学しない」留学

　第1節でも見たように，高等教育に対する需要は全世界において高まっており，その需要を自国の国内高等教育機関で大部分をまかなうことのできる国は少数である．この需要と供給のアンバランスが国際高等教育流動，すなわち留学の基本的な動因となっている．オーストラリアの「Global Student Mobility Report 2025」によれば，国際的な学生移動の規模は2000年時点の180万人から，2025年には720万人にまで拡大すると予測されている (IDP Education Australia, 2005)．「長い時間をかけ，長距離を移動し，豊かなキャンパスライフをエンジョイしながら学問に打ち込む」というような伝統的な留学の概念ではこの需要をとうていまかなうことはできない．

　伝統的に留学とは，A国の学生がB国に物理的に移動して，その地に生活し，大学などに通いながら学位などの，本国では獲得するのが難しい教育資格や技能を獲得する，というものであった．一部のものにとっては留学の意義はそれだけにとどまらない．最高学府という場において，現地の言語を習得し，ライフスタイルを経験し，さらには各国の若者と交流し，かけがえのない人的コネクションという財産を築きあげるものもいた．しかしこれは本来の教育資格や技能の獲得という目的だけから考えれば，あまりに効率の悪い，無駄な要素を伴った活動であるということもできるのである．単純に本国では得にくい資格や技能だけを留学に求めるのであれば，もっと簡便な方法や形態もあり得るし，必ずしも当該国に出かけていかなくても可能であることがわかってきた．

　たとえば，外国の大学が，高等教育インフラに遅れの見える国に分校を設立しはじめた．学生が移動するのではなく，教育機関のほうか自ら移動して来てくれることになる．外国の大学が自国の教育機関などと提携関係をむすび，そこに通学するだけで，外国に行くことなく，外国の大学の学位や資格が取れるようになってきた．さらには大学が国内で行なってきた通信教育課程を外国に

配信するようになると，その大学の学位や資格，単位をパソコンとクレジットカードがあれば，世界中の端末から履修，取得可能になってきたのである．まさに「留学しない留学」である．この矛盾する言葉は，留学が伝統的に２つの意味を内包してきたことを示している．すなわち，「留学とは外国に行き学ぶこと」という要素と，「留学とは自国では得難い資格や技能を習得すること」という要素である．この２つの要素はこれまで分かちがたく結びついていたが，実は互いに切り離せるものであり，前者が欠けても留学は成立可能であることがわかってきた．このような新しい（非伝統的な）留学がトランスナショナル教育（Transnational Education）と呼ばれるようになってきた．

　トランスナショナル教育とはユネスコ（UNESCO 2001）によれば，「教育の成果を認定する機関が所在する国とは異なる国で学習者が受ける教育プログラムである」と定義される．これを留学にもっとも関連する高等教育に限定したものがトランスナショナル高等教育である．伝統的に留学とは，A国の学生がB国に物理的に移動して，その地に生活し，大学などに通いながら学位などの教育資格や技能を獲得する，というものであった．しかし，もし学位や資格の取得だけを目的とするのなら，必ずしも遠い外国に長期間滞在しなくてもより簡便な方法があるのではないか，という発想によって開発されたプログラムである．

　たとえば，外国の大学が，高等教育インフラに遅れの見える国に分校を設立しはじめた．学生が移動するのではなく，教育機関のほうが自ら移動して来てくれることになる．外国の大学が自国の教育機関などと提携関係をむすび，そこに通学するだけで，外国に行くことなく，外国の大学の学位や資格が取れるようになってきた．さらには大学が国内で行ってきた通信教育課程を外国に配信するようになると，外国大学の学位が世界中の端末から履修，取得可能になってきたのである．まさに「留学しない留学」である．すなわち前者の留学は海外渡航を意味し，後者の留学は学位の取得を意味している．取得できる資格や学位は，原則として本校に渡航・履修して獲得した資格や学位と同じもしく

図3-1 伝統的留学の模式図　図3-2 非伝統的「留学」の模式図

A国（出身国）　B国（留学先国）　　A国（出身国）　　B国（学位授与
　　　　　　　　　　　　　　　　　　　　　　　　　　　大学の所在国）

＊監督・視察・評価・教員派遣などさまざまな関与

は区別できないものとされている．これを図示すると，図3-1と図3-2のよ
うになる．

　この留学をさらに複雑にしたものが，第3国における就学である．すなわち，
学生の出身国と大学のある学位授与国の中間の，どちらの国でもない第3国の
カレッジが実際の教育を行う，もしくは第3国に学位授与大学が分校を設立し，
そこで授業を行うというものである．留学生は出身国でもなく，学位授与大学
のある国でもない，第3国に渡航・滞在して，授業を受け，所定の単位と試験
に合格すれば，学位や資格が得られるというものである．すなわちこの場合，
学生は確かに外国に留学するが，それは英国やオーストラリアではなく，たと

図3-3 非伝統的留学の模式図（2）

A国（出身国）　　　B国　　　　C国（学位授与
　　　　　　　（提携機関所在国）　機関所在国）

＊監督・視察・評価・教員派遣などさまざまな関与

えば，マレーシアや中東のドバイのカレッジなどに学ぶことになる．この場合，自国で履修するよりは渡航費などがかかるが，学位授与大学の所在国に行くよりは割安で，生活費も安く，しかも外国の生活や外国語の環境は経験できる．これを図示すると図3-3のようになる．

(2)　トランスナショナル高等教育の形態

トランスナショナル高等教育には大きく分けて3つの形態がある．すなわち①外国大学の海外分校（off-shore branch campus），②外国大学と提携した海外カレッジにおける国際提携学位コース，③国際eラーニングによる国際通信学位コースである．これらの学位コースの提供者（学位授与機関）は圧倒的に欧米，それもアメリカ，イギリス，オーストラリアに集中している．一方，これらのコースの履修者は圧倒的にアジア諸国の学生であり，実際にこれらの学生や教育機関が存在する現場は第一にアジアであるといえる．

たとえば，海外分校でいえば，2009年に世界中に設立されていた外国大学の分校は162校であるというが，そのうちの78校（48%）はアメリカの大学の分校，オーストラリアが14校，イギリスが13校，フランスとインドがそれぞれ11校であったという．一方，分校の所在地でみると，中東諸国に55校，アジア（中東を除く）に44校，ヨーロッパに32校，ラテンアメリカに18校，北アメリカに8校，アフリカに5校という状況で，特に中東諸国への進出が顕著である（Becker, 2010）．国別の分布では，アラブ首長国連邦（UAE）に40校，中国に15校，シンガポールに12校，カタールに9校，カナダに6校，マレーシアに5校と続いている．そのレベルとしては，学士課程51%，修士課程41%，博士課程はわずかに2.7%であった．トランスナショナル高等教育の全世界的な統計は存在しないが，イギリスの調査で2002/03年に10万人，オーストラリアの調査で2004年に7万6千人がそれぞれの国の提供するトランスナショナルなコースに在籍していたとしている（McBurnie, 2007）．

オーストラリアは2004年に1,569の海外教育プログラムをもち，それらの

ホスト国は，シンガポールが375（23.9%），マレーシア320（20.4%），香港226（14.4%），中国199（12.7%）となっていた．2004年度のオーストラリアの外国人学生数は192,460人であったが，そのうち伝統的な留学による学生数は130,006人で67.5%であった．残りは22.7%が国際プログラム（提携プログラムと外国大学分校）であり，9.7%が国際遠隔・通信教育によるものであった（大森，2008）．

　イギリスは2008年，大学など回答した135機関のうち65.2%がトランスナショナル高等教育のプログラムをもっており，総数は1,536プログラムに達しており，実施地域については，世界各国の12.1%を別にすれば，アジアがもっとも多く43.6%，ヨーロッパが28.3%，中東6.2%，アフリカ3.8%と続いている．パートナーの相手については，私立カレッジが22.5%，公立大学が21.4%，公立カレッジが10.7%，私企業が9.7%と続いている．私立大学は少なく，5.7%であった（DUIS, 2008）．

　このトランスナショナル高等教育のホスト国として，すなわち，実際の教育を請け負うカレッジや海外分校の所在国として，マレーシアと日本は世界でももっとも早く選ばれた国であった．しかしその後の運命は大きく異なり，マレーシアでは5つの外国大学分校が発展し，多くのカレッジによる提携プログラムも成功しているのに対して，日本ではアメリカを中心とした大学の分校が1980年代に多く設置されたが，その多くは成功せずに現在では撤退している．

　オーストラリアの公立大学モナシュ大学は，世界展開の一環として，マレーシアに1998年に海外分校を設立した（スランゴール，サンウェイカレッジ）．マレーシアでは1996年私立高等教育機関法が成立して，海外の大学分校の設置が認められた直後であった．オーストラリアに渡航することなく，全課程マレーシアで履修できるオーストラリア学位が認められた背景には，前節で述べたマレーシアの国立大学から国内私立カレッジへの提携学位である，フランチャイズ・コースの成功が推進力となっていた．

　マレーシア・モナシュ大学ではマレーシアで需要の高いビジネス，情報技術

科，工学・理学科の学士課程を提供しているが，マレーシアにおける私立大学として質保証機構とオーストラリアの専門職団体（会計士，エンジニア）のアクレディテーション（認可）の両方を受けていることから評価は高い．100名を超える教員のほとんどはマレーシアなどで採用されており，オーストラリア本国からの教員はわずかである．学生は 4,000 名弱であるが，その 27% はマレーシア以外からの留学生である．多くは中国やインドネシアなどからの留学生であるが，彼らはオーストラリアの学位や資格を取得するために，マレーシアに滞在し履修していることになる．モナシュ大学はこの分校の成功を足がかりに，その後南アフリカと英国，イタリアに進出している．

(3) 日本のトランスナショナル高等教育

　一方，日本にも 1980 年代から 90 年代にかけて多くの外国大学が分校を設置した．1982 年アメリカの名門テンプル大学日本校が嚆矢であり，一時期には 36 校にまで増えたが，2004 年までに存続が確認できたのはわずか 4 校で，その多くは撤退した．失敗した原因としては，授業料が海外留学に比べてさほど安くなかったこと，日本にいながら学位や資格だけを取得することに日本人があまり価値を見出さなかったこと，外国大学分校は日本で正規の大学とは認められず，各種学校扱いであったことなどが考えられる．このことから，トランスナショナル高等教育が成功するためには，ホスト国で高等教育需要が高いのに国内で履修に制約があること，分校やそのプログラムがホスト国で質保証され認知されること，本校と分校の教育コストの差がある程度あること，ホスト国の社会に英語の環境があること，などがあげられる．

　一方，日本の高等教育のトランスナショナルな展開はどうであろうか．海外における日本語による教育需要には採算性が薄く，また英語による授業では派遣する教員の手配が難しいうえに日本国内と同一学位を授与するには法的な問題が存在している．現状において 2003 年のエジプト，アレキサンドリアへのエジプト日本科学技術大学（E-JUST）と，2011 年のマレーシア，ジョホール

バルへのマレーシア日本国際工科院（MJIT）の開学が数少ない例で，どちらも日本の大学の単独進出ではなく，日本の大学コンソーシアムによる提携である．日本式科学教育というものを具体的に明示し，かつ海外に高品質に移転可能かどうかがその成否を握っている．

　トランスナショナル高等教育は，これまでの留学概念を根底から突き崩すような新たな形態の国際教育であり，プログラムの輸出者だけでなく，ホスト国や学生（学習者）にとっても大きな効用をもたらすシステムであるが，その運用には課題も存在している．第1にこれまでの人的移動による留学には機能していた質のコントロールが，遠く異なる教育環境で，無条件には保持できないという危険性がある．また第2に同一の学位，資格，単位を授与するプロバイダーが増加するため，それらの学位，資格，単位の間にヒエラルキーが生じたり，過剰な乱発により価値の低落をまねく危険性がある．さらに第3にホスト国の高等教育がまだ十分な国際競争力をもたないとき，外国の有名大学の分校や提携学位コースが流入すると，弱体な国内教育機関が市場の一部を失ったり，競合したりする場合もある．そして第4に欧米英語圏で発達した高等教育の経営風土，教育風土，文化風土が，そうではない国の高等教育に流入するため，ホスト国のシステム，慣習，理念，文化的傾向と合わずに衝突する可能性もある．

　多くの日本人にとって留学は，現地への渡航なくしてイメージすることは難しい．日本人の留学には，学位などの取得を伴わない，語学留学が多いということはこの事実を裏付けている．これらの留学は現地に渡航することにこそ，最大の意味がある．しかし，一方，これらの経験を特に必要としない者にとっては，伝統的な留学はきわめて効率の悪い教育に映るのである．英語が国内でも広く通用するアジア諸国，たとえば，マレーシア，香港，中東諸国などで，この安価で手っ取り早い「留学しない留学」には一定の需要があるのである．現在の世界においてトランスナショナル高等教育の展開は目覚ましく，日本の大学はこの分野において大きく出遅れていることは否めない．しかしトランス

96

ナショナル高等教育はあくまで経済的・文化的に制約のある留学生にとっての
選択であり，この制度の展開を大学の国際化の指標やシンボルとすることは正
しいことではなく，また国際化の指標を高めるためにトランスナショナル高等
教育に頼ることは本末転倒といえるであろう.

〈引用・参考文献〉

Altbach, Philip G., *Higher Education in the Third World: Themes and Variations*, Sangam Books, London, New Delhi, 1987.

Barber, Elinor G., Philip G. Altbach and Robert G. Myers, "Introduction: Comparative Perspectives", in Elinor Barber et al. eds., *Bridges to Knowledge: Foreign Students in Comparative Perspective*, The University of Chicago Press, Chicago, 1984.

Becker, Rosa, "International Branch Campuses: New Trends and Directions", *International Higher Education*, No. 58, Winter 2010, The Boston College Center for International Higher Education, 2010, pp. 3-4.

Cummings, William K, "Going Overseas for Higher Education: The Asian Experience", *Comparative Education Review*, Vol. 28, No. 2, 1984, pp. 241-57.

DUIS (Department for Innovation), "Universities and Skills, Sheffield Hallam University", *Transnational Education and Higher Education Institutions: Exploring Patterns of HE Institutional Activity (DIUS Research Report 08 07)*, London, 2008.

IDP Education Australia, *Global Students Mobility 2005 Report: Forecasts of the global demand for international Education*, 2005.

IIE, (Institute of International Education) *Open Doors,* 2014. (http://www.iie.org/Research-and-Publications/Open-Doors 2015.2.3 アクセス) ; *Open Doors Fast Facts,* 2014. (http://www.iie.org/~/media/Files/Corporate/Open-Doors/Fast-Facts/Fast-Facts-2014.ashx 2016.4.29 アクセス)

McBurnie, Grant and Christopher Ziguras, *Transnational Education: Issues and trends in offshore higher education*, Routledge, London, 2007, pp. 21-30.

NAFSA, The Economic Benefit of International Students, $26.8 billion Contributed; 340,000 U. S. Jobs Supported, NAFSA Association of International Education, 2014. (http://www.nafsa.org/_/File/_/eis2014/USA.pdf 2016.4.29 アクセス)

OECD, *Education at a Glance 2013, OECD Indicators,* 2013, pp. 304-316. (http://www.oecd.org/edu/eag 2013%20(eng)--FINAL%2020%20June%202013.pdf 2016.4.29 アクセス)

Phillimore, John and Paul Koshy, The Economic Implications of Fewer International Higher Education Students in Australia, Final Report 2010, The John Curtin Institute of Public Policy, Curtin University, 2010. http://pandora.nla.gov.au/pan/122303/20101007-000/August_2010_Economic_implications_of_fewer_international_higher_education_students_in_Australia.pdf 2016.4.29 アクセス

UN, *Demographic Yearbook,* 1997.

UNESCO and Council Europe, *Code of Good Practice in the Provision of Transnational Education,* Bucharest, UNESCO-CEPES, 2001. (http://www.cepes.ro/hed/recogn/groups/transnat/code.htm 2016.4.29 アクセス)

UNESCO, *Global Education Digest 2012, 2013.*（ユネスコ・グローバル教育要覧）（http://www.uis.unesco.org/Education/Pages/ged-2012-press-release.aspx 2016.4.29 アクセス）

Watson, J. Keith P. "Dependence or Interdependence in Education?: Two Cases From Post-colonial South-east Asia", *International Journal of Educational Development,* Vol. 5, No. 2, 1985.

Williams, Peter, 1982, *A policy for Overseas Students: Analysis・Options・Proposals,* Overseas Student Trust, London, 1982.

アルトバック・バラン編，米澤彰純監訳『新興国家の世界水準大学戦略―世界水準を目指すアジア・中南米と日本―』東信堂　2013 年

井上雍雄『教育交流論序説』玉川大学出版部　1994 年　p. 78

江原武一・杉本均編著『大学の管理運営改革―日本の行方と諸外国の動向―』東信堂　2005 年

江淵一公『大学国際化の研究』玉川大学出版部　1992 年

大森不二雄「高等教育の海外進出と国家―イギリスとオーストラリアの事例―」塚原修一編著『高等教育市場の国際化』玉川大学出版部　2008 年　p. 134

国際バカロレア日本アドバイザリー委員会報告書「国際バカロレア関連資料」2013 年（http://www.mext.go.jp/a_menu/kokusai/ib/__icsFiles/afieldfile/2014/12/01/1307999_01.pdf 2016.4.29 アクセス）

相良憲昭・岩崎久美子『国際バカロレア―世界が認める卓越した教育プログラム―』明石書店　2007 年

佐藤郡衛『海外・帰国子女教育の再構築―異文化間教育学の視点から―』玉川大学出版部　1997 年　51-77 頁に詳しい

98

杉本均『トランスナショナル高等教育の国際比較』東信堂　2014年

福田誠治・末藤美津子『世界の外国人学校』東信堂　2005年

文部省「21世紀への留学生政策の展開について」1984年

文部科学省「『留学生30万人計画』骨子の策定について」2007年（http://www.mext.go.jp/b_menu/houdou/20/07/08080109.htm　2016.4.29アクセス）

文部科学省「平成23年度高等学校等における国際交流等の状況について」2011年（http://www.mext.go.jp/component/a_menu/education/detail/__icsFiles/afieldfile/2013/10/09/1323948_02_1.pdf　2016.4.29アクセス）

文部科学省「教育指標の国際比較2013」2013年（http://www.mext.go.jp/b_menu/toukei/data/kokusai/__icsFiles/afieldfile/2013/04/10/1332512_04.pdf　2016.4.29アクセス）

文部科学省「海外で学ぶ日本の子どもたち」2014年（http://www.mext.go.jp/a_menu/shotou/clarinet/002/001.htm　2016.4.29アクセス）

〈用語解説〉

• 南方特別留学生

　第二次大戦時下に大東亜省が計画した留学生招致計画．1943年に第1期生が110人，44年に第2期生101人が，南方，すなわち現在の東南アジア諸国から日本に留学した．その多くは日本占領地域の王族や現地高官の子弟であり，留学に名を借りた軍隊式の同化教育という性格から別名「大東亜の人質」とも呼ばれた．広島文理大学に配属されたオマールさん（マラヤ出身）のように原爆を被爆して亡くなった悲惨な例をはじめ，多くはつらい経験を味わったが，そのうちの幾人かは帰国後母国の有力者として頭角をあらわし，後にブルネイ首相になり日本との天然ガス輸出交渉の仲立ちをしたユソフ氏のように，戦後の日本の復興と国際社会への復帰に大きな役割を果たした人びとがいる．

• 社会的収益率

　教育を将来への投資と考えて，そのコストの負担に対して予測される収入の上昇などから，その投資効果を測定しようとする指標．収益率には個人的収益率と社会的収益率とがあるが，たとえば留学における個人的収益率とは，人が外国留学に費やした費用とその間の逸失収入の合計に対して，留学したことによって増加するであろう生涯所得の総額を比較するもの．社会的収益率の場合は，政府などが外国の留学生を誘致するために負担した国庫補助金などの支出に対して，留学生の増加によって増える授業料，生活費，税収入の総額を比較したもの．

〈文献解題〉

北村友人・杉村美紀『激動するアジアの大学改革』─グローバル人材を育成するために』上智大学新書（002）　2012年

　　大学は，グローバル化する教育の中でも最もその影響を受けやすい機関であり，特にアジアは生き残りをかけた国際競争のための国家戦略の焦点として大きな変容に直面している．本書は，アジア14ケ国の大学の国際化に向かう大学改革の多様性と共通性について比較教育学的な分析を行っている．

吉野耕筰『英語化するアジア：トランスナショナル』な高等教育モデルとその波及』名古屋大学出版会　2014年

　　本書の第3節で取り上げたトランスナショナル高等教育の事例をマレーシアを中心にその波及の背景とメカニズムを明らかにした研究．これまでのように学生（＝留学生）が国境を越えるのではなく，教育機関やプログラムが国境を越えて展開する現場を詳しく描いている．この現象において圧倒的に優位なのが英語圏の大学であり，英語化するアジアの大学を導いているが，その中で，途上国であるマレーシアはその中間的な性格を利用して留学のマーケットに独自の地位を築こうとする戦略を紹介している．

渡辺弘子『母と子のマレーシア通信：娘のホームステイ体験から』中公新書　1994年

　　高校生の海外留学先としては比較的めずらしいアジアへの留学を果たした女生徒の母との1年間の文通の記録である．AFSの斡旋によりマレーシアの高校に留学した女生徒が，温かい華人系の家庭にステイし，多文化・多言語の環境にとまどいながらも，多く友人を作って成長してゆく様子が，母との手紙のやりとりを通して描かれている．

〈演習問題〉

　①国境を越えて流動する子どもとその教育の形態にはどのようなものがあるでしょうか．
　②世界的に高まる国際教育流動において，日本社会とその教育制度はどのような問題をかかえ，どのような改革を試みているでしょうか．
　③外国に渡航することなく，外国大学の学位を取得できるトランスナショナル高等教育のメリットとデメリットについて考えてみましょう．

第4章

現代イギリスの教育改革

本章のねらい

　イギリス（イングランド）では，教育水準向上を目指した教育改革が矢継ぎ早に行なわれている．

　本章では特に，1997年からの労働党政権以降の教育制度改革の変更点に着目しながら，現代イギリスの教育改革を理解することをねらいとしている．

　本章を通して理解して欲しいことは，次の2点である．そして，これら2つの視点からイギリスの教育改革の特徴を理解し，日本への示唆を考える視点を得て欲しい．

　①1990年代後半以降からのイギリスの教育改革の変遷とその特徴を理解する．

　②専門性，多様化，質保証の観点から学校ガバナンスの特徴を理解する．

第1節　「多様化」した公教育制度

　イギリスは，正式の国名を「グレートブリテン及び北アイルランド連合王国」（United Kingdom of Great Britain and Northern Ireland）という．つまり，イングランド，ウェールズ，スコットランド，北アイルランドの4つの地域から構成されている国なのである．それぞれの地域は，歴史的経緯から，独立した行政組織，独自の法律をもっており，学校制度も異なる．

　本章では，イングランドについて記述するため，本章でいうイギリスとはイングランドを示す．

(1) 義務教育制度

　イギリスの義務教育は，5歳から16歳までの11年間である．義務教育については，「1996年教育法」第7条に次のように規定されている．

　　義務教育段階の年齢にある全ての子どもの保護者は，効果的なフルタイムの適切な教育機会を各々の子どもに受けさせる義務を負う．適切とは，
　　a）各々の子どもの年齢，能力，適性に合うこと
　　b）各々の特別な教育的ニーズに対応すること
　　その教育機会とは，学校への日常的な出席またはその他の機会（otherwise）である

　すなわち，保護者は自分の子どもの年齢，能力，適性等に応じた適切な教育機会を自分の子どもに提供する義務を負っている．そしてその教育機会とは，学校またはその他の機会となっている．その他の機会として代表的なものは，ホームエデュケーション（home education）である．

　イギリスの学校制度は図4-1の通りである．子どもは，5歳から6年間の初等学校（primary school）に入学し，その後5年間の中等学校（secondary school）に在籍するのが一般的である．なお，義務教育の11年間を5年，6年の2つに区分するのではなく，ファーストスクール（first），ミドルスクール（middle），アッパースクール（upper）の3つに区分する（年限も異なる）地域や，初等学校を幼児部（infant），下級部（junior）に区分する地域もある．また私立学校にも異なる区分がある．

　ほとんどの初等学校には，準備学級（reception class）と呼ばれる4歳児の在籍する学級が設置されており，義務教育開始前から，無償の教育が提供されている．また，イギリスでは3歳から無償の就学前教育が幼稚園（kindergarten），保育園（nursery school）や初等学校に併設されている保育学級（nursery class），保育所（day nursey）等において提供されている幼稚園，保育園等の設置形態や

図 4-1　イギリスの学校制度

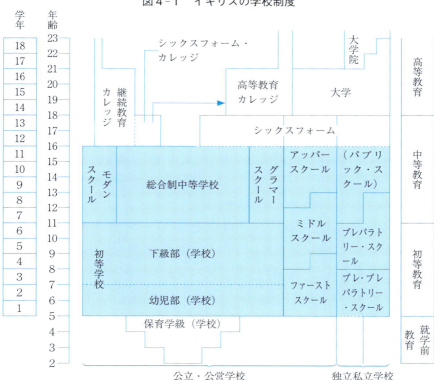

公立，私立の設置者に関係なく国の基準を満たしている施設に国から子どもの数に応じて 1 人あたり週 15 時，年間 38 週分の運営費が支給されている．なお，国が定める基準により社会経済的に厳しい家庭と判断される子どもに対しては 2 歳児から無償の教育が提供される．

　イギリスの中等学校のほとんどは，総合制中等学校（comprehensive secondary school）である．総合制中等学校は，1960 年代〜 70 年代の教育改革において登場したものである．戦後の教育改革で中等教育は，グラマースクール，モダンスクール，テクニカルスクールの三分岐型の学校制度が整備され，満 11 歳で

受験する試験（イレブンプラス試験）の結果によってどのタイプの中等学校に進学するか決定する仕組みであった．学校のタイプによりその後の進路が決定し，変更が難しかったため，満 11 歳の時点でその後の将来が決定することへの批判が起こり，選抜を行なわず，多様な能力を有した子どもたちを受け入れる学校の創設が目指され，総合制中等学校が導入された．その後，総合制中等学校は普及したが，グラマースクールやモダンスクールは依然として存在している．

　中等教育においては，総合制なのかそれとも専門性なのかという議論は常に存在している．1980 年代に入ると，保守党政権は，保護者の学校選択のためには学校の多様化や特色化が必要であるとして，「1988 年教育改革法」において，技術や芸術系に特色をもった中等学校としてシティ・テクノロジー・カレッジ（City Technology College：CTC）を創設した．また，1997 年に発足した労働党政権では，中等学校の多様化をより一層促進させ，子どもの適性に応じた教育機会を提供することを目指して，スペシャリスト・スクール（specialist school）を創設した．スペシャリスト・スクールは，語学，芸術，体育，音楽など 10 分野のなかから学校が教育課程において重点化を図る分野を決めて，特色ある教育活動を行なう学校である．

　イギリスおいて義務教育を修了したことは，中等教育修了資格試験（General Certificate of Secondary Education：GCSE）を受けて，最低 5 科目において合格点を取ることにより証明される．そのため，イギリスの中等学校には「卒業」という概念が存在しない．16 歳の誕生日を迎えた者は学校に来る必要がなくなるので，そのまま離学（school leave）する（しかし多くの場合は，その学年の終了まで登校する．多くの学校において最終登校日の後には盛大なパーティが開催される）．

　しかし一方で，中等教育修了資格試験に合格できずに無資格のまま義務教育から離脱する若者が無業者（ニート，NEET）となるという問題がある．そのため，18 歳まで教育または訓練を受ける義務を課している（2013 年に 17 歳，2015 年に 18 歳まで段階的に延長した）ので，イギリスの若者は，18 歳まで何らかの教育機関または訓練機関（就労しながらの訓練も含む）に在籍している．

(2)　多様な「公立学校」

　イギリスの学校は，公費が入る公費維持学校（maintained school）とそれが入らない独立学校（independent school）に大きく2つに区分される．さらに，公費維持学校についても，行政機関の関わりの強弱により学校が有する人事，財政，経営の権限に相違があり，多様な学校形態がある．大きく分けると公立学校（community school），公営学校（publicly funded school），公営独立学校（publicly funded independent school：LA）という3つに区分できる（図4-2）．

　日本の「公立学校」に最も近い形態が，公立学校である．公立学校は，地方当局（Local Authority）が設立し，維持管理している学校である．

　次に公営学校には，有志団体立管理学校（voluntary controlled school），有志団体立補助学校（voluntary aided school），地方補助学校（foundation school）が属する．有志団体立管理学校と有志団体立補助学校は，教会や有志団体等が学校を設立し，建物の所有権等を有しているが，運営費は地方当局を通して受け取っている学校である．有志団体立管理学校と有志団体立補助学校の違いは，有志団体立管理学校の方が地方当局の関与が強いということである．たとえば，有

図4-2　イギリスの学校形態

公費維持学校　Maintained school（20,074校）						独立学校 Independent school （2,411校）
公立学校 Community school （9,342校）	公営学校 Publicly funded school			公営独立学校 Publicly funded independent school		
	有志団体立 管理学校 Voluntary controlled school （2,369校）	有志団体立 補助学校 Voluntary aided school （3,760校）	地方補助 学校 Founda- tion school （961校）	アカデミー Academy （3,494校）	フリー スクール Free school （148校）	

＊学校数には，特別支援学校，Pupil Referral Units, CTCs, University Technical Colleges, Studio Schools は含まない
＊学校数は2014年1月現在
出典）DfE, *Schools, pupils and their characterictics: January 2014,* June 2014

志団体立管理学校においては，地方当局が教員の雇用者や学校の維持管理など
に関する一部の権限を有するが，有志団体立補助学校の場合はその学校の元々
の設立母体である有志団体等がそれらの権限を有している．

　地方補助学校とは，「1988年教育改革法」によって導入された国庫補助学校
（Grant Matintained School：GM School）が，1998年学校水準と枠組み法によって
改編されたものである．国庫補助学校とは，地方当局（当時は，地方教育当局
（Local Education Authority：LEA））の管理下から離脱（opting out）し，学校予算を
地方当局を介さずに国から直接受け取る学校である．しかし1997年からの労
働党政権では，国庫補助学校が有していた権限（教員の雇用権，土地建物の所有権
等）は維持しながらも，学校予算を地方当局を介して配分する形に変更し，名
称も地方補助学校としたのである．

　公立学校，有志団体立管理学校，有志団体立補助学校，地方補助学校の権限
の特色をまとめると表4-1の通りである．

表4-1　イギリスの公費維持学校の特色

	Community	VC	VA	Foundation
設　立　者	LA	有志団体 （大半が英国国教会）	有志団体 （半分が英国国教会で残り 半分がカトリック教会）	（元々）LA
建物の所有	LA	有志団体	有志団体	学校理事会
建物の新築 経費負担	LA（政府の補助 金）	LA（政府の補助金）	有志団体 　85％は政府の補助金 　15％は自己資金	LA（政府の補助 金）
通常経費負担	LA	LA	有志団体とLA 有志団体：外部の修繕管 理（85％はLAの補助金） LA：維持費，内部の修 繕，教職員給与	LA
管　理　者	LAと学校理事 会	LAと学校理事会（3分 の1は有志団体代表）	学校理事会（3分の2は 有志団体代表）とLA	学校理事会と LA
教職員の雇 用者	LA	LA	学校理事会	学校理事会

出典）　Mike Wallace and Keith Pocklington, *Managing Complex Education Change ; Large-scale reorganisa-*
　　　tion of school, Rowtledge Falmer, 2002, p. 7 より引用

　これらとは別に 2010 年に新たな公費維持学校のカテゴリーとして設置されたものが，公営独立学校である．これには，アカデミー（academy）とフリースクール（free school）の 2 つの学校形態がある．

　アカデミーとは，既存の学校がトラスト（trust）と呼ばれる理事会を組織し，教育大臣と直接契約を結び，直接中央政府から学校運営費を受け取る学校に転換するものである．教育課程（全国共通教育課程の遵守義務無し），教員雇用の自由裁量権（教員免許の取得義務無し，全国の給与基準の遵守義務無し），地方当局からの離脱，財政運用の自由裁量権の拡大などの権利を有している．アカデミーは，元々労働党政権時代の 2002 年に，社会的公正を目指して，社会経済的に不利益な地域の中等学校のみで設置が認められた学校であった．その当時は，民間企業や有志団体等がスポンサーとなり，校舎建築費として 200 万ポンドを負担してアカデミーが開校され，運営費は国から支給されるという形で学校経営が行なわれていた．この取り組みは，社会経済的に不利益な地域における中等学校の教育水準向上やその地域の教育改善に寄与したことから，2010 年に発足した保守党と自由民主党の連立政権では，「アカデミー法」（2010 年）および「2011 年教育法」を制定し，全ての学校段階，全ての地域において設置が可能な新たな学校として改編された．現在のアカデミーの特徴は，第 1 に，スポンサーによる財政支援の義務が外され，スポンサーの役割が学校改善へのアドバイスとなったことである．第 2 に，アカデミーに 2 つの種類ができたことである．ひとつ目は，学校監査結果がもっとも良い（outstanding）学校のみが転換できる転換型アカデミー（converter academy）である．2 つ目は，学校監査結果が芳しくなく学校改善の手法としてアカデミーになることが有益であると判断された学校が転換するスポンサーアカデミー（sponsored academy）である．この場合は，教育省にスポンサーと登録されているもののなかから，学校の問題状況やスポンサーの適性，地域のニーズ，学校の要望等を踏まえてスポンサーの配置が決められる．第 3 に，アカデミーの設置形態が多様化していることである．単体で設置する形態の学校や，複数校が合同でひとつのアカデミーを構

成するものなどがある．複数校が合同したものとして代表的な形態は，マルチアカデミートラスト（Multi-Academy Trust）である．2014 年 4 月 1 日現在，公費維持学校全体の約 17％，中等学校では約 54％がアカデミーとなっている．連立政権ではその拡大を図ろうとしており，2015 年 5 月に発足した保守党政権でもその方向性は維持されている．

　もうひとつの新しい学校形態であるフリースクールは，学校経営上の自由裁量権や予算等の流れはアカデミーと同じであるが，保護者や公益団体，独立学校，企業，教員などがトラストを組織し，新たな学校として政府に申請して開校される学校である．既存の学校が転換するアカデミーとは異なり，新たに設置される学校という点で違いがある．

第 2 節　全国共通の教育課程と試験制度

(1)　全国共通教育課程

　イギリスでは，「1988 年教育改革法」によって，「全国共通教育課程（National Curriculum）」の導入が規定された．そこでは，英語，算数・数学，理科，技術，歴史，地理，美術，音楽，体育，現代外国語（中等学校のみ）が必修教科として規定された．そのうち，英語，算数・数学，理科は中核教科（core subjects）とされた．それまでは，宗教教育のみが必修教科とされ，各学校でどのような教育をするかに関する全国的な規定がなかった．

　全国共通教育課程では，キーステージごとに学ぶべき教育内容，習得が期待される知識・技能，理解度を示す到達目標（attainment targets）が規定されている．1989 年から順次導入され，1993 年から改訂作業も同時に進められた．1993 年の改訂では，学校現場からの批判を受け，基礎学力の育成と教育内容の精選，そして，学校および教員の裁量権の拡大を目指した改訂がされた．1999 年の改訂では，英語，算数・数学の指導の強化（読み書き計算の時間（Literacy hour, Numeracy hour）の導入：毎日各 1 時間の授業の義務化），市民性教育（Citi-

zenship Education) の中等学校での必修化，情報教育 (Information and communi-
cations Technology：ICT) の徹底，初等学校での外国語教育の奨励などが盛り込
まれた．この全国共通教育課程は，2000 年 9 月から順次導入された．しかし
イギリスの全国共通教育課程は，その年齢の子どもに期待される知識や技能な
どの標準を示しているものである．教員たちは目の前にいる子どもたちの能力
や適性，必要なものを見極め，達成目標を設定する．そして必要な教材を考え，
開発し，日々の教育活動を行なっている．日本のような検定教科書制度はない．

　2001 年からの第 2 期ブレア政権では，教育改革の中心を中等教育および義
務教育修了後の教育におき，学校教育から学校後の職業界への円滑な接続を図
ることを目指した教育課程改革に取り組んだ．たとえば，2004 年から導入さ
れた「職業関係学習 (Work-related Learning)」は，働くことから学ぶ，働くこと
について学ぶ，働くことのために学ぶという 3 つの視点から，教科横断的で総
合的な教科である．すべての中等学校で実施されている．イギリスでは以前か
ら中等学校の第 10 学年もしくは第 11 学年の全生徒が 2 週間の「職業体験学習
(Work Experience)」を行なっている．これは，生徒自らが探すあるいは学校が
提供する職場（病院，銀行，商店など．自宅や保護者の商店で働くことは不可）で職場
体験を行なうことを通して，子どもたちに勤労することへの動機づけをさせる
とともに，社会との関わりをもたせ，市民としての準備をさせるねらいが込め
られた活動である．しかし単発的な「職場体験学習」では不十分であるとして，
継続的かつ総合的に働くことや職業について学習し，起業や雇用に関する知
識・技能を発達させることが重要であるとして，「職業関係学習」が新たな教
科として導入されたのである．また，「キャリア教育」も中等教育の教育課程
のなかに位置づけられている．自己啓発，キャリア探求，キャリアマネジメン
トを目的とした教育活動フレームワークが資格・カリキュラム委員会
(Qualification Curriculum Authority：QCA，当時) から提示され，より早期から継続
的で包括的な「キャリア教育」を展開することが求められた．

(2)　全国共通試験制度

　イギリスでは全国共通教育課程の導入と同時に，全国共通試験（National Test）の導入が「1988年教育改革法」で規定された．まず，1991年から各キーステージの最終学年である7歳，11歳，14歳を対象に，英語，算数・数学，理科の3教科の試験が実施された．この試験では，全国共通教育課程において規定されている到達目標にどれだけ到達しているかという教育課程の定着度を測定することが目的とされている．この試験では，すべての子どもが同一の試験問題を受けるのではなく，数種類のレベルに分けられた試験問題の内，どのレベルの試験を受けるかは，教員，保護者そして子どもが話し合って決定する．つまり，全国共通教育課程で規定されているキーステージの標準レベルより上下のレベルを選択することが可能となる．上下のレベルの試験結果は，換算式によって計算し直され，そのキーステージの標準レベルに置き直された得点が出される．この全国共通試験の結果は学校ごとにとりまとめられて公表され，学校評価の指標のひとつにされている．また，保護者の学校選択の資料にもされている．

　イギリスにはこの他の全国共通試験として，中等教育を修了したことを証明する「中等教育修了資格試験（General Certificate of Secondary Education：GCSE）」がある．子どもたちは自分で教科を通常5科目選択し，受験する．この試験の学校ごとの結果はマスコミによりランキング付けされ，全国紙に掲載される．それを「リーグテーブル」という．スコットランドやウェールズでは，各学校が抱える社会的，経済的な状況が加味されていない不公平な指標であるとしてこのような公表を目的とした試験を実施していない．これに対し，イングランドでは学校評価の指標として有効であるとして今後も政府は公表する方針である．しかし，学校関係者は，試験結果のみの公開は公正さに欠けるうえ，余計な競争をあおるとして廃止を要求している．そこで教育技能省は，2006年より「状況的付加価値（Contextual Value Added：CVA）」という指標を導入し，社会経済的状況を加味し，同じような状況の学校を比較してどれだけ伸びている

かという観点に注目して評価を行なっている.

　そのほか,「全国共通職業資格試験 (General National Vocational Qualification：GNVQ)」で資格を取って中等教育を修了する者もいる. この内容は多種多様で,レベルも多様である. なかには高等教育進学に対応するものもある.

　しかし現在, GCSE や GNVQ 試験に合格せず, 何の資格も取得できずに中等学校を去っていく者がいることが問題となっている. 彼らは将来進学や就職をする際に, 何の資格も有していないため, 就職ができなくなる危険性がある. そのため政府は, すべての中等教育在籍者がこれらの試験を受け, 何らかの資格を有して中等教育を修了するように支援する取り組みを行なっている. たとえば労働党政権下では「コネクションズ (Connexions)」と呼ばれる若年無業者対策が行なわれた. これはすべての若者が人生のよりよいスタートを切ることを目的にした活動である. 具体的には無業者の若者が学習することや訓練を受けることを支援する活動, 13歳から19歳の子どもたちに労働の意義を伝え動機づけを啓発する活動, 学校と連携して将来の方向性やそのための方途をアドバイスしたりカウンセリングするなどの活動, one-stop-shop 形式でパーソナルアドバイザーによる個別対応する活動などが行なわれた.

　大学進学においては「Aレベル試験 (Advanced Level Examination)」がある. この試験を受ける生徒の多くは, 非義務教育段階であるシックスフォーム・カレッジ (独立した学校) やシックスフォーム (中等学校に併設された所) と呼ばれる教育機関で学ぶ. 大学が指定する教科を最低3科目と一般教養 (GeneralStudy) を履修する. Aレベル試験は, 資格・カリキュラム委員会によって承認された民間の試験委員会が作成する. 各学校は, どの試験委員会の問題を子どもたちに受験させるかを選択し, そこが発行するシラバスに基づいて授業計画を立て, 授業を行うとともに, コースワーク (生徒が規定された課題に取り組む) の指導を行なう.

　「1988年教育改革法」の制定以降, イギリスでは数多くの全国共通試験が導入された. それらの試験は, 学年度末の5月から7月にかけて実施される (イ

ギリスは9月から新年度が始まる）. その時期各学校は試験会場を確保し, 試験監督をする教員を確保しなくてはならない. そのため通常の授業時間や教室の確保に弊害が生じるという問題も指摘されている. 特に試験会場に利用される体育館やホールを使う体育や音楽, 演劇などの授業の確保が困難となっている. また, 授業も試験のための詰め込み型の授業となる傾向が見受けられるという問題や, 子どもたちや教員への試験のプレッシャーなどの問題も指摘されている.

第3節　「専門職」を目指す教員

　イギリスの教員の雇用主は, 学校の経営形態により異なる（表4-1参照）が, 基本的に公務に従事する者（通常の地方公務員とは異なる扱い）である. 採用や給与の決定は, 各学校における学校理事会（School Governing Body）の権限である. なお, 給与の基準は, 毎年政府と教員組合等との間で策定される「教員の給与及び待遇に関する文書（school teachers' pay and conditions document）」によって決められている. アカデミーとフリースクール以外の公費維持学校はこの文書に基づいて給与を決める. 教員の人事異動は, 日本では雇用主である教育委員会が行なうが, イギリスの場合は各教員の自主的な意思に基づいて行なわれる. 代表的な求人広告は, 毎週金曜日に発売される「タイムズ教育版」（TES）という教育専門の新聞に掲載される. 教員は, 求人広告に記載されている資格や労働条件, 給与条件などを見て判断し, 自らの意思で異動していくのである. 学期の途中で異動していく教員もいる.

　このような人事異動の仕組みであるので, 各教員は自分の資質能力を向上させ, より条件のよい職場へ転職するために, 研修に励むのである. イギリスの教員は年間授業日数（190日）より, 5日多く勤務する. この5日は教員の研修日に当てられており, 子どもたちは登校しない. 導入された当時の教育大臣の名前をとって, 通称「ベイカー・デー」と呼ばれる. 学期の前後に, 各学校ご

とで継続的な職能発達（Continuing Professional Development）として実施される．また，教員は日ごろから行政や民間が提供する研修を受けるなど，継続的な職能発達をはかることが求められている．

　イギリスの教員給与は，新任採用から6年間は毎年上昇する規定になっているが，その後は定期昇給はなく，職務に応じた給与が追加される仕組みであった．イギリスでは深刻な教員不足（特に理数系）と教員の離職率の高さが問題となっている．より質の高い教員を確保し，継続して勤務してもらえるような魅力ある職業にしていくことが教育の質を維持向上させていく上で重要である．そこでブレア政権では1998年に緑書『教員：変化と課題に対応する（teachers: meeting the challenge of change)』を発表し，教員給与の増額と実績に応じた給与の仕組みの導入を提案した．その結果，1998年に「上級資格教員（Advanced Skills Teacher)」（審査を経て，通常業務に加え学校内外の他の教員の指導助言，支援に当たることで高い給与を得る教員），2000年に「上級給与表教員（Post Threshold Teacher)」（審査を経て上級給料表を適合されている教員），2006年に「優秀教員（Excellent Teacher)」（審査を経て，通常業務に加え学校内の他の教員の指導助言，支援に当たることで高い給与を得る教員）制度を創設した．政府は，このような教員を核にして学校での授業改善を図ることに期待している．同時に給与面でも改善することによって優秀な人材の確保を図ろうとしている．

　また給与面や待遇面だけでなく，職務面においても勤務負担の軽減を図り，魅力ある職場づくりを行なっている．たとえば1998年に「回状（DfES circular 2/98)」が発表され，教員がしなくてよい職務を25項目（集金，文書印刷，欠席確認，物品の入札，教室の掲示，文書整理など）をまとめ，教員が教授活動に専念できる環境づくりを提言した．その具体的な取り組みとしては，ティーチングアシスタントや専門的な知識をもった非教授職などのサポートスタッフ（support staff）の雇用促進と職務内容の明確化を図ることや，計画・準備・評価のための時間（Planning, Preparation and Assessment Time：PPA Time）を導入し，教員が授業準備などの時間を確保できるようにすることがあげられる．

　イギリスでは，教員評価について 1980 年代ごろから議論があり，「1986 年教育法（第 2）」に規定され，1991 年 9 月から段階的に導入されている．各学校において全教員に対して通常 2 年ごとに実施され，校長や管理職の教員が授業観察と面接などを行なう．その結果について両者が話し合い納得した上で署名をして教員評価が成立する．この結果は，給与には反映させず，授業改善などに活用されていた．しかし，上級資格教員制度などの導入により，教員評価を給与に反映させるという動きを強めようとされるのではないかという危惧も抱かれている．

　このような流れと同時に，イギリスでは近年，教職の「専門性」を高めようとする動きが活発化している．具体的には，全国教員協議会（General Teaching Council：GTC）の創設である．これは，医師会や弁護士会の教育版を創設しようとするものである．スコットランドではすでに存在していたが，イングランドでも 2000 年 9 月に創設された．この組織は，校長会や教職員組合，教育関係団体，行政関係者などによって構成されている．そして，教員の資格水準の維持，教員評価，倫理規律の維持などの側面で機能を果たし，教員が医師や弁護士と同等の「専門職」としての地位を確立することを目指している．

　また，2007 年に教員の資質・能力の向上を目的として「教員の専門職基準（Core Professional Standards）」が作成された．しかし，この内容が複雑で多岐に渡っていることから 2011 年に，能力開発に焦点化した形でシンプルな「教員の基準（Teacher's standards）」が作成され，2012 年 9 月から利用されている．教員評価は，この基準にそって行なわれている．

第 4 節　変化する教育行政の役割と新しい関係性の構築

(1)　変化する教育行政制度

　中央教育行政を司っている省庁は，「教育省（Department for Education：DfE）」である．2010 年 5 月の政権交代（労働党→保守党と自由民主党の連立政権）により

改組された．それまでは，「子ども・学校・家庭省（Department for Children, School and Families：DCSF)」であった．戦後のイギリスの中央省庁において文教政策を司っている省庁の名称の変遷は，下記の通りである．

「教育省（Ministry of Education)」（1945 年）

→「教育科学省（Department of Education and Science：DES)」（1964 年）

→「教育省（Department for Education：DFE)」（1992 年）

→「教育雇用省」（1995 年）

→「教育技能省」（2001 年）

→「子ども・学校・家庭省」（2007 年）

→「教育省」（2010 年）　　　　　　　　　　　　※（　　）内の年号は改組再編年

　この変遷を見ると，1995 年の「教育雇用省」への改組がこれまでの改組再編とは性格を異にするものであることがわかる．すなわち，学校教育と義務教育終了後の雇用や労働との接続を意識した教育政策を目指そうとしていることである．1990 年代，イギリスでは，教育制度と雇用訓練制度の有機的な結合が求められていた．そのため，政府でも教育政策と雇用・訓練政策を統合し，円滑に進めるための省庁の再編を目指したのである．そして生まれたのが，「教育雇用省」であった．従来雇用省が有していた，職業訓練，労働市場，雇用問題，機会均等に関わる業務を教育省に移管する形が取られた．その結果，教育雇用省は，「国民の教育及び技能の水準向上を図ると同時に，効率的で柔軟な労働市場を促進することで，国の経済成長を助け，国の競争力と国民の生活の質的改善を目指す」ことが職務とされた．2001 年 6 月，ブレア政権が 2 期目を迎えたことを受けて行なわれた省庁再編に伴い，名称を「教育技能省」に改めたが，その職務は大幅な変更はされなかった．教育政策との関連で職業訓練に力を入れることが目指されている．このことは，2 期目の教育改革の重点課題を，初等教育から中等教育及び義務教育後の教育機会の拡充整備という中等教育改革に移したことからもうかがえる．

　ブレア政権を 2007 年 6 月に引き継いだブラウン首相は，教育技能省を「子ども・学校・家庭省」に改編した．その結果，「子ども・学校・家庭省」は，学校教育だけでなく，子育てや，子どもの安全など子どもに関するサービス全般も含めた分野を所管することとなった．そして，イギリスでは Child Care などの就学前教育や保育と学校教育の接続や家庭との連携を重視した教育改革に取り組んできた．このことは，学校や継続教育機関，行政機関への第三者評価を担当していた教育水準監査院 (ofsted) が child care なども対象とするように 2005 年から改編されたことや，地方における教育行政を担当している機関を「地方教育当局 (Local Education authority：LEA)」から「地方当局 (Local Authority：LA)」に改称したこと (2005 年から) にもあらわれている．そのことが 2007 年の省庁改編に影響していると考えられる．

　なお，2010 年に「子ども・学校・家庭省」は「教育省」に改組されたが，扱う所掌事務の内容は変更されなかった．

　イギリスにおいて初等中等教育を中心とした教育政策に中央政府が大きく関与できるようになったのは，1980 年代に進められたサッチャー政権の教育改革以後である．それまでは，地方当局が，初等中等教育に関して大きな役割を果たしていた．地方当局とは，日本の教育委員会に相当するものである．現在は，所掌の業務は初等中等教育だけでなく，child care から，レジャーなどの文化など自治体ごとに多様な業務を担当している．

　地方当局は，「1902 年教育法」によって生まれたものである．これまで何回かの再編統合を経て，現在は 150 ヵ所の地方当局がある．地方当局は，初等中等教育における人事や財政に関する権限を有していた．しかし，「1988 年教育改革法」により，「自律的学校経営 (Local Management of Schools：LMS)」や国庫補助学校が導入された結果，その権限は大幅に縮減された．特に，「自律的学校経営」により，財政的な権限が学校に委譲された結果，財政面における権限が縮小したのである．すなわち，地方当局は，予算配分の基本方針を作成し，それに基づいて予算を各学校に配分する．その基本は，学校の児童生徒数に応

じて予算を配分するというものである．細かな個別規定はあるもののその予算をどのように使うかは各学校の学校理事会が決定する．

　なお，2006 年 4 月からは，「特定学校補助金（Dedicated School Budget）」が導入され，義務教育費が全額国庫負担となった．この予算は交付税の積算において教育のために計上されるもので，使途を教育に限定している．

　このような，学校現場に権限を委譲し各学校の自己責任に基づく学校の改善活動を重視する改革は，学校間の競争を喚起し，教育水準向上を図ることを目指すものであった．その結果，急速に改善が図られた学校もあった．しかし一方で取り残された学校も生むこととなり，学校間格差という新しい課題をもたらした．そのため 1997 年に発足したブレア政権は，格差是正には，教育条件において困難を抱えている学校を支援する存在が必要であるとして，その役割を地方当局に付与したのである．その結果地方当局は，地域の状況やニーズを見極め，「教育発展計画」（Education Development Plan：EDP）を作成し，関係する機関とのパートナーシップに基づく連携協力関係によって，各学校が行なう改善活動を支援することが求められていた．このような学校改善を支援する活動を行なう地方当局の在り方は，「サポート＆チャレンジ」と表現されている．学校の状況に応じ的確な支援（サポート）をしていくことと同時に，学校が易きに流れないように常に「批判的友人（Critical Friend）」としてプレッシャーをかけてゆき，学校が常に向上心をもってより良い教育を目指して改善活動に取り組んでいくように支援していくことが重要とされている．

　しかし，地方当局の支援能力にも差があるため，学校改善の効果性や効率性を高めるために学校改善パートナー（School Improvement Partners：SIPs）と呼ばれる専門家を 2006 年から国の予算で全国に配置した．しかし，2010 年の政権交代により国からの予算配分が停止となり，配置義務はなくなった．なお，2015 年からの現在の保守党政権では，全国を 8 地域に区分し，地域学校コミッショナー（Regional School Commissioner）を配置したり，校長同士の支援や，学校間ネットワークなどを活用した学校改善支援の仕組みなどを導入しており，

地方当局の機能の変容がおこっている.

(2) 官・民連携による新しい教育行政の仕組み

　前述のように行政のあり方を見直すイギリスでは，民間の手法や資金を活用して，効果的で効率的で経済的な行政活動をし，行政サービスの質的向上を図る取り組みがなされている．この取り組みは，サッチャー政権当時から，民営化やアウトソーシングなどとして実施された．1992 年には，PFI（Private Finance Initiative）という民間の手法や資金を活用した公共事業の整備の手法が導入された．当初は橋や道路などが中心であった．教育分野では，1999 年に初の PFI 手法による学校（コルフォックス校，Sir John Colfox School）が開校した.

　ブレア政権は，公的な部門の役割を見直し，公と民のパートナーシップに基づく，公的サービスの提供という，PPP（Public Private Partnership）という考えを提示した．従来の PFI は，PPP の考え方の一部に位置づくものである．この手法により，学校教育においても，より効率的にかつ低コストで質の高いサービスの提供が目指されている．ICT の導入や維持・管理，施設設備の整備などにおいてこの手法は活用されている.

　PFI や PPP だけでなくブレア政権では，官民が連携し行政サービスの向上を図るガバナンス改革の取り組みとして，さまざまな規制を大幅に緩和し，民間資金や手法を活用しやすい新しい教育行政活動の枠組みを導入している．たとえば，「Excellence in Cities：EiC」「EiC Action Zones」「Eic Cluster」などがある．これらは，社会経済的に困難を抱えた地域において，中等校区をひとつのゾーンとして中等学校と初等学校など近隣の学校が共同体を組織した上で，さまざまな規制を緩和し，民間資金を活用して，教育水準向上，生徒指導改善，放校・退学者数の削減などの取り組みを図るための仕組みである.

　また学校の例としては，前述した 2002 年に導入されたアカデミーがある．労働党政権当時のアカデミーは，これは，社会経済的に恵まれない地域において，地域ニーズを反映した学校を，民間資金を活用して設置し，学校を再生し，

教育水準向上を図る取り組みである．企業や有志団体，宗教団体がスポンサーとなり200万ポンドの資本金を提供し，その他の開校に関わる資金と運営資金は公費で賄われる学校である．2010年以降，民間等からの資金提供は義務ではなくなったが，民間による知的，人的，物的な資源を有効に活用して，学校改善，学校改革を促進させる取り組みとしてアカデミーは発展している．

(3)　「参加」と「パートナーシップ」に基づく新しい学校経営

　イギリスでは1970年代以降の教育改革において，保護者や地域の「参加」「選択」そして「責任」を重視する改革を進めてきている．ブレア政権はさらに「パートナーシップ」を重視した政策を行なっている．その結果，これまでの，行政だけが公教育を担っていた仕組みから，保護者や地域など公教育に関係する多様な人びととの新しい関係性を構築し，教育の質的向上を目指している．このような流れを具体化したもののひとつとして学校理事会（School Governing Body）がある．

　学校理事会とは，イギリスの学校における最高意思決定機関である．イギリスの学校は，「1988年教育改革法」によって導入された自律的学校経営（ＬＭＳ）により，財政的および人事的な側面において自律的に学校経営を行なう権限を有している．その経営主体が，学校理事会である．

　学校理事会は，戦後の教育改革の基本であった「1944年教育法」において初めて法的に規定された組織ではあるが，当時はまだ十分に機能しているとはいえなかった．1970年代に入り，学校の荒廃や学力低下などの問題状況を解決するために，保護者や地域住民とのパートナーシップを重視した教育改革が目指され，学校理事会制度の改革も進められた．1977年に出された「テイラー報告」では，公費維持学校の新たな経営と管理の仕組みを担う組織として同数制を原則とする学校理事会が提案された．

　1979年に発足したサッチャー政権では，学校現場への権限移譲と保護者の権限拡大を図るために，学校理事会制度の整備に着手し，「1986年教育法（第

2）」を公布した．同法では，保護者と地方当局代表が同数の学校理事会を規定し，同時に性教育，政治教育，特別支援教育に関する学校理事会の権限が明記された．さらに，「1988 年教育改革法」では，教育課程，学校予算，人事管理などの最終的な決定権限を有するという，学校の最高意思決定機関としての位置づけが法的に確立された．

　1997 年に発足したブレア政権においても，保護者の権限拡大と機能の充実という方向での学校理事会制度の改革が図られている．「1998 年教育法」では，保護者代表理事の人数の増加や，校長の理事就任の義務化，職員の理事枠の設置などが図られた．「2002 年教育法」（Education Act 2002）では，これまでの学校理事会の構成をわかりやすく整理するために，理事構成の柔軟化が指摘された．それを受け，2003 年に「学校管理（構成）規則」（School Governance（Constitution）（England）Regulation 2003）が制定された．そこでは，初等，中等学校という学校段階の種別や学校規模に関係なく，原則として 9 ～ 20 名の範囲内で，規則で規定された一定の基準に基づいて，学校や地域の実情を考慮しながら理事の構成を決定すること，スポンサー理事（sponsor governer：財政面での支援を行なう理事）や協力委員（associate member：管理運営面での支援者）の新設などが規定された．「学校管理（構成）規則」で規定された学校理事会の構成メンバーは，次の通りである．

- 保護者代表理事（parent governors）：保護者の中から選挙で選出された代表
- 教職員代表理事（staff governors）：
　　校長，教員，職員の中から選挙で選出された代表
- 地方当局代表理事（LA governors）：地方当局の代表
- 地域代表理事（community governors）：
　　地域代表．選挙で選ばれた保護者，教職員代表により任命される
- 創設者代表理事（foundation governors）：学校創立に関わった諸団体の代表
- パートナーシップ理事（partnership governors）：
　　保護者，教職員，地方当局の中から追加的に任命される代表

- スポンサー理事（sponsor governor）：
  学校に財政的な支援等を行なう組織の代表
- 協力委員（associate member）：
  学校の管理運営を支援している人物．学校理事会の理事ではないが，理
  事会への出席可能

2010年の政権交代後は，地域代表理事を協同理事（Co-opted Governor）に変更し，地域住民に限らず，学校のニーズに応じた専門的知見を有した者を配置できる構成に変更された．2015年現在の構成は表4-2の通りである．

保護者代表，教員代表，職員代表理事は，それぞれの母体から選挙で選出される．理事たちは，財政，教育課程，人事，施設・設備などの委員会を設置し，学校経営方針を決定していく．このように大きな権限を有しているため，その職務の出来が学校経営にも影響を与えてしまう．そのため，国，地方当局，そして民間の支援組織が理事たちへの情報提供や研修の提供を行なっている．

表4-2　学校理事会の構成

	設立母体	パートナーシップ	保護者	教職員（校長含む）	地方当局	協同理事
公立学校	なし	なし	少なくとも2名	校長＋1名	1名	全体の3分の1を超えない
地方補助学校（設立母体なし）	なし	少なくとも2名あるいは，全体の4分の1を超えない				
地方補助学校（設立母体が少数派）	少なくとも2名あるいは，全体の45％を超えない	なし				
地方補助学校	学校理事会の主導権をもつ．他のカテゴリーの理事数より2名以上で多数となること	なし				
慈善団体管理学校	少なくとも2名あるいは全体の45％を超えない	なし				
慈善団体立補助学校	学校理事会の主導権をもつ．他のカテゴリーの理事数より2名以上で多数となること	なし				

出典）　DfE, *The constitution of governing bodies of maintained schools*, May 2014 より作成

イギリスでは，学校理事会が導入され，保護者や地域の人びとの「参加」を保障する制度ができたことにより，保護者―地域―学校が協働して学校改善に取り組むという共同責任分担体制ができたとして評価されている．しかしその一方で，日常的な学校において学校経営の責任を有している校長との新たな関係づくりが必要となっている．当初は，学校理事会と校長との関係を危惧する考えがあった一方で，学校理事会が校長の経営方針を承認し，支援することにより，より一層学校経営がしやすくなったという意見もあった．

現在イギリスでは，校長に学校の経営者としてのリーダーシップを求め，マネジメント能力の育成を図ろうとしている．そのための学校（National College for School Leadership）を国が創設し，国が責任をもって校長の経営能力の向上を図ろうとした．このようななかで，校長には，学校の最高意思決定機関である学校理事会との関係において，どのようなリーダーシップを発揮するのかという経営能力が問われている．経営能力を発揮するためには，校長は，明確な経営ビジョンを示し，学校理事会と友好的な信頼関係を維持しながら，自分の考える学校経営を学校理事会とともに築く新しい経営スタイルを身につけることが求められる．

このようにイギリスでは，保護者や地域住民を単なる「参加者」という受け身的な存在から，学校経営の責任の「共有者」としてより主体的な立場の存在に位置づけている．このことは，かつて教育においては専門家であるとして学校教育が任されていた校長や教員と，保護者や地域住民との間の新しい関係性の構築を求めているといえる．

第5節　アカウンタビリティ（説明責任）確保のための学校監査制度

イギリスの教育改革においては，「バリューフォーマネー」や「ベストバリュー」という言葉を用いて，教育の質的向上を図ろうとしている．そこでは，投入した税金に見合うだけの質の高い教育サービスを提供し受益者である国民

の満足を得られているかが問われる．そのため，活動の成果を調べ，証明して
いく「アカウンタビリティ」の仕組みが求められるのである．そこで整備され
たのが，学校監査制度（School Inspection）である．

　イギリスには 1839 年に導入された「勅任視学官（Her/His Majesty's Inspector：
HMI）」制度があり，学校を視察し，指導助言する機能を有していた．しかし
1980 年代から 90 年代にかけての教育改革において学校現場の自主・自律性が
拡大するなかで，その質的保証とアカウンタビリティが求められることとなっ
た．このアカウンタビリティの確保という観点から見た場合に，勅任視学官制
度では十分に機能を果たせないということで，この制度を改編し，1992 年に
教育水準監査院（Office for Standards in Education，現在は，Office for Standards in Ed-
ucation, Children's Services and Skills：ofsted）が創設された．

　教育水準監査院は，非政府機関（Non-Ministerial Government Department）とし
て，教育省から独立し，議会に対して責任を負う形で独立性を担保された機関
として設置された．教育水準監査院の業務は，第1に学校，継続教育機関，19
歳以上の成人を対象とした成人教育機関，地方自治体，教員養成課程への監査
（Inspection）を行なうこと，第2に Child Care など保育，幼児教育機関への監
査を行なうこと，第3に教育機関と保育・幼児教育機関のサービスの質につい
て，情報と助言を教育大臣に提供することである．

☕ ティー・ブレーク　**市民性教育（citizenship education）**

　2000 年9月からの全国共通教育課程において，これまで，Personal, Social
and Health Education の一部であったものを，新しく独立した教科とし，中等
学校では必修教科とした．この教科では，生徒が社会において有益な市民とし
て活動するための知識，スキル，理解を与えることを目指している．そこでは，
知識と理解（民主主義と政府，民主主義と社会における市民参加など），法律
上の権利（権利と責任，法律など），市民としてのスキルとプロセスと方法
（市民としての行動など）について学習する．
参考）DfE, Citizenship Studies, February, 2015

　教育水準監査院による学校への監査の目的は，第1に専門的で独立した評価結果を保護者に提供すること，第2に教育大臣及び議会に対して学校の現状を報告すること，第3に各学校及び教育全体を改善することである．

　1993年から定期的な監査が開始された．当初は4年サイクルで実施され，その後6年サイクルとなり，2005年9月から3年サイクルとなっていた．その後も変更が加えられ，現在では，結果の良し悪しにより，サイクルが異なる．なお，最も良い（outstanding）の学校は監査を受けなくてよい．すべての学校が最低2回の監査を受け，現在は3巡目の監査が実施されている．

　2005年9月に大幅な監査の枠組みの改定が行なわれた．その特徴は，短期化と簡略化（2〜3日前の通知，監査チームの小規模化など），自己評価の重視（教育水準監査院が定めた共通の自己評価フォームに基づいた自己評価の実施），評価プロセスの共通化（就学前教育から19歳までの教育機関の監査を教育水準監査院が管轄），問題ある学校のカテゴリーの簡略化（Inadequate を Special Measure と Notice to Improve に区分）などであった．

　監査の観点は，①教育の質（児童生徒のニーズに合致した教育が提供されているかどうか），②教育の標準（成績），③リーダーシップとマネジメントの質（財政面も含めて効果的な学校経営がなされているかどうか），④児童生徒の精神的，道徳的，社会的，文化的発達，⑤児童生徒の満足への貢献度（学校が提供する教育によって児童生徒がどれだけ満足しているか）の5項目であった．これらの観点は，① outstanding，② good，③ satisfactory，④ inadequate の4段階であった．

　監査は，教育水準監査院と契約している地域監査機関（Regional Inspection Providers：RISPs）と教育水準監査院に所属する監査官（Additional Inspector）が監査チームを組織して実施する．事前には，監査チームの責任者である主任監査官（Lead Inspector）が，学校の自己評価フォームや以前の学校監査報告書，RAISE on Line などにまとめられ学校のテスト結果や社会経済的な状況などの学校の基礎データを参考に事前監査報告書をまとめ，学校と連絡を取り合い，

事前の準備を行なう．学校訪問時は授業観察や管理職，教職員へのインタビュー，保護者へのアンケートなどが行なわれる．それらの内容をまとめて，学校監査報告書を作成し，学校および教育水準監査院に提出すると同時に，Web上で公開される．

　2005年の大幅改訂後も，定期的に監査の枠組みは変更された．2014年9月からは現在の枠組みに基づいて監査が行なわれている．その新たな特徴はひとつ目に，監査の観点が①児童生徒の学力，②教授学習の質，③児童生徒の態度と安全，④リーダーシップと経営の質の4つになったことである．2つ目に，評価の観点が① outstanding，② good，③ requires improvement，④ special measure/notice to improvement の4つになったことである．3つ目に保護者の意見を重視するために Web 上での意識調査（Parent View）を導入したことである．4つ目に，教授学習の質を重視するために訪問時の授業観察を重視することである．5つ目に，前日の通知や，1〜2日の訪問期間など，スケジュールの短縮化，簡素化が図られていることである．6つ目に，監査の実施が，外部機関への委託形式から教育水準監査院による直接形式になったことである．そのために，教育水準監査院は全国8ヵ所に地方事務所を設置した．

　各学校は学校監査報告書を受け取った後に，指摘されたことを改善するための行動計画を学校理事会の責任において取りまとめ，自主的に学校改善に取り組むことが求められている．一方，「special measure」や「notice to improvement」と評価された場合は，教育水準監査院の監査官の訪問を受けながら（改善状況の監視及び支援），改善に取り組み，1年後に再監査を受けることとなる．しかしその結果でも改善が認められないという場合には，首席勅任監査官の責任において，教職員組織の改組，学校理事会の改組そして，閉鎖命令などの措置が執られる．このように学校監査は，各学校がアカウンタビリティを果たしているかをチェックする機能とともに，学校改善に寄与するものとしての役割を果たしているといえる．

　このような第三者である専門家による監査のシステムは学校だけでなく，教

育行政機関に対しても行なわれている．地方では，地方当局の活動を教育水準
監査院および会計検査院が監査を行ない，活動計画と達成目標と活動結果につ
いて評価を行なっている．この結果に基づき，地方当局の行政経営能力は評価
され，結果の悪い地方当局は，改善勧告命令が出される．改善されないところ
に対しては，民営化などの措置が講じられる．また現在は，child care などの
就学前教育及び保育機関や，子育て支援や家庭支援などを行なう機関，継続教
育機関などへの監査も行なっている．

第6節　まとめ

　戦後イギリスの教育改革のターニングポイントは，1976 年に行なわれた，
当時の首相ジェームス・キャラハン氏（労働党）が，オックスフォード大学ラ
スキンカレッジで行なった演説であると言われている．彼は，当時の荒廃した
教育状況を改善するには，国民全体で教育改革について考えることが重要であ
るとして，「教育大討論（The Great Debate in Education）」を提案した．その改革
の流れは，次に政権についたサッチャー首相（保守党）に引き継がれ，中央政
府が主導権を握った教育改革が推し進められた．その集大成が「1988 年教育
改革法」である．ここで，現在イギリスにおいて進められている教育改革の根
幹が規定された．この流れはその後のメージャー政権（保守党），そしてブレア
政権（労働党），ブラウン政権（労働党）の教育改革にも引き継がれた．2010 年
のキャメロン首相の保守党と自由民主党との連立政権そして 2015 年からの保
守党政権においても，教育水準向上を目指した教育改革が行なわれている．
　この改革の根底にあるものは，「新公共経営論（New Public Management）」と
いう新しい行政経営理論である．そこでは，国家像の転換と，行政経営のメカ
ニズムの転換が求められる．第 1 に，それまでの「福祉国家」から，個々人の
自立を促し，自己責任を重視した「自立型国家」への転換である．イギリスで
は，保護者の学校選択権の保障，学校理事会制度の導入など，国民の「選択」

と「参加」の権利を保障する制度を整備するとともに，それに伴う責任の共有を求めたのである．このことは，単に責任の転嫁ではなく，子どもに関わるすべての関係者が，協働し，よりよい教育を実現することを目指しているのである．すなわち，国家に頼るのではなく，個々人が自立した国民として種々の活動に参加し，責任をもつことを求めているのである．現在の保守党政権でも「小さな政府，大きな社会」をスローガンとして，改革に取り組んでいる．

　第2に，官僚主導型の行政経営から，現場を重視した，受益者主導型の行政経営や政策の重点化によるきめの細かい施策の実施への転換である．これは，自律的学校経営（LMS）や EAZ（Education Action Zones）や PFI 及び PPP として具体化されている．すなわち，学校現場に権限を移譲し，ステイクホルダーと呼ばれる利害関係者が求める教育要求を実現するメカニズムを構築するのである．そこでは，顧客満足度が行政活動において追求される価値となる．そのため，利害関係者がもつ教育ニーズを把握し，彼らとの間に有効なパートナーシップの関係を築き，行政活動を行なうことが求められるのである．ブレア政権は，「第三の道」という考えを政策の基盤にしていた．この考え方では，公的サービスの担い手は，「官」「民」のパートナーシップによって創られる新たな提供主体であるとしている．

　第3に，計画を重視し，その結果を明確な指標に基づいて評価することを通して，行政活動の効果性，効率性，経済性を追求する「評価国家」への転換である．イギリスでは，全国共通教育課程や全国共通試験の導入により，各学校の教育活動の成果を把握することが可能となった．また，1992 年に設立された教育水準監査院は，明確な指標に基づく学校監査を実施している．そして，各学校はこれらのデータに基づき，学校の行動計画（Action Plan など）を作成し，改善活動を行なうことが求められている．

　現在日本でも，学校運営協議会や学校評議員制度を活用し，教職員と保護者，地域が協働した学校経営の在り方を模索する動きも見られる．このような動きに対し，イギリスの多様な公費維持学校の形態や自律的学校経営の手法，学校

理事会制度などは示唆に富むものであると考える．そしてこのようなガバナンスの変化に伴う教育の質を保証する仕組みとして，教育水準監査院による学校評価や学校の自己評価の整備，そしてそれを支える支援組織の整備という考え方も今後の日本には参考になる点といえる．

〈引用・参考文献〉

望田研吾『現代イギリスの中等教育制度改革の研究』九州大学出版会　1996 年

大田直子『イギリス教育行政制度成立史』東京大学出版会　1992 年

下條美智彦『ヨーロッパの教育現場から―イギリス・フランス・ドイツの義務教育事情―』春風社　2003 年

アンソニー・ギデンズ著，佐和隆光訳『第三の道―効率と公正の新たな同盟―』日本経済新聞社　1999 年

高妻紳二郎『イギリス視学制度に関する研究』多賀出版　2007 年

高妻紳二郎「イギリスの第三者による学校評価の現在」『学校事務』(58(3)) 学事出版　2007 年

佐藤博志他編『学校教育の国際的探求―イギリス・アメリカ・日本―』酒井書店　2012 年

大田直子『現代イギリス「品質保証国家」の教育改革』世織書房　2010 年

佐貫浩『イギリスの教育改革と日本』高文研　2002 年

福田誠治『競争しても学力行き止まり―イギリス教育の失敗とフィンランドの成功―』朝日新聞社　2007 年

拙稿「イギリス『新』労働党政権の地方教育行政改革に関する研究―『教育発展計画』(Education Development Plan) を中心に―」日本教育行政学会編『日本教育行政学会年報』(第 25 号) 教育開発研究所　1999 年

拙稿「教育の質的保証と国庫負担問題―英国地方教育行財政改革からの示唆―」日本比較教育学会編『比較教育学研究』(第 33 号) 東信堂　2006 年

拙稿「イギリスのキャリア教育と就業支援」(1 節〜3 節)，小杉礼子・堀有喜衣編『キャリア教育と就業支援』勁草書房　2006 年

拙稿「外部評価・情報提供によるアカウンタビリティの確保―イギリスの場合―」小島弘道編『学校における「情報提供」と「外部評価」の進め方』(教職研修総合特集 No. 160) 教育開発研究所　2004 年

拙稿「イギリスにおける学校評価―学校監査制度を中心に―」『指導と評価』(8 月

号，620号）日本図書文化協会　2006年

拙稿「イギリスの教育改革とスクールリーダー」淵上克義・佐藤博志・北神正行・熊谷愼之輔編『スクールリーダーの原点』金子書房　2009年

拙稿「教職員の多様性を活かした学校教育—イギリスのサポートスタッフを事例として—」伊井義人編著『多様性を活かす教育を考える七つのヒント』共同文化社　2015年

拙稿「地方教育行政における指導行政の在り方—イギリスのSIPs（School Improvement Partners）を通して—」日本教育行政学会編『日本教育行政学会年報』（第39号）教育開発研究所　2013年

文部科学省編『諸外国の教員』（教育調査第134集）　独立行政法人国立印刷局　2006年

文部科学省編『諸外国の教育行財政—7か国と日本の比較』ジアース教育新社　2015年

〈用語解説〉

• **メンター（Learning Mentors）**

　学習や学校生活，生徒指導において種々の問題を抱えている児童生徒に対して，教師とは別に，相談や支援を行なう役割の人．社会経済的な問題を抱えた地域において取り組まれているExcellence in CitiesやEducation Action Zonesの事業のひとつとして，積極的に学校への導入が図られてきた．彼らは，児童生徒の学習面だけでなく，個人的な相談に乗り，社会に積極的に参加し，自立的に生きていくことができるように支援をする．

　2005年以降のサポートスタッフ拡充の中で，より質量ともに学校全体で拡大してきている．

• **情報・コミュニケーション・技術（Information and Communications Technology：ICT）**

　全国共通教育課程において，5歳から16歳の児童生徒の必修教科として規定されている．イギリスの学校では，情報教育の授業以外でも積極的にコンピュータや電子黒板（Interactive Whiteboard）を活用し，情報活用能力の向上を目指している．政府は，そのためにNational Gridfor Learning（NGfL）という取り組みを行なっていた．

（http://www.ngfl.gov.uk/　2016.4.13アクセス）

- 国立校長養成カレッジ（National College for School Leadership：NCSL）

　イギリスの校長，副校長および管理職の養成，研修を行なう国立の教育機関．2000 年に「National College for School Leadership（NCSL）」として開校した．ノッティンガム大学ジュビリーキャンパス（Nottingham University Jubille campus）内に校舎があるが，ICT を活用したネットワーク上の研修や情報・意見交換を多用した新しい学習スタイルを提供している．現在は「全国教職員養成研修機関（National College for Teaching and Leadership（NCTL））」と名称を変更し，教育省の一部として業務を行なっている．
（http://www.gov.uk/government/organisations/national-college-for-teaching-and-leadership/　2016.4.13 アクセス）

- 教育水準監査院（Office for Standards in Education, Children's Services and Skills：ofsted）

　教育水準監査院は，児童・学校・家庭省から独立し，議会に対して責任を負う独立性をもった非政府機関として 1992 年に創設されたものである．業務は，学校，継続教育機関，19 歳以上の成人を対象とした成人教育機関，地方自治体，教員養成課程，および Child Care など保育，幼児教育機関への監査を行なうこととともに，教育機関や保育・幼児教育機関のサービスの質について，教育大臣に情報と助言を与えることである．
（http://www.gov.uk/government/organisation/ofsted/　2016.4.13 アクセス）

- コネクションズ事業（Connexions）

　コネクションズ事業とは，13 歳から 19 歳までのすべての若者を対象にした多面的で包括的な自立支援サービスである．2001 年 4 月から開始された．中等学校におけるキャリア教育への支援や助言と学校外での one-stop-shop 形式による支援・助言活動が行なわれている．活動の中核をなすのがパーソナルアドバイザーである．彼らが個々人の状況に応じ，就業，学習だけでなく，健康，住宅，薬物など多様な課題に対する支援，助言を行なう．全国 47 ヵ所にコネクションズ・パートナーシップス（事業運営担当）が事務所をもち，事業を展開した．2014 年に終了した．

〈文献解題〉

望田研吾『現代イギリスの中等教育制度改革の研究』九州大学出版会　1996 年
　　本書は，総合制中等学校に焦点を当てた中等教育制度改革の視点から，1940 年
　から 1990 年代までのイギリスにおける教育改革について論じたものである．

アンソニー・ギデンズ著，佐和隆光訳『第三の道―効率と公正の新たな同盟―』
　日本経済新聞社　1999 年
　　本書は，ブレア政権が政策の基本理念とした「第三の道」について，提唱者自
　らが解説したものである．ブレア政権の政策を理解する上で有効な文献である．

下條美智彦『ヨーロッパの教育現場から―イギリス・フランス・ドイツの義務教
　育事情―』春風社　2003 年
　　本書は，行政学研究者である著者からみた義務教育改革の動向をまとめたもの
　である．ブレア政権における教育政策の実態がわかりやすくまとめられている．
　またフランス，ドイツというヨーロッパ諸国の動向と比較しながらイギリスの
　特徴を理解できる文献である．

髙妻紳二郎『イギリス視学制度に関する研究』多賀出版　2007 年
　　本書は，イギリスにおける学校評価を担当していた勅任視学官制度について創
　設期から現代に至るまでの歴史的変遷と実態についてまとめたものである．現
　在イギリスの学校評価制度が注目されるなかで，その歴史的な位置づけを理解
　する上で参考になる文献である．

佐藤博志他編『学校経営の国際的探求―イギリス・アメリカ・日本―』酒井書店
　2012 年
　　日本，イギリス，アメリカの学校経営の特徴について，比較の視点からまとめ
　られている．イギリスの学校の自律性（ローカルマネジメント），学校理事会な
　どについて記述されている．イギリスの特徴を理解する上で参考になる文献で
　ある．

〈演習問題〉

　①イギリスの「公費維持学校」の特徴をまとめてください．そしてその相違点
　　が意味することを学校の自律性の観点から考えてみてください．
　②学校理事会制度や学校評価制度から，イギリスの学校経営の特徴を 3 点指摘
　　してください．

③現代イギリスの教育改革の取り組みから日本へ参考になる取り組みをひとつ
選び，その理由と参考となる点をまとめてください．次にその取り組みを日
本に導入する際に留意しないといけない点を日本とイギリスの教育制度上の
違いを考慮して指摘してください．

第5章

現代アメリカの教育改革

——公教育システムの官僚制化の流れへの挑戦——

本章のねらい

本章では，アメリカにおける現代教育改革を教育改革の歴史的な流れのなかでとらえなおし，その特徴を分析する．本章を学習すると，以下のことが理解できるようになる．

①アメリカではなぜ教育改革への社会的関心が高いのか——教育改革を支える3つの教育観

②アメリカで教育改革が定着する5つの条件

③現代教育改革を支えるチェック・アンド・バランスの仕組み

④現代教育改革における自由化志向の意義と課題

第1節　教育改革への期待と緩慢な変化

(1)　教育改革：理想社会の飽くなき追求

　アメリカ社会は，公立学校をいわば社会改善の装置とみなし，公教育に過剰なまでの期待をかけ，数多くの教育改革を手掛けてきた．それにもかかわらず公立学校における教育実践は，全体として非常に緩やかにしか変化してこなかったことは，アメリカ公教育の非常に興味深い特徴であるといえるだろう．いつの時代にもアメリカでは社会のあり方についてさまざまな理想を掲げる人びとによって公教育のあり方が論じられ，公立学校で子どもたちに何をどのように教えるべきかを巡って草の根の議論が展開され，公教育システム内外の指導者によって実に多様な教育改革が提案されてきた．その一方で，学年制や単位制を初めとする学校教育の基本的構造は，20世紀初頭に公教育システムが確

立されて以来，驚くほどの連続性をもって踏襲されてきた．

　アメリカ公教育のこうした歴史をタイアックとキューバン（Tyack, D. and Cuban, L., 1995）は，アメリカ社会が「理想社会」を目指して学校を「いじくり回」してきた過程として批判的に分析しているが，このような観点は，アメリカ教育改革を歴史的文脈から切り離して肯定したり否定したりする傾向が強い日本で未だ十分に取り上げられていないように思われる．特に教育市場化という形で表出している現代教育改革における自由化志向の本質をアメリカ教育改革の全体像のなかでとらえ直し，その歴史的・社会学的意義を見極める作業は不可欠ではないだろうか．

⑵　アメリカ教育改革のとらえ直し

　このような立場から，本章では，まずアメリカ公教育システムの基本的特徴を概観したうえで，アメリカにおける教育改革が，アメリカ社会の教育に対するどのような期待から生まれ，何を契機として，どのような人びとによって発案され，どのような成果をあげてきたのかを整理する．そして，20世紀末以降に手掛けられてきた現代教育改革を教育改革の歴史的な流れのなかに位置づけながら，その特徴を分析する．その際，特に現代教育改革のエッセンスである学校・教員の自律性とアカウンタビリティ（教育成果についての説明責任），および学校選択の要素を兼ね備えているチャータースクール（教育当局の規制から外れた選択制の公立学校）改革に注目し，その意義と問題点を検討し，最後にアメリカ現代教育改革が今日の日本の教育に与える示唆について考察する．

第2節　アメリカ公教育システムの基本的特徴

⑴　教育の地方分権制と学区レベルの教育統制

　アメリカ公教育システムは，連邦政府・州・地方学区の3段階の政府の連携によって成り立っている．教育における連邦政府の役割は，国家指針と助言を

提示して財政援助を行なうことに制限されており，教育制度に関わる立法・行政権は州に留保されるとともに，学校の管理運営に関する具体的権限は地方学区に大幅に委譲されている．こうした地方分権制をとることによって，地方学区が連邦政府や州政府が規定する枠内で，それぞれの地域の財政的・社会的・文化的状況に柔軟に対応した教育サービスを提供することが制度的に保障されているのである．

　すなわち地方学区は州教育法や州カリキュラム基準（1990年代末ごろより導入）などに示される州政府の基本的方針に従いながらも，それぞれの地域の人種・民族・社会階層構成などによって異なる教育ニーズに配慮しながら，教育税率や予算配分，教員採用や人事異動のあり方を決定し，各学校で採用できる教科書（検定なし）や購入できる物品のリストを作成することなどによって，公立学校の教育環境を規定してきた．

　このように教育統制権が大幅に州・学区レベルに委譲されているために，教育の諸側面において州・学区間の違いが確認される点に，アメリカの公教育システムの大きな特徴を見出すことができる．このことは教育基本法，学習指導要領，教科書検定制度などによって，主として国家レベルで教育のあり方が一律に統制されてきた日本と対照的である．

(2)　学校制度の多様性

　アメリカ公教育システムの多様性は，学校制度の多様性に象徴される．図5-1に示すとおり，アメリカ公教育システムは1〜3年の就学前教育，6〜8年間の初等教育，4〜6年間の中等教育，および2年間以上の高等教育から構成されている．義務教育期間は6〜16歳（15州）ないし7〜16歳（11州）の9〜10年間と定める州が半数を占めているものの，9〜13年間と州によって幅がある．そして，その枠内で，州内の各学区は6・6制，5・3・4制，8・4制などの多様な学校制度を採用している．なお就学前教育の就学率（2004年）は，3歳児では38.7%，4歳児では68.4%，5歳児では86.9%に達す

るとともに（NCES, 2005），高等教育への進学率は 75 ％，学士・准学士・免許
証などの学位取得率は 44 ％（1992 年度高校 3 年生を母数とする）にいたっており
（深堀, 2005），アメリカは，学校教育が極めて広く普及した高学歴社会といえる.

図5-1　アメリカの学校制度

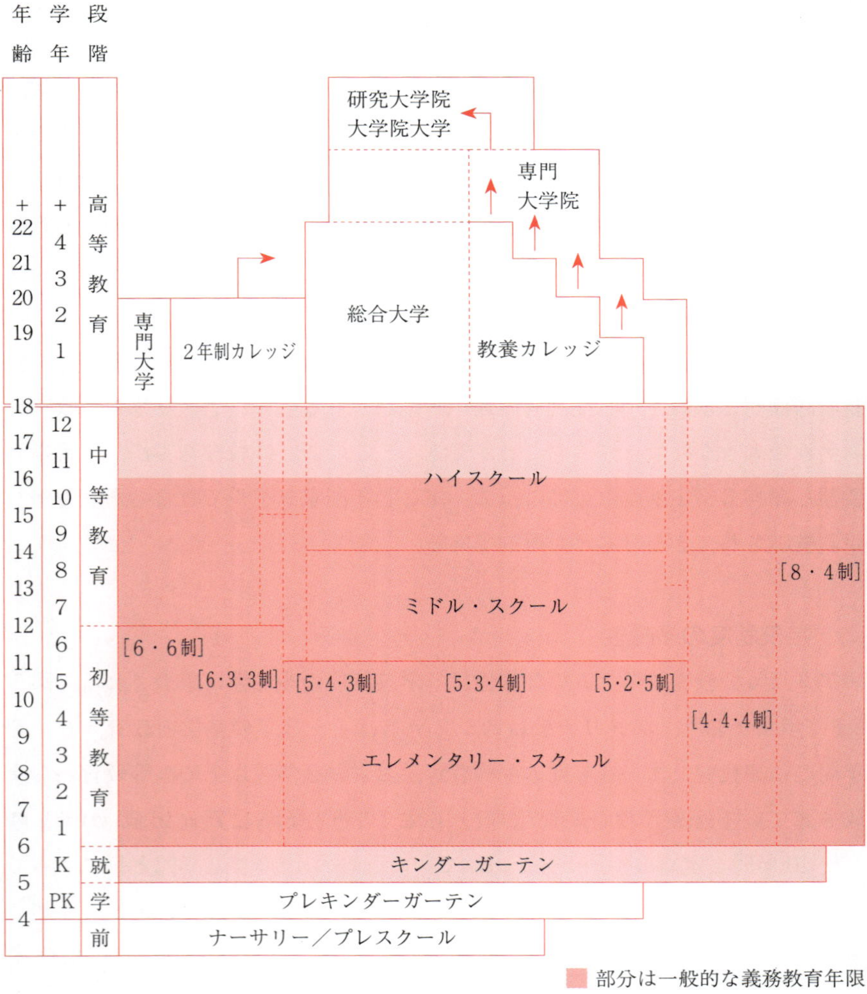

出典) NCES, 2005 より作成

(3)　教育内容・方法の多様性

　地方分権制をとるアメリカの公教育システムでは，教育内容が州・学区間で異なることはすでに述べたが，多様な生徒集団から構成される多文化社会アメリカの学校では，生徒の教育ニーズに柔軟に対応することが重視されるため，各学校で実施されている教育プログラムも画一的ではない．すなわち，①普通教育プログラムにおける能力別グループ・クラス編成（初等教育段階）やカリキュラム分岐（中等教育段階），②学習遅滞児・才能児・障害児・言語マイノリティなど，特別な教育ニーズをもつ児童・生徒のための特殊教育プログラム，③特色ある教育プログラムを提供するオルタナティブ・スクールなどが提供されており，生徒の教育ニーズや「適性」に応じたカリキュラムの多様化が図られている．

　このようにアメリカにおける学校教育の内容・方法は，地域のニーズを反映すべく州・学区間で異なり，生徒の教育ニーズを反映すべく学校内でも異なる．しかしながらこうした学校教育の多様性は，生徒の教育ニーズをもっとも詳細に把握し，それにもっとも直接的に応えられる立場にある学校・教員に，教育実践に関わる決定権が十分に付与されてきたことを意味するのではない．本章で注目する現代教育改革における自由化志向は，こうした状況に対して，学校・教員へより多くの権限委譲を図る動きとして理解することができるのである．

第3節　アメリカ教育改革を支える教育観

(1)　学校教育の3つの機能

　アメリカ社会は，社会改善の装置として，なぜ公教育に過剰なまでの大きな期待を寄せてきたのだろうか．それはアメリカ社会が学校を「民主主義のゆりかご」ととらえ，教育によってこそアメリカ民主主義が実現されると考えてきたためである．民主主義社会における学校教育の社会的機能についての考え方は，表5-1に示す通り，大きく3つに分類されるが，アメリカ社会では，こ

表5-1　学校教育の社会的機能についての考え方

機　　能	学校教育の目的	学校教育の形態	支　持　層
社会統合	すべての生徒に共通の知識・技能・価値を伝授する	共通カリキュラム	指導者層
選別配分	個々の生徒を将来の職業的役割に向けて効率的に準備する	複線型教育システムカリキュラム多様化	教育行政の進歩主義・財界
自律化	すべての生徒を民主主義社会における主催者として育成する	リベラル・エデュケーション	教育学の進歩主義・草の根の市民

れら３つの考え方が互いに矛盾する側面を保ちながら，同時に強力に擁護されてきたのである．

1．社会統合機能

　アメリカ社会の学校教育の機能についての第１の考え方は，学校教育を通して社会統合の原理となる共通の知識・技能・価値を普及させ，国民的アイデンティティを形成するというものである．この考え方は，1620年に宗教的自由を求めて渡来し，北東部ニューイングランド地方に「聖なる共和国」を築こうとした清教徒の考え方を起源とする．子どもたちに聖書を理解するために必要な読解力を付与することを優先課題とした清教徒共同体は，親の教育義務（1642年）や町の学校設置義務（1647年）を定め，公教育制度の基盤を築いた．また，『ウェブスター大辞典』（1828年）や『英語文法講座』（1783～1785年）を編集したウェブスター（Webster, N.）は，共通の言語による共通の教科書を用いて子どもたちに知識・技能・価値を共有させることによって，アメリカ民主主義が守られると主張した．さらに「コモン・スクールの父」であるマン（Mann, H.）は，製造業の発達による都市部への人口流入，治安の悪化，カトリック系アイルランド移民等と主流プロテスタント社会との文化摩擦などの社会問題にみまわれた19世紀初頭のニューイングランド地方において，多様な子どもたちに共通の知識・技能・価値を付与することによって社会秩序を回復し，社会の経済力を発展させることができると主張し，すべての子どもに共通のカリキュラムを教授する無償の公立学校の設置を呼びかけた．

　このように民主主義社会の市民として必要な基礎的な知識・技能・価値を公立学校で伝授することよって，アメリカ民主主義が実現され，社会の統一が保持されるという教育の社会統合機能を重視する考え方は，ニューイングランド地方を震源地として，南北戦争後の連邦軍による国家統一によって全米に波及し，アメリカ社会の指導者層を中心に，脈々と受け継がれてきた（Urban, W. and Wagoner, J., 1996）．

　2．選別配分機能

　20 世紀初頭に台頭した教育行政における進歩主義（administrative progressivism）は，「効率性」という新たな優先課題を提起し，子どもたちの選別配分という学校教育の機能についての第 2 の考え方を生み出した．ここではすべての子どもに同一のカリキュラムを履修させるのではなく，個々の関心や能力に適したカリキュラムを履修させ，将来の職業的役割に合理的・効率的に備えさせることこそが民主主義的であり，社会の「進歩」を促進すると考えられた．したがって学校教育の社会統合機能を重視する考え方のもとでは，民主主義社会の基盤となる共通の知識・技能・価値を伝授する共通カリキュラムを提供することに焦点があてられたのに対して，教育の選別配分機能を重視する考え方のもとでは，学力テスト等によって「科学的」に判別される子どもの「適性」にきめこまかく対応する多様な教育プログラムを準備することに焦点があてられた．すなわち進学課程・一般課程・職業課程を合わせもつ総合制ハイスクールや職業学校の設置と，それらの標準化された運用が目指された．さらにそうした「唯一最良のシステム」の管理運営は，教育素人である地域住民によってではなく，教育専門家である教育長と強い権限をもつ学区教育委員会によって組織的に推進されるべきだと考えられた（Tyack, D., 1974）．

　こうした学校教育の選別配分機能を重視する考え方は，選別配分がしばしば子どもの適性よりも，社会経済的地位をより強く反映する形で行なわれるため社会的不平等を助長すると批判されながらも（Bowles, S. and Gintis, H., 1976），個々の生徒の教育ニーズに応える民主主義的な教育というレトリックと，人間

の適性を開発することによって経済成長がもたらされるという人的資本論に支えられながら，教育行政の専門性を重視する教育長や学校管理職者，および効率的な労働力育成をのぞむ財界によって支持されてきた．

3．自律化機能

民主主義社会は，学校教育を通して子どもたちに社会が正統とみなすところの知識・技能・価値を伝達することによってではなく，自律的な市民としての素養を育成することによってこそ実現されるという立場から，子どもたちの自律化を重視するのが，学校教育の機能に関する第3の考え方である．こうした考え方をアメリカで最初に提唱したのは，アメリカ独立宣言の執筆者のジェファーソン（Jefferson, T.）であった．ジェファーソンは独立後のアメリカで新しい政府の権限が拡大するに従って，権力の座にある者が暴君と化す危険性を指摘し，民主主義を推進する唯一最良の手段として，公教育によって市民が自らの権利を政府の抑圧から護れるよう啓蒙する必要性を説いた．1779年にジェファーソンが起草した公教育法は採択されるに至らなかったが，民主主義社会において個人は国家計画を実現する道具としてではなく，自律的に思考するリベラル（自由）な人間として存在しうるように教育されなければならないという考え方は，教育学における進歩主義（pedagogical progressivism）を提唱したデューイ（Dewey, J.）等によって受け継がれた．

デューイによると，民主主義とは国民主権の政治のあり方を指すだけでなく，多様な人びとが共通の関心事によって結ばれることで実現される共同生活のあり方を指す．それゆえ民主主義の実験場としての学校には，子どもたちに多様な職業的・市民的体験を共有させ，市民として成長させる役割が求められる．デューイのいう共同生活が移民国家アメリカの多元性についての理解と，学校でどのような知識・技能・価値を育成すべきかについての具体的モデルに欠くという問題認識にたつハッチンズ（Hutchins, R.）においても，民主主義社会における学校が，すべての子どもを主権者として育成する役割を担っていることを強調し，批判的・創造的思考力，論説力，内省する知性等を鍛えるリベラ

ル・エデュケーションの必要性を説いた．こうした教育の自律化機能を重視する考え方は，民主主義を擁護する多くの草の根の市民によって熱心に受け継がれてきた（Ravitch, D., 2001）．

(2)　社会問題の万能薬としての公立学校

　ここで述べた学校教育の ①社会統制機能，②選別配分機能，③自律化機能は，日本を含む各国の近代学校が共通して担っている機能でもある．アメリカの特徴は，これらの必ずしも相容れない機能を社会改善の原理として積極的・戦略的にとりあげている点にある．すなわちアメリカの公立学校は，時には学校の役割を遥かに超える社会問題の万能薬とみなされ，子どもたちにアメリカ社会の成員として必要な基礎知識・技能・価値を伝授しながら，多様な社会的役割に向けて効率的に準備し，かつ民主主義社会における主権者がもつべき自律的知性を付与することで，社会問題を解消することが期待されてきた．しかもそれが適わないときには，人種・民族・社会階層に関わる構造的問題への総合的な政策不備のスケープゴート（身代わり）として，厳しい批判を浴びせられてきたのである．

第4節　アメリカ教育改革の特徴

(1)　短期的・政策サイクルと長期的・組織トレンド

　本章の冒頭で述べたアメリカ社会の教育改革への関心の高さと実際の変化の緩慢さとのギャップは，アメリカ教育改革の2つの大きな特徴に起因する．第1の特徴は，改革が社会不安や国民世論を反映する短期的・政策サイクルと，教育システムの構造的変化に関わる長期的・組織トレンドという2つの独立した流れに沿って推進されてきたことである．社会改善を動機とする短期的・政策サイクルでは，卓越性↔平等性，効率性↔人間性，統一性↔多元性などのキーワードに代表される教育の優先課題が，短期間に繰り返しとりあげられてき

た．たとえば才能児の能力伸長（卓越性），基礎教科の習熟（効率性），道徳教育と規律の回復（統一性）などの教育課題は，第一次世界大戦における敵国ドイツの台頭，ソビエト連邦による人工衛星の打ち上げ成功（スプートニク・ショック），グローバル経済における日本の繁栄などによって，国際社会におけるアメリカの軍事的・技術的・経済的優位性の喪失が危惧され，いわゆる政治の保守化が顕著となった1920年代・1950年代〜1960年代半・1980年代に重点的にとりあげられてきた．それに対して，教育機会の均等（平等性），カリキュラムの生活適応化（人間性），多文化主義（多元性）などの教育課題は，既存の社会体制が疑問視され，リベラル路線がとられた1930年代・1960年代半〜1970年代に優先的にとりあげられてきた．

　教育改革の長期的・組織トレンドとは，公教育システムが経験してきた線形的で構造的な変化である．たとえば20世紀初頭の教育行政における進歩主義がもたらした公教育システムの官僚制化は，幾度かの変更努力にもかかわらず確実に進行してきた．前述したように，教育行政における進歩主義では，学校の管理運営が地域住民から教育長を頂点とする学区教育委員会のもとに集権化され，教育行政の効率化と責任所在の明確化が目指された．ところが，官僚制システムにおける法令・規則による統制と複雑な権限関係は，実際にはむしろ非効率と責任の拡散をもたらす場合が多かった．そうした官僚制の弊害に対して，たとえば1960年代には，ニューヨーク市などの大都市で，地域の教育自治権の回復を目指すコミュニティ・コントロール運動が高まった．しかしその成果としてもたらされた地域レベルの分権化（コミュニティ学区）は，既存の教育行政ヒエラルキーに新たな底辺層を付け加えたに過ぎず，運動は官僚制化の流れを変更することなく，むしろその弊害を助長するという皮肉な結果を招いて終った．同様に1960年代の公民権運動の成果として導入された公立学校における人種統合策も，1970年代に入って人種差別の解消に対して消極的な「良心的放任」策がとられた際にも大きく進展し，その後も非常に緩やかにではあるが，政権の意図とは必ずしも合致しないタイム・テーブルで推進されて

表5-2　教育改革の短期的・政策サイクルと長期的・組織トレンド

年　代	背　景	短期的・政策サイクル	長期的・組織トレンド	
1890	近代公教育システムの形成		教育費拡大　　官僚制化	
1920	第一次世界大戦	基礎教科の習熟 道徳教育と規律の回復	就学率増加 就学期間延長	
1930	大恐慌	児童中心主義 生活適応カリキュラム	識字率向上	
1950〜1960半	スプートニク・ショック	基礎教科習熟・カリキュラムの現代化 才能児の能力伸張 道徳教育と規律の回復		
1960半〜1970	公民権運動	教育機会の均等 多文化主義・カリキュラムの人間化	人種統合推進	学区財政格差縮小
1980	経済不況	基礎教科習熟『危機に立つ国家』 才能児の能力伸張 道徳教育と規律の回復	自由化志向	

きた．生徒1人あたりの教育費も，社会事業に対する政府の積極的介入を標榜するリベラル政権期（1960年代）よりも，むしろ「小さな政府」を掲げる保守政権期（1920年代・1950年代）により顕著に増加しつづけてきた．就学率の増加，就学期間の延長，識字率の向上，学区財政格差の縮小なども，短期的・政策サイクルとは独立して進展してきた長期的・組織トレンドである．したがってアメリカ社会の教育改革への関心の高さと変化の緩慢さのギャップは，社会問題の改善を目指す短期的・政策サイクルと，公教育システムの独自の緩やかな変容過程を反映する長期的・組織トレンドとの落差から生じていることがわかる（表5-2参照）．

(2)　教員の疎外

　アメリカ教育改革の第2の特徴は，特に短期的・政策サイクルの教育改革が常に国内的・国際的「危機」を契機として，主として教育システム外部の指導者のリーダーシップのもとで手がけられてきたことによって，教育システム内部の学校管理職者や教員が教育改革の取り組みから疎外されてきたことである．

たとえば国内的危機を契機とする教育改革としては，19世紀初頭の移民人口の急増によるコモン・スクール運動，1960年代の貧困の「発見」による「貧困との戦い」政策や公民権運動による学校人種統合とアファーマティブ・アクションなどがあげられる．国際的危機を契機とする教育改革としては，前述したスプートニク・ショック（1957年）によるカリキュラム改革運動（カリキュラムの現代化），1980年代のアメリカ経済の国際競争力低下による現代教育改革運動などがあげられる．これらの改革はいずれも，教育システム内部から発生した問題意識からではなく，社会不安や国民世論に敏感に反応する政治家・財界人・社会運動家などの発案によって手掛けられてきた．このことは教育が常に学校教育の社会統制機能，選別配分機能，ないし自律化機能を意図的に発動させることによって社会問題を解消しようとする大衆と指導者の対話のテーマとしてとりあげられ，教育改革が理想社会を実現する戦略として論じられてきたことを意味する．それゆえ教育改革は，現行の教育実践の問題点をきめこまかく分析して改善していくのではなく，その欠陥をあげつらったうえで刷新的な教育モデルを導入するというスタイルをとってきた．

このように教育実践の具体的な成果や問題点，これまでの数多くの教育改革の限られた成果や一過性などについての深い理解をもたない教育システム外部の人びとから教育実践を真っ向から否定され，教育改革を強要されることに対して，教員は強い抵抗感と不信感を募らせてきた．また教育の優先課題が短期的・政策サイクルに沿って次つぎと入れ替わり，革新的な取り組みが矢継ぎ早に導入される過程で，新しい法令・規則が既存のものの上に幾重にも堆積するように付け加えられることによって，教員は整合性のない制約や要請に教育実践の自律的な遂行を阻まれてきた．しかも教育改革はしばしば貧困や人種問題といった根深い社会問題の解消を学校に期待し，成果が限られた水準であるとき，アメリカ社会の構造的問題に対する総合的な政策不備ではなく，教員の力量不足を真っ先に糾弾してきた．このように教育改革の担い手である教員が教育改革の構想から疎外されてきた結果，教員の多くは教育改革を懐疑的に受け

とめ，消極的に対応するようになってきた．このことがアメリカ教育改革熱の高さと変化の緩慢さとのギャップを生み出してきた直接の原因と理解することができる．

(3)　教育改革が定着する条件

　それでは，どのような教育改革なら教員によって受け入れられるのだろうか．タイアックとキューバンは，教育改革が短期的・政策サイクルにおける一過性の流行として終ることなく持続し，長期的・組織トレンドを引き起こすに至る5つの条件をあげている．すなわち教育改革が，①教育システム内部の指導者（教育長・学校管理職者・教員）によって発案され，②学校システム内外に支援団体をもち，③法令・規則によって支援・義務化され，④教育委員会や議会を含む教育システム外部の一般の人びとが抱く「本物の学校」のイメージから大幅に逸脱しないものであり，⑤既存の学校経営や教育指導の方法に大幅な変更を求めずに導入することが可能である場合に教育改革は定着し，長期的・組織トレンドを発動させる傾向にある．

　たとえば職業教育は，教育行政における進歩主義を推進する教育長や学校管理職者等の発案によって手掛けられたが，職業教育に携わる教員集団や効率的な労働力育成を求める財界の強い支持を得ることによって連邦補助金支給の根拠となる職業教育法（1917年）の制定を導き，その基盤を固めた．また職業教育が新たに設置された職業学校や総合制ハイスクールの選択科目において，基本的に従来の学校モデルを踏襲する形で，既存の公教育システムに大幅な変更をもたらすことなく導入されたことも，その定着を助けた．同様に複線型カリキュラムの導入，教員免許制度の実施，キンダーガーテンやジュニア・ハイスクールの設置，学校統廃合，標準学力テストの導入なども，①〜⑤の特徴を満たすことによって定着した教育改革である．

(4) 学校教育の文法

　教育改革が長期的・組織トレンドとしていったん学校組織に変化をもたらすと，その構造変化は容易には変更されず，学校の教育活動の中身を規定する「学校教育の文法」を構成するようになる．学校教育の文法は，多様な子どもたちにアメリカ社会の成員として必要な知識・技能・価値を付与し，将来の社会的役割に向けて効率的に準備し，民主主義社会における主権者としてもつべき知性を鍛えるという学校教育の非常に複雑な役割を，教員が一定のパターンに則って遂行することを可能にするため，教員によって慣習的に踏襲され，親・地域住民・教育委員会等によって「本物の学校」の要素として重視されるようになる．そのとき学校の教育実践は不可避的に学校教育の文法に規定され，学校教育の文法がさらに強化されるという相乗効果が生じ，教員が学校の文法から逸脱することはもはや容易ではなくなる．たとえば1860年頃から普及するようになった学年制（子どもを年齢によって分類して組織的に教授する制度）や，1906年にハイスクールで導入されたカーネギー・ユニット（単位）制（特定科目について，約50分授業を週5時限，1年間履修した場合を1単位と認定する制度）は，今日では普遍的な学校モデルの要素としてほとんど疑問視されることなく踏襲されており，学校の教育目標・範囲・方法を決定する枠組みとみなされるに至っている．学年制や単位制の変更は，学級の成員・人数・空間，教科枠組み，授業時間配分などの流動化を目指したパーカースト（Parkhurst, H.）によって1920年代に実施されたドルトン・プランや，デンバー市の29校の中等学校で1930年代に実施された8年研究を初めとする進歩主義教育の実践で試みられたものの，一般の学校に波及することなく終った．

第5節　現代教育改革の特徴

　前節ではアメリカ社会が公教育に寄せる多大な期待の根拠となる教育の役割についての考え方を整理し，教育改革が教育にさまざまな役割を期待する教育

システム外部の人びとによって，教育改革の長期的・組織的トレンドの担い手である教員を疎外する形で，短期的・政策サイクルに沿って導入されてきたために，緩やかにしか変化してこなかったことを指摘するとともに，変化をもたらす5つの条件と，構造化された変化が持続するメカニズムについて検討した．アメリカ教育改革についてのこうした理解の上に，本節では特に現代教育改革に注目し，その特徴と課題を模索する．

(1)　卓越性の追求：強化から構造改革へ

　現代教育改革とは，教育の卓越性を目指して 1983 年より手掛けられている一連の改革であるが，一般的に 1980 年代末までを「第一の波」，1980 年代末以降を「第二の波」と区別している．第一の波は，1983 年に「教育のエクセレンスに関する全米審議会」によって刊行された『危機に立つ国家』でアメリカの学力水準の低さが暴露され，経済の国際競争力低下の要因となっていると論じられたのを契機として，レーガン大統領（Regan, R.）および各州知事等の主導によって全国規模で手掛けられた．第一の波では，生徒の学力向上に向けて国家共通カリキュラムの必要性とその中身についての国民的議論が展開され，学校の授業日数・時間の増加，学業科目の増加，基礎学力の強化，教員勤務評定の実施，標準学力テストの導入と結果報告の義務化などの「強化」策が，州から学区，学区から学校に下されるトップ・ダウン方式で導入された．

　こうしたトップ・ダウン方式の改革が限られた成果しかあげなかったことへの反省に基づいて手掛けられた第二の波では，中央統制を強化することから卓越性（エクセレンス）を実現する鍵となる教育実践の質を高めることに目が向けられ，効果的な教育活動を展開する条件整備としての学校の「構造改革」が目指された．ここでいう構造改革とは，教育実践の成果に対する説明責任（アカウンタビリティ）を学校・教員に問うことを条件に，学校・教員による教育実践の創意工夫を促しながら卓越性を目指す改革である．その具体的内容としては学校単位の教育経営，学校選択制の導入，教員の専門性向上，親の学校参加の

表5-3　アメリカ現代教育改革の特徴

	主　体	キーワード	戦　略
第一の波 (1983～)	連邦・州	卓越性・効率性・標準化	強化(学業科目の増加, 標準学力テスト導入と結果報告の義務化など)
第二の波 (1980s 末～)	州・学区・学校	卓越性・自律性・アカウンタビリティ・学校選択	構造改革(学校・教員による創意工夫)

促進，カリキュラム基準と標準学力テストの導入，カリキュラム改革などの試みが，実に多様な組み合わせで実施されている.

　ブッシュ (Bush, G. W.) 政権のもとで 2002 年に成立した「落ちこぼれを作らないための初等中等教育法 (No Child Left Behind Act of 2001)」は，①教育成果に対するより強いアカウンタビリティ (州標準学力テスト実施の義務化)，②より高い柔軟性と州・学区の教育自治権の拡大 (連邦補助金使途の自由裁量権拡大)，③保護者の選択肢の拡充 (公立学校システム内の学校選択制推進・チャータースクール支援・補助的教育サービス提供)，④教育効果が実証されている教育方法の支援 (「読解力を第 1 に (Reading First)」プログラムの推進・教員研修プログラムの拡充) を 4 本の柱とするものであるが，基本的に第二の波の路線を踏襲しており，州・学区・学校による教育の構造改革を促す条件を，連邦政府の強いリーダーシップのもとに整備する意図をもつ法律と理解することができる (表5-3参照).

(2)　優先課題としての国力増強

　こうした現代教育改革の特徴を前節で整理した観点から分析すると，まず学校教育の機能についての考え方では，現代教育改革は国力の基盤となる国民の卓越性を追求する考え方と不可分に結びつきながら，主として学校教育の選別配分機能を重視する考え方に導かれていることがわかる. すなわち労働市場がグローバル規模に拡大している現代社会においてアメリカは，グローバル経済で必要とされる知識・技能・価値，特に高い水準の学力をより多くのアメリカ人に付与することによって，アメリカ経済の国際競争力の向上を図っているのである. もちろん学校教育の社会統合機能や自律化機能を重視する考え方を強

調する草の根の取り組みも同時に展開されているが，現代教育改革の基調としては，国力の増強を目的とする人材育成が優先課題として強調されている．

(3)　学校・教員の自律的な教育実践に向けて

現代教育改革は，経済の国際競争力低下という「危機」を契機として，教育システム外部の指導者のリーダーシップによる短期的・政策サイクルに沿った教育改革として手掛けられたが，次第に教育システム内部の指導者のリーダーシップによる長期的・組織トレンドに沿った教育改革に転じ，公教育システムに構造変化を引き起こしていると理解することができる．なぜなら改革の第一の波では，卓越性・効率性・標準化といった教育の優先課題に焦点が当てられたことによって，一過性の変化が生じたのに対して，改革の第二の波では，学校・教員の発案による教育現場の実情に即した変化が継続的に展開されているからである．その際，学校・教員の自律性が，教育成果に対するアカウンタビリティを負うことを条件に強化される点に，現代教育改革の重要な特徴が見出されるわけである．

教育行政システムにおける官僚制とは，立場の異なる多数の団体が，それぞれの利害権益を法令・規則などの形式化された方法で調整する民主主義統制の原理的な要素である．したがって，官僚制は近代公教育システムの安定的な発展を支える管理運営モデルとして，今後も基本的に踏襲されていくと考えられる．しかしながら官僚制は，近代公教育システム成熟の過程において，法令・規則のいちじるしい堆積を招き，教育現場である学校と教育活動の担い手である教員の効果的な教育活動を阻むようになってきた．こうして官僚制の弊害が顕在化するなかで学校ないし学校群ごとに実施されている学校単位の教育経営や学校選択制を初めとする自由化政策は，公立学校を官僚制教育行政システムにおける所轄・権限関係や法令・規則による規制から部分的に解放することによって，より効率的に教育の卓越性を実現しようとする試みと見ることができる．

⑷　保護者の学校選択による学校参加

　教育現場のニーズにもっとも精通している学校・教員が，教育成果に対する責任を負うことを条件に，自律的な教育実践を展開することを促すチェック・アンド・バランスの仕組みは，卓越性を効率的に目指す上で必要な要素といえる．しかしそれは学校・教員の自律性が発揮される前提条件としての学校の教育目標の明確化，および教員・生徒・保護者の協働関係の構築を保障する観点からは不十分である．教育成果が学校・教員による努力だけでは実現されず，明確な教育目標を共有する教員・生徒・保護者の一致した努力のうえに初めてもたらされるとすると，そうした一致を保障する仕組みが求められる．

　近代公教育システムの官僚制の弊害に対する反省から 1960 年代に高まった地域の教育自治権の回復を求めるコミュニティ・コントロール運動が官僚制化の流れを変更するに至らなかったことはすでに述べたが，ニューヨーク市の公立学校の事例が象徴する通り，それはコミュニティ・コントロール運動が主として保護者・地域住民の主導によって展開されたために教員組合の反発を招き，教育改革の長期的・組織トレンドを引き起こす条件である教員による主体的取り組みを喚起することに失敗したためだと考えられる．

　コミュニティ・コントロール運動における保護者・地域住民の学校参加に対する教員組合の反応は，教育の民衆統制と専門的指導性の不調和というより根本的な緊張関係を露呈している．学校が生徒の教育ニーズに的確に応え，真に効果的な教育実践を展開するためには，何よりもまず教員の優れた専門的力量が問われるが，同時に生徒の教育ニーズの代弁者である保護者の学校参加も不可欠の要素である．特に学校の教員集団（しばしば白人中産階級）と生徒集団との間に文化的・社会的距離がある場合，学校・教員・保護者（生徒）の協働関係はより一層重要な意味をもつ．ところが，こうした協働関係は，形成することがしばしば非常に困難なのである．

　学校選択制は，学校が生徒の教育ニーズに適切に応え，効果的な教育実践を展開しているかどうかについての評価を，親が子どもを学校に在籍させるかど

うかという形で表現する手段であり，公教育システムに需要と供給の市場原理
をもち込むことによって評価の高い学校を繁栄させ，低い学校を淘汰するとい
うもうひとつのチェック・アンド・バランスの仕組みである．後述する通り学
校選択の概念は，公教育システムによる教育事業の独占状況への批判として
1970年代に生まれ，自発的な人種統合を図るマグネットスクール（広域から生
徒を集めるために特色あるプログラムを提供する公立学校）政策で導入されたが，1980
年代に入ると私立学校授業料の公費補助制度であるバウチャーを正当化する理
論的根拠として注目される一方で，公立学校を活性化し，公教育システムを再
構築する教育改革の原理として幅広い層の関心を集めている．そのなかで学校
の選択範囲を学区内の公立学校に限定するのか，学区間も認めるのか，私立学
校にも広げるのか，あるいは学校の人種・民族的，社会経済的，性別的バラン
スを保つために選択に制限を設けるのか，まったく自由な選択を許容するのか，
さらに公正な選択を保障するために，学校情報や通学方法へのアクセスの平等
性をいかに確保するのか，保護者による評価の低い学校の再建をいかにはかる
かなど，学校選択の適切なあり方が今日的な議論の焦点となっている．諸州政
府の対応としては，一般的に宗教系学校への公費支出の問題をはらむ私立学校
を含む学校選択（バウチャーや授業料税控除）の導入には消極的だが，公立学校シ
ステム内での学校選択の導入には強い関心を示している（黒崎，1994）．

(5)　チェック・アンド・バランスの仕組み

　親に子どもの教育ニーズを満たす学校を選ぶ自由を与える学校選択の原理は，
学校・教員の自律性が発揮される前提条件としての教員・生徒・親の協働関係
を保障し，教育の民衆統制と専門的指導性の調和をもたらす重要な要素である．
学校選択制のもとでは，少なくとも理論上は，親は教育目標やそれを実現する
方法に賛同する学校に子どもを在籍させることができるため，学校・教員は親
との協働関係に支えられながら，教育目標をより一層明確に打ち出し，その実
現に向けて専念できるのである．

図5-2　チェック・アンド・バランスの仕組み

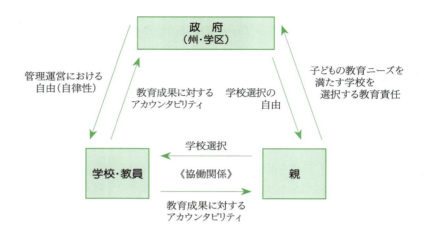

　このような観点から，①学校・教員の自律性，②学校・教員のアカウンタビリティ，および③親の学校選択は，教育の卓越性を目指し，公教育システムの官僚制の弊害を乗り越えようとする現代教育改革を支えるチェック・アンド・バランスの仕組みの３要素として注目される．すなわち図5-2に示すように，現代教育改革において政府は学校・教員に管理運営における自由を与え，親に学校選択の自由を与えるが，その条件として学校・教員は政府と親に教育成果に対するアカウンタビリティを負い，親は子どもの教育ニーズを満たす学校を選択する教育責任を負うことになる．３者による自由と責任のバランスを実現するためには，政府，学校・教員，親がそれぞれの権利と義務を積極的に行使することが条件となる．特に親が供給されたもの（学校）を選ぶ消費者としての消極的な自由ではなく，協働関係におけるステークホルダーとして学校選択権を積極的に行使し，学校のあり方を方向づけていくためには，学校の教育理念・目標・目標実現に向けての具体的取り組み，取り組みを支える資源・成果などについての正確で具体的な情報の公開が大前提となることを強調する必要がある．

第6節　チャータースクール改革の特徴と問題点

　1991年にミネソタ州で最初に導入されて以来，幅広い支持を得ながら急速に発展してきたチャータースクール改革は，自律性・アカウンタビリティ・学校選択という現代教育改革を支えるチェック・アンド・バランスの3要素を兼ね備えた教育改革である．本節ではチャータースクール改革の特徴を整理し，チャータースクール改革がなぜ定着し，どのような変化をもたらし，どのような問題点をはらんでいるのかを概観する．

(1)　チャータースクールの概要

　チャータースクールとは，明確な教育目標とそれを実現する具体的計画をもつ個人や団体に対して，州や学区に設置されたチャーター（学校設置許可状）授与機関が学校設置を認可することによって成立する選択制の公立学校である．チャータースクールの自律性は，各州の方針によって程度は異なるが，通常州・学区の法令・規則の適用からの全面的・自動的（または部分的・条件つき）免除，教育内容と教育方法の自主裁量，予算配分の自主裁量などの基本的な学校経営に関わる自由の上に，学校規模や教職員の待遇・任免の自己決定，資産保有，民間サービスの導入など，学校構成や財政のあり方に関わる自由も付与されている．またチャータースクールの財政基盤は，生徒一人当たりの学区教育費を全額（または部分的に）支給されることで保障されている．

　前述した通り，チャータースクール改革はミネソタ州で1991年に最初に導入されて以来，公立学校再生の有力な方策として教育システム内外の実に多様な政治的・社会的立場に立つ人びとから幅広く支持され，2006年時点では40州とコロンビア特別区の3,977校（全米公立学校94,000校の約4.2%）のチャータースクールに約115.0万人（全米公立学校生徒人口5,600万人の約2.1%）の生徒が在学するに至っており，ますます増加傾向にある（CER, 2007）．こうしたチャータースクール改革の支持率の高さと急速な成長は，その解釈が非常に自由であり，

学校改善を望む多様な立場から受け入れられる「空の容器」の改革だからである．すなわちチャータースクール改革は，公立学校制度の撤廃と公教育への市場原理の全面的導入を主張し，バウチャー制度導入への足掛かりとしてチャータースクール改革を推進する立場からも，チャータースクールを公立学校制度の改善に向けてすべての公立学校が順ずるべき唯一最良の学校モデルとみなす立場からも，チャータースクール改革を公立学校の改善を目指す数多くの実験のひとつとしてとらえる立場からも等しく支持されている（Wells, A. S., et al., 1999a）．

☕ ティー・ブレーク　日本のコミュニティ・スクール

　日本のコミュニティ・スクールとは，2000年7月に教育改革国民会議（第二分科会・主査：金子郁容）によって提言された「地域独自のニーズに基づいて地域が運営する公立学校」である．学校の自律性を高めることによって硬直化した現行の公教育システムの活性化を図るという点で，基本的にアメリカのチャータースクールの理念を引き継ぐものであるが，次の点において重要な相違がある．

　学校の質を保証するチェック・アンド・バランスの仕組みとして，チャータースクールには，①学校の自律性，②アカウンタビリティ，③親の学校選択の3要素が組み込まれている．それに対してコミュニティ・スクールには，①学校の自律性と②親や地域代表者から構成される地域学校協議会による学校経営への参画および外部評価が想定されている．すなわちコミュニティ・スクールは選択制の公立学校であるものの，親の学校選択権は学校のあり方を規定する権限としては認識されておらず，親や地域住民の学校参画による親・地域・教員の間のコンセンサス形成，ないし「ローカル・コミュニティとテーマ・コミュニティの一致」による効果的な学校の実現が目指されている．このような観点からは，コミュニティ・スクールは本来の教育委員会制度と本質的に大きく異なるものではない．また，アメリカのコミュニティ・コントロール運動の失敗が露呈する教育の民衆統制と専門的指導性の不調和の問題に対して，必ずしも十分に有効な対策を用意した構想とはいえない．

参考）金子郁容・鈴木寛・渋谷恭子『コミュニティ・スクール構想―学校を変革するために』
　　　岩波書店，2000年

日本型チャータースクール

　「責任ある生き方ができる力」の育成を目指す「湘南小学校」(神奈川県藤沢市)の開設にむけて活動している「NPO法人・湘南に新しい公立学校を創り出す会 (創る会・代表：佐々木洋平)」(1997年発足)等が掲げる，既存の公立学校とは異なる学校である．創る会は，既存の公立学校の問題点を「集団主義・集団指導」などに求め，それに不適応を示す児童・生徒の居場所としての湘南小学校の必要性をアピールする．そうした観点から，日本型チャータースクールは，公教育システムの転換を図る取り組みとしてよりも，公教育システムに多様性をもたらすアメリカのオルタナティブ・スクールに類似した取り組みとして理解することができる．

参考) http://www.tamago.org/Tsukurukai/index1.html

(2)　チャータースクール改革の発展経緯

1．学校単位の教育経営

　チャータースクール改革の多面性は，それが3つのまったく異なる教育改革の流れを汲んで成立するに至った歴史的経緯からも説明できる．第1に，チャータースクール改革は，前述した1960年代の親・地域住民によって手掛けられたコミュニティ・コントロール運動の理念を部分的に受け継ぎながら，1980年代にシカゴ市などの大都市を中心に展開された学校単位の教育経営運動を基盤として発案された．学校単位の教育経営とは，予算配分，教育内容，教育方法など，学校の管理運営に関する学校・教員の自由裁量権を拡大し，州・学区が学校の教育経営に関わる年間計画に対して承認・拒否権を発動させたり，会計規則を適用したりすることで学校の活動を統制し，その責任を負うシステムである．

　こうした学校単位の教育経営は，官僚制システムの末端機関である公立学校が，無数の法令・規則に束縛されているために，学校・教員が生徒のニーズに効果的に応える教育実践を展開できなくなっているという危機感をもつ一部の教育長や学校管理職者・教員によって発案されたが，日々の教育活動に専念する大多数の学校管理職者・教員たちの間にただちには浸透せず，自発的な取り

組みを引き出し，学校システムに構造変化をもたらすには至らなかった．学校単位の教育経営の理念が教育システム内部の指導者の間で徐々に受け入れられるようになったのは，1990 年代に入ってからであるが，このことが自己責任制を条件とする学区・州の法令・規則の適用からの免除という強い自律性を求めるチャータースクール改革の台頭を導いたのである．

２．新右派の台頭

チャータースクール改革を導いた第２の流れは，「小さな政府」と市場的価値を重視する新自由主義（neoliberalism）と，「強い政府（strong state）」と伝統的価値を重視する新保守主義（neoconservativism）が，経済領域における自由化と社会領域における統制を目指す保守的近代化（conservative-modernization）を掲げて新右派を結成し，バウチャーなどの自由化政策と州共通カリキュラムと州標準学力テストの導入などの教育政策を提唱してきた流れである．すなわち「小さな政府」を擁護する立場からは，教育に関する主要な権限を政府から親に戻すことが目指され，市場的価値を追求する立場からは学校選択が目指される．同時に「強い政府」による伝統的価値の回復を促す立場からは，伝統的価値の担い手である家庭や地域共同体などの私的機関を強化するとともに，州共通カリキュラムと州標準学力テストの導入を通して，「正統な」知識・技能・価値を，アメリカ社会の共通文化として普及させることが目指される．そのなかで親による学校選択と標準学力テストによるアカウンタビリティ検証の要素を併せもつチャータースクールは，新右派の目指す学校モデルと一致するために支援されてきた．エリート政治家・財界人や白人労働者・中産階級から主に構成されるこの新右派は，強い発言権をもって現代教育改革の議論を導いてきたのである（赤尾，2000；Apple, M., 1996）．

３．学校選択の擁護

チャータースクール改革の背景にある第３の流れとして，1970 年代から強制的バス通学による学校人種統合に代わる自発的な人種統合施策として手がけられてきたマグネットスクールの一定の成果を高く評価し，学校選択を教育機

会の平等性を高めるリベラルな理念として擁護する世論がリベラル派の間でも高まってきたことがあげられる．マグネットスクールは，画一的な教育を施す伝統的な学校とは異なる特色のある教育プログラムを提供することによって，人種的住み分けを反映する通学区を越えた広範な地域から多様な生徒をひきつけ，自発的な学校人種統合を促進してきた．このことは選択のメカニズムが，黒人に貧困地区の劣悪な公立学校から抜け出してよりよい教育機会を獲得する機会を与え，よりよい教育機会を「人種（白人地区の学校）」ではなく「学校の特色」という指標で表現することを促すため，実質的な人種統合をより円滑に実現させると考えられるのである．ただしここでいう学校選択とは，人種統合の推進によって教育機会の平等性を高めることを目指す「統制された選択」であり，人種分離を助長する危険性をはらむ手放しの市場原理の導入とは明確に区別する必要がある．

4．近代主義の再検討

　このように教育システム内部の指導者，新右派，リベラル派，それぞれによって支持されている3つの異なる教育改革の流れを汲むチャータースクール改革の根底には，近代公教育システムを支えてきた近代主義の妥当性への本質的な問いかけがあると考えることもできる．近代主義のもとでは，物質資源のより平等な再分配，普遍的権利と自由の保障などが目指され，社会の民主性・合理性・法則性が重視されてきたが，そこで道徳的絶対とみなされる公的価値の押しつけや，民主的官僚制が伴う硬直性と画一性からの解放を目指して，ローカルなアイデンティティの復興と承認，人間の認識を規定する概念や類型の再編成を追求するのがポスト近代主義とみなすならば，近代公教育システムの硬直性と画一性への反省，学校による教育自治権の回復，親による学校参加と学校選択などを志向する現代教育改革は，ポスト近代化に向けての社会の根本的で広範な変動を反映しているといえるだろう．こうした観点からは，チャータースクール改革の近代公教育システムの官僚制への挑戦は，近代主義の諸問題への反省に基づく必然的で象徴的な取り組みとみなすことができる．

(3) チャータースクールの類型

　それでは，具体的にどのようなチャータースクールの実践が展開されている
のだろうか．チャータースクールは教育の卓越性を目指す現代教育改革の一環
であるため，あくまでも生徒の学力の向上を究極の目的とする．しかしながら
チャータースクールは生徒の多様な教育ニーズに適切に応えるための自律性を
付与されているため，その実践はきわめて多様である．ここではウェルズ
(Wells, et al., 1999b) の提唱するモデルに依拠する３つの特色をもつ６つの類型
を提示することによって，チャータースクールの多様な実践を概観する．まず
教育内容に特色を求めるチャータースクールとしては，①保護者・地域住民・
運動家（しばしばマイノリティ出身）等が，従来の公立学校におけるマジョリティ
文化のヘゲモニーに対抗して，人種的・民族的マイノリティの文化を反映する
独自のカリキュラムの履修を目的として設置する自民族中心型チャータースク
ールと，②保護者（しばしば高学歴の富裕層）が学校経営に積極的に参加し，自ら
の子どもたちにとってふさわしいと考える教育内容を学校カリキュラムに反映
させることによって，公立学校の教育の質を一層高めようとする保護者設置型
のチャータースクールがあげられる．次に教育方法に特色を求めるチャーター
スクールとしては，③教育についての明確なビジョンをもつカリスマ的な指導
者が，そのビジョンの実現を目指して地域団体や民間財団からの支援を得なが
ら運営する教育指導者設置型チャータースクールと，④教員が学校経営に関す
る自主裁量権を獲得し，自己の理想とする教育プログラムを提供することを目
的として運営する教員設置型チャータースクールがあげられる．さらに教育市
場化を先駆けるチャータースクールとしては，⑤学校経営に関する企業家哲学
を標榜する個人や企業が，既存のカリキュラム基準の効率的な習熟を目指して
経営する企業家設置型チャータースクールと，⑥宗教的・哲学的・便宜的理由
でホームスクーリングを行なっている生徒や高校中退者に教材を提供し，学習
の個別指導・補助・監督をすることを目指す独学型チャータースクールがあげ
られる．教育市場化を先駆けるチャータースクールは，営利という従来の学校

モデルから大きく逸脱する要素を含むため賛否両論の段階にあり，州政府の対応としては営利団体に対して学校設置許可状を交付しないなどの制限措置を設けている州が多い．

(4)　長期的・組織トレンドとしてのチャータースクール改革

　公教育システムの官僚制化の流れを変更する取り組みとしてのチャータースクール改革は，前述した教育改革の長期的・組織トレンドを発動する5つの条件を兼ね備えている．すでに述べた通り，チャータースクール改革は，①学校・教員の自律性を求める教育システム内部の指導者（学校管理職員・教員）による学校単位の教育経営から発展し，②新右派やリベラル派からも支援されている．さらに③全米の約8割の州でチャータースクールの設置・管理運営に関する法的基盤がすでに整っている．なお，④上述した6類型のチャータースクールは，それぞれに従来の公立学校と決定的に異なる特色をもつものの，学校教育の文法に組織的変更を加え，「本物の学校」のイメージをくつがえすような斬新な試みとはいえない．最後に，⑤チャータースクールは，既存の公立学校に直接的な影響を及ぼすことのない形で導入されている．

　チャータースクール改革は，こうした5つの条件を満たすことによって定着し，公教育システムの官僚制化の流れを変更する長期的・組織トレンドを発動していると考えられる．その契機となっているチェック・アンド・バランスの仕組みは，チャータースクールが強い自律性を付与される条件として，①教育目標の達成，②生徒の学力向上，③健全な学校経営などについてのアカウンタビリティをチャーター授与機関と納税者に対して負うというものである．いうまでもなく健全な学校経営には，チャータースクールが保護者より学校の教育目標に対する理解と，教育内容・教育方法・教育成果に対する高い評価を獲得し，多くの生徒の在籍を得ているかどうかという学校選択の要素が組み込まれている．自律性を付与されたチャータースクールは，契約期間内（通常3〜5年）に一定の成果をあげられなければ，チャーターを剥奪され閉校を余儀なく

されるため，アカウンタビリティ要件を効率的に満たす不断の努力が展開されるのである．

(5) チャータースクールの問題点

1．教員と生徒の権限縮小

こうした特徴をもつチャータースクールの取り組みは，効果的な教育活動を阻む近代公教育システムの官僚制の問題を解消する具体的方策を模索する上で示唆に富む．しかしながら，チャータースクールの実践から確認されるいくつかの問題点は，チェック・アンド・バランスの仕組みに内在する矛盾についても注意を喚起する．たとえばマサチューセッツ州では，チャータースクールに教員任免権が与えられることによって学校の権限が強化されているが（MDE, 1999），そのことによって学校（学校管理職者）と教員・保護者（生徒）の協働関係が損なわれる危険性が指摘される．すなわち学校は教員を任免する権限を有することによって，教育目標やそれを達成する方法について一致した考え方をもつ教員集団を結成することが可能になる．しかしながら，その結果としてもたらされる教職員組合の保護を受けないチャータースクール教員の身分の不安定性は，学校管理職員に対する教員の従属的な関係を構築・助長し，教員の長期的計画に基づく専門性向上を阻みかねない（Johnson, S. M. and Landman, J., 2000）．

同様に，チャータースクールの学区・州の法令・規則の適用からの免除は，生徒の退学処分に関する行政手続きの簡略化も許すが，このことはチャータースクールが選択制の学校であることと相まって，比較的容易に生徒を退学処分にすることを可能にする．その結果としてもたらされる生徒の身分の不安定性は，生徒を慎み深くさせ，チャータースクールの規律維持にとって有利であるだろう．しかし，チャータースクールがこうした強い権限をもつことによって問題生徒に対する教育義務を容易に放棄し，普通公立学校に押しつける事態を招くとすれば，すべての生徒に対して開かれた教育機関としての公立学校の存

在意義にかけて憂慮すべき問題である．このようにチャータースクール改革によって学校の権限が強化される代償として，教員や生徒の権限が縮小されるという危険性に十分に留意する必要がある（Becker, H. J. et al., 1997）．

　２．自律性とアカウンタビリティのバランス点

　チャータースクールが生徒の教育ニーズに応える効果的な教育活動を展開する前提条件として教育内容や教育方法に関する自律性を追求することと，アカウンタビリティ要件として学区・州共通カリキュラムなどに規定される学力の向上を目指さなければならないこととの間には，原理的な矛盾があることを指摘する必要がある．チャータースクールが目指すべき卓越性の中身が学区・州共通カリキュラムによって規定される以上，教育内容に関する自由裁量権は，州共通カリキュラムの内容を網羅した後の時間的・資源的余裕のなかで追求される限られた権限であるに過ぎない．教育方法に関する自由裁量権も，教科区分や単元配列などがアカウンタビリティ指標として採用される標準学力テストによって規定される以上，十分には発揮されえない．学校・教員のアカウンタビリティは，自律性をもつチャータースクールの公共性と質を保証する上で不可欠な視点であるが，教育内容・方法に必要以上の規制を課すとき，チャータースクールの自律性は形骸化してしまう恐れがある．したがって学校・教員の自律性とアカウンタビリティの最適のバランス点を模索することが，チャータースクールの発展に向けて優先的にとりくまなければならない課題といえる．

第7節　アメリカ現代教育改革が示唆する方向性

(1)　近代公教育システムの官僚制の弊害への挑戦

　本章では，アメリカ現代教育改革を教育改革の歴史の流れのなかに位置づけることによってその特徴を理解することを試みたが，ここで明らかになったのは，近代公教育システムの成熟過程において堆積してきた無数の法令・規則と，複雑な権限関係によって学校・教員の自律的な教育実践が阻まれており，そう

した官僚制の弊害を乗り越える取り組みとして現代教育改革が発展してきていることである．そのなかで①学校・教員の自律性，②学校・教員のアカウンタビリティ，③保護者の学校選択というチェック・アンド・バランスの仕組みによって特徴づけられる学校の導入を推進するチャータースクール改革は，20世紀初頭以降不断に進行してきた公教育システムの官僚制化の流れを変更する先駆的な試みとして注目される．

　チャータースクールの実践より，学校の権限を強化しながら学校・教員・保護者（生徒）の協働関係を維持することの難しさや，学校・教員の自律性を保障しながら学校の公共性と質を保証するアカウンタビリティのあり方を規定することの困難さが示された．これらの課題は，自律性・アカウンタビリティ・学校選択というチェック・アンド・バランスの仕組みを機能させるために解決しなければならない数多くの課題の一部であるが，チェック・アンド・バランスの仕組みが十分に精錬されたとき，公教育システムの官僚制化の流れを本格的に食い止め，新たな長期的・組織トレンドを発動させることができるだろう．

　チャータースクールの新設に割り当てられた連邦補助金は，1995年度600万ドル，1998年度8,000万ドル，2001年度1.9億ドルと急速に増加し，2004年度以降は毎年2億ドルが計上されている．チャータースクールが公立学校全体に占める比率は4％に過ぎないが，1991年に手がけられて16年を経た今日も増加傾向にある．このチャータースクールが公立学校システム全体にいかなる影響を及ぼし，新しい教育行政システムの構築にいかなる示唆を提供するのかは今後検証していく必要があるが，チャータースクールが象徴するアメリカ現代教育改革は法令・規則による統制ではなく，政府，学校・教員，保護者のチェック・アンド・バランスによる統制を基調とする教育行政システムの構築にむけた長期的・組織トレンドをすでに緩やかに発動させているとみることができるだろう．

(2)　学校教育機能の矮小化

　本章では，アメリカ経済の国際競争力を目指す現代教育改革が，学校の選別配分機能を偏重していることも示した．学校の選別配分機能を重視する立場は，現代教育改革の第一の波を手掛けたエリート政治家集団から，教育市場化を推進する新右派に受け継がれ，現代教育改革の方向性を規定してきた．しかしながら教育の役割が，このように非常に限られた経済的役割に矮小化されることには大きな問題がある．前述した通り，アメリカ社会では学校教育の社会統合機能，選別配分機能，自律化機能が常に同時に重視されることによって教育のバランスが保たれてきた．ところが，現代教育改革を巡る議論は，国力の増強や標準学力テスト得点の上昇といった近視眼的な内容に終始し，アメリカ社会がどのような公共の善を目指し，そのために学校でどのような知識・技能・価値を教授するかという教育の本質に関わる議論が欠落しているように思われる．もちろん学校の自律性が強められるに従って，教育内容・方法に特色を求める多様な実践が展開され，学校の社会統合機能や自律化機能を重視する取り組みも展開されてきている．しかしそうした取り組みのアカウンタビリティが教育の卓越性を目指す立場からのみ問われるとき，学校教育がどれほど公共の善の推進に貢献したのかは見過ごされてしまうだろう．現代教育改革はチェック・アンド・バランスの仕組みによって公教育の官僚制化の流れを変更しつつあるが，その際に学校がいかに広く人びと（公共）のニーズに効率的に応えているかという視点だけでなく，公共の善の推進にいかに貢献しているかという視点も意識的に組み込まなければ，学校は人類社会の未来を形成する公共機関ではなく，教育市場において功利的に選択される消費財に矮小化されてしまうのである．

(3)　日本の教育への示唆

　1．学校・教員の自律性を強化する視点

　それでは，こうした特徴をもつアメリカ現代教育改革は，今日の日本の教育

にどのような示唆を与えるのだろうか．第1に，日本でも近年，効率的な学校教育のあり方が模索されているが，その一環として各地でポケット的に導入されてきている学校評価や学校選択制が，学校・教員の自律性に根ざしたチェック・アンド・バランスの仕組みの一環として導入されているのではないことが指摘される．学校評価が日本で最初に取り上げられたのは1950年にさかのぼるが，半世紀にわたって繰り返し導入が試みられてきたにもかかわらず浸透せず，学校の自律性を前提とした学校評価はいまだ定着していない．学校選択制も通学区域の「弾力化」や「ブロック化」などの名称で1990年代末から各地で導入されているが，学校が特色ある教育実践を展開し，親が子どもの教育ニーズを満たす学校を積極的に選択するといったメカニズムが機能しているとは未だいいがたい．このように改革が定着しない理由としては，学校評価の場合は，教育委員会の指導行政というトップ・ダウン方式で，教育現場の実情に必ずしも即さない形で導入されてきたことや，改革の有効性についての教員の理解と積極的関与を得ることができずにきたことなどが指摘されている．また，学校・教員の自律性を伴わない学校評価や学校選択制はチェック・アンド・バランスの仕組みとして機能しないため，改革の意義そのものが損なわれていることも，改革が定着しない重大な理由としてあげることができるだろう．学校のアカウンタビリティは，自律性を付与された学校が明確な教育目標に向けて特色ある教育実践を展開している場合にのみ問う意味があるし，学校選択制も学校に特色がなければ導入する必然性は見出せない．学校評価も学校選択制も，学校の自律性が保障されている場合にのみ，公教育システムの官僚制の弊害を乗り越える手段となるのである．もっとも日本では学校評価も学校選択制も，公教育システムの官僚制の弊害と直接結びつけて論じられることは少なく，現代の教育問題の所在についての認識に日米間では重要な相違があることがわかる．

　2．学校教育機能の総合性

　アメリカ現代教育改革から得られる第2の示唆として，学校教育の機能を総

合的にとらえることの重要性があげられる．平成14年度より導入された新学習指導要領では，厳選された教育内容の確実な習得と，「生徒の興味・関心，進路希望等に応じた能力の伸長」が目指されている点に大きな特徴がある．これは平等主義を貫徹してきた第二次世界大戦後の日本教育が，個々の能力に適した教育を提供する適能教育主義に政策転換したことを意味するが，そうした政策転換は，バブル崩壊後の経済建て直しが難航するなかで，日本再建を委ねるリーダー養成の必要性を強調する世論を反映していると考えられる（教育改革国民会議, 2000）．しかし同時に，新学習指導要領は「横断的・総合的な課題などについて，自然体験や社会体験，観察・実験，見学・調査などの体験的な学習，問題解決的な学習」である「総合的な学習の時間」を通して，問題解決能力，批判的分析力，創造性といった，これまで学校で優先的に追求されてこなかった能力の育成も目指されている．

　すなわち日本の学校では，学習指導要領に基づいて基礎的な知識・技能・価値が教授されながら（社会統制機能），グローバル経済における競争力回復の資源となる人材育成（選別配分機能）も目指され，かつ情報化・グローバル化，多文化化された社会に生きる子どもたちに特に必要となる自律的知性を鍛える試みも実施されている（自律化機能）．したがって，教育の選別配分機能が偏重されているアメリカとは異なり，日本では比較的長期的な展望に立つバランスのとれた教育改革が実施されていると評価することができるだろう．ただこれらの改革が短期的・政策サイクルにおける一過性の改革に終ることなく，長期的・組織トレンドとして定着するためには，何よりも改革がその担い手である教員にとって意義深いものでなければならない．そのためには，教育改革のさまざまな取り組みが，教育現場の実情に精通した教員の専門的判断に基づいて選択的に採用できるオプションとして提示される必要があることと，教員が専門的指導性を発揮する前提条件となる学校・教員の自律性が確保されなければならないことは，いうまでもないだろう．

〈引用・参考文献〉

赤尾勝巳「アメリカ I ―学校教育の改革」『世界の教育改革の思想と現状』理想社 2000 年

教育改革国民会議『教育改革国民会議中間報告―教育を変える提案（平成 12 年 9 月 22 日）』http://www.kantei.go.jp/jp/kyouiku/houkoku/0922houkoku.html, 2003 年 5 月 1 日アクセス

黒崎勲『学校選択と学校参加』東京大学出版会　1994 年

深堀聰子「エンロールメント・マネージメントとアクセスの平等性」江原武一・杉本均編著『大学の管理運営改革―日本の行方と諸外国の動向』東信堂　2005 年

文部科学省『新しい学習指導要領のねらいの実現に向けて』(http://www.mext.go.jp/b_menu/sosuiki/index.htm) 2003 年 5 月 1 日アクセス

Apple, M. W., *Cultural Politics & Education*, Teachers College Press, 1996.

Becker, H. J., Nakagawa, K., Corwin, R. G., Parent Involvement Contracts in California's Charter Schools: Strategy for Educational Improvement or Method of Exclusion?" *Teachers College Record*, 98, 3, 1997.

Bowles, S. and Gintis, H., *Schooling in Capitalist America*, Basic Books, 1977

Center for Education Reform (CER, 2007). National Charter School Data-New Schools Estimates 2006-2007 http://www.edreform.com/_upload/ncsw-numbers.pdf, 2007 年 7 月 2 日アクセス.

Johnson, S. M., Landman, J., Sometimes Bureaucracy has its Charms: The Working Conditions of Teachers in Deregulated Schools, *Teachers College Record*, 102, 1, 2000.

Massachusetts Department of Education (MDE), *Massachusetts Charter Schools Accountability Handbook*, 1999.

National Center for Education Statistics (NCES, 2005a), The Digest of Education Statistics, 2005. (http://nces.ed.gov/programs/digest/do5, 2007 年 7 月 2 日アクセス)

Ravitch, D.,"Education and Democracy." InRavitch, D. and Viteritti, J. P., *Making Good Citizens: Education and Civil Society*, Yale University Press, 2001.

Tyack, D., *The One Best System: A history of American Urban Education*, Harvard University Press, 1974.

Tyack, D. and Cuban, L., *Tinkering Toward Utopia-A Century of Public School Reform*, Harvard University Press. 1995.

Urban, W. and Wagoner, J., *American Education-A History*, McGrawHill, 1996.

U. S. Department of Education., "No Child Left Behind." (http://www.nclb.gov)

Wells, A. S., Grutzik, C., Carnochan, S., Slayton, J., Casudeva, A.,"Underlying Policy Assumptions of Charter School Reform: Multiple Meanings of a Movement." *Teachers College Record*, 100, 2, 1999a.

Wells, A. S., Lopez, A., Scott, J., Holme, J. J.,"Charter Schools as Postmodern Paradox: Rethinking Social Stratificationinan Age of Deregulated School Choice." *Harvard Educational Review*, 692, 1999b.

〈文献解題〉

黒崎勲『学校選択と学校参加：アメリカ教育改革の実験に学ぶ』東京大学出版会 1994 年

　　本書は，アメリカにおける学校選択制の発展経緯や，その背景にある保護者の学校経営への参加の挫折について，詳しく解説したものである．学校選択の原理をより深く理解するための必読書である．

黒崎勲『新しいタイプの公立学校』日日教育文庫　2004 年

　　本書は，2000 年より東京都品川区教育委員会によって手掛けられている学校選択制や，教育改革国民会議によって構想されたコミュニティ・スクール（地域運営学校）について解説したものである．学校選択や学校参加の原理が日本の公教育にどのように根づいていくのかを考察するうえで，示唆に富む良書である．

佐伯胖・黒崎勲・佐藤学・田中孝彦・浜田寿美男・藤田英典『岩波講座　現代の教育　第 9 巻　教育の政治経済学』岩波書店　1998 年

　　教育制度に市場原理を導入することで何が達成され，何が失われるのか．改革の対象となっている教育制度の何が問題とされており，それを克服するためには何が必要なのかを改めて検討するために役立つ 1 冊である．

〈演習問題〉

①本章では，アメリカで教育改革に対する社会的関心が高いにもかかわらず，実際の変化は緩慢であることの理由を 2 つ指摘しました．これらの特徴は，日本にもあてはまるでしょうか．類似点と相違点をまとめてみましょう．

②アメリカ現代教育改革の特徴をチェック・アンド・バランスの観点から整理してみましょう．

③本書では，アメリカ現代教育改革がチェック・アンド・バランスによる統制を基調とする教育行政システムの構築にむけた長期的・組織トレンドを発動させていると述べました．この見解について，あなたはどのように考えますか．

第6章

現代中国の教育改革

本章のねらい

　1970年代後半以降中国では改革開放政策がとられ，経済体制の転換が進むなかで，教育は経済的・社会的発展の基礎として一貫して重視され，量的に大きく拡大してきた．同時にさまざまな側面で改革が進められ，教育のあり方は変容してきている．そのひとつの側面は市場原理の導入であり，もうひとつの側面は「素質教育」の実施である．急激な量的拡大による教育の質の維持が困難であることや，教育の質や普及の点で大きな地域間格差が存在することなど課題も抱えているが，中国の教育はわが国以上に多様な展開を見せている．

第1節　学校教育体系

(1)　顕著な高学歴志向

　少し古くなるが，2002年10月，財団法人日本青少年研究所から「中学生の生活と意識に関する調査」という，2001年秋から2002年春にかけて日本，アメリカ，中国の中学生を対象に実施した国際比較調査の結果が公表された．この調査には「あなたは，将来どこまで学校に進みたいですか」という設問があり，それに対する回答は3ヵ国で大きく異なっている（図6-1）．日本では「大学まで」進みたいという回答がもっとも多く（38.9%），「高校まで」がそれに続いている（27.9%）．それに対して中国では，「高校まで」と回答している者はほとんどおらず（1.6%），逆に，「大学院博士まで」が約半数の47.5%にのぼり，「大学院修士まで」（23.7%）とあわせると，大学院進学希望者が7割を

図6-1　中学生の希望する学歴（日本，アメリカ，中国）

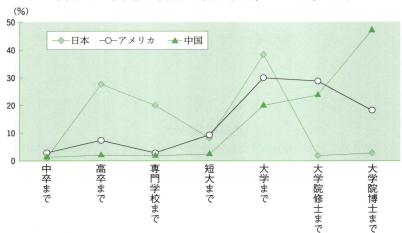

出典）「中学生の生活と意識に関する調査報告書　日本・米国・中国の3カ国の比較」日本青少年研究所，2002
　　　年，p. 79 の表をもとに作成

超えている．後に具体的に確認するように中国はけっして高学歴社会だとはい
えないが，この結果は，中国ではわが国よりも高学歴志向であることを示唆し
ている．

　またこの調査では，何が学校の成績と関係あるのかについても尋ねている．
中国の結果をみると，「とても関係ある」という回答がもっとも多いのは「努
力の程度」(79.7%) であり，その次は「先生の教える能力」(52.1%) となって
いて，逆に「生まれながらの能力」が学校の成績と「とても関係ある」と考え
ているのは 17.2% にとどまっている．つまり，学校でよい成績をあげるには，
生まれつきもっている能力よりも本人の努力が肝心で，それを支える教育環境
も重要だと考えていることがわかる．

　10 年余り続いた文化大革命が終わった 1970 年代後半以降，中国では改革開
放政策が進められ，海外との積極的な交流がはかられるとともに，経済体制の
転換を含めた大胆な改革が次つぎと行なわれてきた．とりわけ 1990 年代以降，
急速な経済成長もあって，中国社会にはいちじるしい変化がみられる．教育の

分野でもさまざまな改革が進められ，教育のあり方が大きく変わってきているのが現状である．上にあげた調査結果は，現代中国における社会と教育のあり方を反映している．

　本章では，まず中国の現行学校教育体系を整理し，次に 1970 年代後半以降政策の上で教育が一貫して重視されていることを確認する．それから近年の変化として，学生数の増加，教育における市場原理の導入，そして「素質教育」の実施の 3 点を取り上げる．

(2)　学校教育体系

　それでは最初に，現行の学校教育体系をまとめておこう（図6-2）．

　子どもたちが最初に入学するのは，就学前教育段階の幼稚園である．主要な対象は 3 歳から小学校に入学するまでの子どもであるが，3 歳未満の子どもを受け入れる幼稚園もある．全日制のほか，半日制や定時制，寄宿制，決まった時期にだけ通う季節制等さまざまな方式がとられている．通学が義務ではないので，すべての子どもが通うわけではない．

　幼稚園を終えて入学する小学校が初等教育段階にあたる．中国の小学校は多くが 6 年制だが，5 年制の学校もある．学生数でみると，約 2.7％が 5 年制小学に通っている（2010 年）．法規上は 6 歳入学が基本であるが，7 歳入学を実施しているところも多い．2010 年の統計によれば，小学 1 年生の 70.6％が 6 歳児，25.5％が 7 歳児となっている．なお，5 歳以下の子どもも 2.2％在籍している．

　次の中等教育段階にはまず，わが国の中学校に相当する学校として初級中学があり，同じくわが国の高等学校に相当する学校として高級中学がある．これらの中学にはそれぞれ，普通教育だけを行なう学校（「普通中学」）と，主として職業教育を行なう学校（「職業中学」）とがある．後に述べるように，初級中学は 3 年制か 4 年制で，高級中学は 3 年制である．このほか，高級中学と同じレベルで，職業教育を主とする中等専門学校や技術労働者学校が設置されている．

172

図6-2 中国の現行学校教育体系

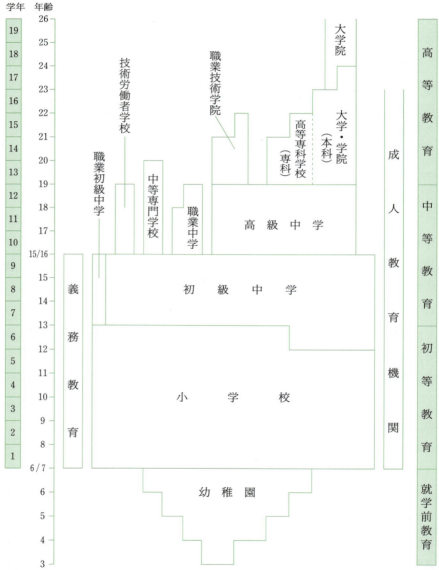

出典）文部省編『諸外国の学校教育 アジア・オセアニア・アフリカ編』大蔵省印刷局，1996 年，p. 17 の図を主
に参照して作成

初級中学を前期中等教育段階，高級中学および中等専門学校，技術労働者学校を後期中等教育段階と分けることもある．

 ティー・ブレーク 「中国の義務教育制度」

中国では，1986 年に「中華人民共和国義務教育法」が定められ，9 年制の義務教育制度が導入された．そのときには，全国を 3 つの地域に分けて普及目標が設定された．その後普及が目標を上回る速度で進んだこともあり，2006 年には法改正が行なわれ，均衡のとれた発展が目指されることになった．

中国では，小学校と初級中学をあわせた期間が義務教育とされている．1986 年に施行された「中華人民共和国義務教育法」では，義務教育は 9 年間と規定されていて，小学校が 6 年制のときには初級中学は 3 年制，小学校が 5 年制のときには初級中学は 4 年制となる．

もっとも上級に位置づけられる高等教育段階には，4〜5 年制の本科課程をおく総合大学や単科大学（名称は「学院」）と，2〜3 年制の専科課程だけをおく高等専科学校や職業技術学院がある．前者の総合大学や単科大学（「学院」）のなかには，専科課程を併設するところもある．以下の説明で，高等教育機関というときには，これらすべての機関が含まれる．これらの高等教育機関に入学するためには，原則として全国統一で実施される入学試験に参加して合格しなければならない．また碩士課程（わが国の修士課程に相当）や博士課程の大学院教育は，総合大学や単科大学（「学院」）が主として担っているが，中国科学院をはじめとするさまざまな研究機関でも行なわれている．

ここまでは全日制教育機関の説明であるが，こうした一連の教育体系と並行して，勤労成人向けの教育機関が数多く設置され，成人教育体系を形成していることは，中国の学校教育体系の重要な特色である．在職者が学べるように夜間開講制や通信教育制をとっている教育機関がそれぞれの教育段階に設置されている．また高等教育段階では，高等教育独学試験制度が導入されている．こ

れは，国が公表したカリキュラムと教材に従って学習を進め，すべての科目で試験に合格すれば高等教育修了の学歴が得られる制度である．名称からも推測される通り，特定の学校に通わずに独学するだけでもかまわない．

　中国ではこのように，全日制の教育機関を中心としつつ，多様な形態の教育や学習の機会が提供されているのである．

第2節　教育重視の政策

(1)　「科教興国」戦略

　中国では1970年代後半以降，改革開放政策がとられ，社会の各方面で改革が行なわれてきた．そのなかで教育は，工業，農業，国防，科学技術の「4つの現代化」を実現するための基礎と位置づけられ，量的拡大が進められると同時に，質の向上を目指すさまざまな改革が実施された．1990年代に入ると，教育を優先的に発展させ，全民族の思想道徳と科学文化水準を高めることが「現代化」の根本であると考えられるようになった．

 ティー・ブレーク　「農民工子女」の教育

　中国では厳格な戸籍制度がとられていたが，市場経済体制が進展するにつれて都市部での職を求める農村出身者が急増した．これに伴い，戸籍をもたないまま都市に居住する子ども（農民工子女）の教育をどのように保障するかが解決すべき重要な課題となった．同時に，農村に取り残された子ども（留守児童）の教育も社会問題化している．

　そうした流れを踏まえて，1990年代半ばには，「科教興国」（科学技術と教育によって国の振興をはかる）戦略が打ち出された．これは，科学技術と教育が経済や社会の発展にとって重要なものであるとし，それらの振興を通じて国の科学技術力とそれに基づく生産力，国民全体の科学的・文化的素質を高めて，国を

いち早く発展させようという考え方である．このような戦略がとられた背景には，21世紀がハイテク技術を中核とする知識経済の時代であり，国の総合的な力量と国際競争力がますます教育発展の度合いと科学技術および知識創造の水準によって決まるようになるという見通しがあった．

　この「科教興国」戦略が具体化されたのが，1998年に制定された「21世紀を目指す教育振興行動計画」である．この計画には，量的側面，質的側面それぞれについて，2010年までに達成すべき目標があげられた．量的側面では，初等・中等教育段階については9年制義務教育の全国への普及を踏まえて，都市部や経済的に発展した地域で後期中等教育段階の教育を普及させることが目指され，高等教育段階では「就学率」を15％にまで高めることが目標とされた．一方，質的側面では，世界一流の大学を作るとともに，生涯教育体系を作り上げ，国の知識創造システムおよび「現代化」建設のために十分な人的サポートと知的貢献を行なうことが目標となっていた．2004年にはこの計画を踏まえて，「2003-2007年教育振興行動計画」が改めて策定された．

(2)　「人的資源強国」に向けた改革

　2010年には「国家中長期教育改革・発展計画要綱（2010-2020年）」が公表され，新たに2020年までの10年間に達成すべき目標や改革の方向性が示された．このなかでは，教育が「百年の大計」の根本であり，国の盛衰は教育に係っていることが強調され，「人口大国から人的資源大国への転換」をはかるために，教育を優先的に発展させ，教育の現代化の水準を高めることが謳われた．目標として「優先的発展，根本としての人の育成，改革・創造，公平の促進，質の向上」が示され，具体的には次のような方針が定められた．量的側面では，さらに高い水準での教育の普及を達成することとされ，義務教育をよりいっそう普及させるほか，就学前教育を基本的に普及させることや，後期中等教育段階の「就学率」を90％にまで高め，高等教育の「就学率」を40％にまで高めることが目標とされた．質的側面では，教育にかける資源を増やすことでいっそ

うの向上をはかり，思想道徳的資質，科学文化的資質，身体的資質をはっきり
と高めることが目指された．ここで重視されているのが後述する「素質教育」
である．同時に，教育の公平性の促進や生涯教育体系の構築が目指されている．
こうした目標を達成するために，各学校教育段階でさらに具体的に発展・改革
の方向性が示されるとともに，人材養成制度や学生募集制度，学校運営体制，
教育管理体制などの改革に言及されている．

　このように，1970 年代後半以降現在まで，教育は経済的・社会的発展の基
礎として一貫して重視されており，法規の整備をはじめとしてさまざまな施策
がとられている．

第3節　学校教育の規模

(1)　学生数の増加

　それでは，このような教育重視の状況のなかで，中国の教育はどのように変
化してきているのだろうか．もっともはっきりとした変化のひとつは，学生数
が大きく増加したことである．

　周知のように，中国は約 13 億の巨大な人口を抱える国である．これだけ巨
大な人口のうち，現在どのくらいの人が学校教育を受けているのか想像できる
だろうか．答えは，日本の総人口のほぼ2倍にあたる2億 6,097 万人である
(2010 年)．教育段階別の内訳を見ると（表6-1），就学前教育の幼稚園に 2,977
万人，小学校の初等教育段階に1億 135 万人，中等教育段階に1億 20 万人，
そして大学をはじめとする高等教育段階には 2,922 万人がそれぞれ在籍してい
る．このほか，盲学校や聾学校といった特殊教育学校に 43 万人の学生がいる.
このように学生数が多いと，学校数や教員数も当然多くなる．就学前教育から
高等教育まですべての教育段階をあわせると，学校数は約 53 万校であり，教
員数はおよそ 1,400 万人に達している．

　1990 年から 2010 年までの約 20 年間で，学生数は大きく増加している．

表6-1　学生数の変化

（単位：万人）

	1980 年	1990 年	2000 年	2010 年
就学前教育	1150	1972	2244	2977
初 等 教 育	16273	14523	13494	10135
中 等 教 育	6482	6769	8722	10020
高 等 教 育	166	382	940	2922
特 殊 教 育	3	7	38	43
合　　　計	24074	23653	25438	26097

出典）『中国教育成就　統計資料　1980-1985』,『中国教育統計年鑑』1990 年版および同 2010 年版より作成

1990 年の学生総数は 2 億 3,653 万人だったので，この期間に 2,444 万人も増加したことになる．1980 年時点での学生総数は約 2 億 4,074 万人であり，1980 年代の 10 年間には，1979 年から実施されたひとりっ子政策[1]により初等教育段階での当該年齢人口の減少などから全体として減少傾向にあったが，その後は増加傾向に転じている．1990 年から 2010 年までにおける増加の状況を教育段階ごとにみると，初等教育段階で継続して減少しているのを除けば，それ以外の教育段階ではいずれもこの期間に学生数が増加している．中等教育段階では 1990 年の 6,769 万人から 2010 年の 1 億 20 万人へと約 1.5 倍になっているし，高等教育段階でも 1990 年の 382 万人から 2010 年の 2,922 万人へと約 7.6 倍にまで大きく拡大している．

(2)　就学率

　このように，学生数からみると中国の学校教育は近年大きく拡大して絶対数ではすでに非常に大きな規模となっているが，教育の普及という点では，これでもまだ立ちおくれている面がある．普及の度合いを示す「就学率」に注目すると，2010 年の時点で，小学校では 104.6％，初級中学の前期中等教育段階では 100.1％となっていて，基本的な普及はすでに達成している状況にある．一方，高級中学や中等専門学校等の後期中等教育段階の「就学率」は 82.5％で，

178

大学等の高等教育段階では 26.5％ にとどまっている．各国で公表されている就学率や進学率は国によって計算のしかたが異なるため単純に比較することはできないが，これらの数字はたとえばわが国の現状と比べるとかなり低いものである．もっとも，逆にみればこのことは，学生数が増加する余地がまだ残っているということも示している．

 ティー・ブレーク　中国の「就学率」

中国の「就学率」は，ある教育段階の学校に実際に通っている学生（園児，児童，生徒）の総数をその教育段階に通っているはずの当該年齢人口で除した比率である．その教育段階で成人教育を受けるなどしてその年齢人口に属さない学生が多く通っていると，小学校の「就学率」のように 100％ を超えることもある．

第4節　教育における市場原理の導入

(1)　学校設置主体の多様化

近年の教育改革に大きな影響を与えている要因として，中国社会全体の計画経済体制から「社会主義市場経済」体制への転換がある．中国は従来計画経済体制をとっていて，資源の分配や人材の養成はあらかじめ作成された計画にのっとって行なわれていた．しかし 1970 年代後半以降改革開放政策がとられるなかで，市場経済の導入が模索されて試験的な取り組みが進められ，1992 年に「社会主義市場経済」体制の確立が提起された．こうした経済体制の転換に伴って，教育を含む社会の各方面で市場の需給に基づいた競争原理が取り入れられてきたのである．

市場を基礎とした考え方はまず，学校設置主体の多様化を促した．経済のあり方が多様化するなかで，多様な主体が学校を運営することが認められ，奨励されるようになってきた．中国における教育の基本的枠組みを定めた 1995 年

の「中華人民共和国教育法」では，「国は，企業・事業組織，社会団体，その他の社会組織及び公民個人が法に従って学校及びその他の教育機構を設置・運営することを奨励する」（第25条）と規定されている．さらに，2002年末には「中華人民共和国民営教育促進法」が制定され，社会組織や個人による学校の設置・運営が積極的に促進される法的基盤が整備された．このような政府の教育行政部門以外の組織や個人が設置・運営する機関は，民営学校と呼ばれている．

　文化大革命終結後，民営学校が積極的に作られるようになったのは，まず高等教育段階においてであった．1980年代に入って高等教育独学試験の受験準備クラスや各種の職業技術学校が民間で相次いで作られ，それが規模を大きくしつつ質の向上も進めた結果，そのなかから国から正規の高等教育機関として認められる機関が出現するようになった．そうした民営高等教育機関の数は徐々に増加し，2010年には，国が認可した全日制の高等教育機関2,358校のうち674校が民営高等教育機関，また成人向けの高等教育機関365校のうち2校が民営高等教育機関となっている．一方，初等教育段階，中等教育段階の民営学校は，1990年代に入って本格的な増加が始まった．2010年の統計によれば，全日制教育機関では，小学校で学生全体の5.4％が民営学校に通っていて，普通中学と職業中学をあわせた初級中学では8.4％，後期中等教育段階の普通高級中学では9.5％の学生がこうした民営学校に通っている．また幼稚園では47.0％の園児が民営の幼稚園に通っている．幼稚園を除いて比率としてはまだそれほど高いとはいえないものの，先にみた学生の絶対数とあわせて考えると，民営学校の規模は大きく拡大していることがわかるだろう．

　こうした民営学校のなかには，「貴族学校」と呼ばれるような学校も出現している．この「貴族学校」は，設備が他よりも充実している一方で，学費も他より高く設定されている．経済成長に伴って，お金をかけてもいいから子どもによりよい教育を受けさせたいと考える家庭が出てきたことが，こうした「貴族学校」があらわれた原因のひとつである．

　民営学校が設立される以外に，従来の公立学校に民営学校の管理運営方式を

導入して運営の効率化をはかるとともに財源を多様化するという改革も進められている．この方式は「民営公助」と呼ばれる．「民営公助」方式の学校では，地方教育行政部門からの財政支出が削減される代わりに，学生から学費を徴収できるようになる．また，民営学校と同様に優遇政策の対象となり，自主権をもつことができる．このような方式の導入は，社会からの投資と市場メカニズムの導入によって学校改善につながる，民間の管理手法を用いることによって資源の使用効率が高まる，教育に対する需要を満足させられるといった利点があると考えられている．

(2) 教育の受益者負担

　市場を基礎とした考え方はまた，教育の受益者負担という考え方にも正当性を与えた．高等教育では従来，養成する学生は国の将来を担う人材だということもあって，学生は学費を納める必要がないうえ，キャンパス内に宿舎も与えられていた．しかし，1980年代半ばに学費を納めて自宅から通いながら高等教育機関で学ぶ学生の存在が認められるようになり，1980年代末には学費の徴収が試験的に始められた．そして1997年からは原則としてすべての高等教育機関で学費が徴収されることになった．ただし，広大な中国では地域によって家庭の所得水準や物価の水準がかなり異なるため，全国で一律の学費が設定されることはなく，各地域で基準が決められたうえで機関ごとに学費の額が決定されている．現在では，民営の高等教育機関よりも高い学費をとるところもあらわれている．ただし同時に，教員養成など一部の専門領域では，優秀な学生の確保を目的として学費の免除が行なわれている．初等・中等教育でも，義務教育ではない後期中等教育段階の高級中学では学費が徴収されているし，すでに述べたように，民営学校や「民営公助」方式の学校では義務教育段階であっても学費の徴収が行なわれている．

　一方，教育費を負担する側の家庭に注目すれば，社会全体が経済的に発展し所得水準が上昇するなかで，教育に支出できる平均的な経費は増加している．

また 1979 年からのひとりっ子政策の実施によって，ひとりしかいない子ども
に対する家庭の期待も高まった．つまり，経済的に余力のある家庭では，子ど
もに対する高い期待をもとに，子どもがより上級の学校へ進学できるよう努力
を惜しまないという状況になっている．

(3) 高等教育機関における資源の重点配分と自主権の拡大

　高等教育段階では，さらに次のような改革が進められている．

　まず，資源の効率的な使用を目指して，資源の重点的な配分が行なわれるよ
うになっている．中国では，1950 年代から一部の高等教育機関が重点大学と
して優遇されてきたが，近年ではそうした取り組みとして，1993 年に始まっ
た「211 プロジェクト」(「211 工程」)や 1999 年にスタートした「985 プロジェ
クト」(「985 工程」)が進められている．後者は，世界トップレベルの一流大学
を作り上げることを目的としており，最初は北京大学と清華大学の 2 校からス
タートして，その後徐々に対象機関を増やしている．

　また，各高等教育機関の運営自主権が拡大されている．従来は，主要な事項
は政府の主管部門が決定し，高等教育機関はそれを遂行するという状況であっ
たが，1980 年代から徐々に自主権の拡大が行なわれ，各機関が自ら決定でき
る事項が増やされてきた．1998 年に制定された「中華人民共和国高等教育法」
では，学生募集計画の策定や設置する学問分野・専攻の調整，カリキュラムの
策定と教材の選択・編集，科学研究や技術開発，社会サービスの実施，国外の
高等教育機関との科学技術文化交流，内部組織機構の設置と人員の配置，財産
の管理と使用等の活動は高等教育機関が自ら主体的に決定することが規定され
ている．現在これらすべての事項が機関ごとに自由に決められているという状
況には至ってはいないが，このような自主権の拡大を通じて，各機関は自らの
おかれた環境のなかで発展の方向性やそのための戦略を自ら決めることが可能
になりつつある．そして実際，すでに述べたような社会や教育の変化のなかで，
機関ごとに多様な取り組みが進められている．

　こうした自主権の拡大とともに，評価活動も積極的に行なわれるようになっている．評価活動は 1980 年代から始まっていたが，1990 年に法規が制定されて教育評価が制度化された．この評価には，一定の基準に達しているかどうかをチェックするものと，優れた教育活動を行なっているかどうかを判定するものとの 2 種類がある．また，試験的に設置されていた「研究生院」と呼ばれる大学院教育管理組織の評価が 1994 年に行なわれたのをはじめとして，大学院教育や授与された学位の質に関する評価も行なわれている．このほか現在では，官民双方によるさまざまな「大学ランキング」が公表されている．

ティー・ブレーク　985 プロジェクト（「985 工程」）

　一部の高等教育機関に重点的な財政配分を行なうことによって世界のトップレベルに位置する一流大学を作り出すことを目標としたプロジェクト．1998年 5 月 4 日に江沢民総書記（当時）が北京大学創立 100 周年大会で行なった演説に基づいて始められた．2014 年時点で 39 大学が対象となっている．

第 5 節　「素質教育」の実施

(1)　激しい受験競争

　以上見てきたような改革では，教育を受けることが奨励される一方で，教育の普及はまだ十分ではなく，また所得の格差が拡大することによって，実際にどのような教育をどの程度受けられるかは学生によって大きく異なることになった．加えて，初等教育段階や中等教育段階でも重点学校が選ばれるなど資源の重点的な配分が行なわれてきた結果，同じ段階の学校間で施設設備や教員の質に大きな格差が生まれ，それが現在まで維持されてきている．その結果，より上級の学校やよりよい学校へ進むための激しい競争が起こり，中等教育以下の段階では学校も教師も子どもも，そうした競争に巻き込まれかねない状況が生じたのである．

　実際，このようなより上級の学校，よりよい学校へ進むための激しい競争は1980年代から問題視され，繰り返し批判されてきた．1970年代後半以降，教育が重視されて整備・拡大されてきたが，より上級の学校，特に高等教育機関へ進みたいという希望をもつ多くの学生のなかでその望みをかなえられるのはほんのひと握りという状況が続いた．進学をめぐって学生の競争が起きただけでなく，親はそれを焚きつけ，学校や教師も進学率を上げようとさまざまな方法をとった．わが国の文部科学省にあたる教育部はこれに対して，上級学校への進学のみをよしとする風潮を変えようと，進学だけが成功への道ではないことを繰り返し強調し，学校に対しても進学率を絶対視しないよう何度か通知を出した．

(2)　素質教育

　こうした状況を踏まえて1980年代後半には，「応試教育」（受験対応型教育）から「素質教育」への転換がいわれるようになった．1990年代半ばになるとこの「素質教育」は，このような単なる「応試教育」への批判としてだけではなく，新しい教育の枠組みとして提案されるようになっている．そしてこの「素質教育」は，今や中国教育の方向性を決定するもっとも基本的な軸のひとつとなっている．

 ティー・ブレーク　少年クラス

　中国の才能教育制度として大学の「少年クラス」がある．これは，15歳前後の者を受け入れて高等教育を施す特別のクラスであり，中国科学技術大学などに設置されている．通常の学校でも飛び級・飛び入学があり，また5歳以下で小学校に入学する者もいるので，18歳未満で大学に入学することもそれほど珍しいことではない．

　それでは，この「素質教育」とはどのような教育のことをいうのだろうか．
「素質教育」はまず，国民の資質を向上させ，学生の創造的精神と実践的能力
の育成に重点をおいて，徳・知・体・美等の面で全面的に発達した人間を育て
る教育であるとされている．そして，学校教育だけでなく，家庭教育や社会教
育でも行なわれ，学校教育においては就学前教育から高等教育，成人教育まで
各教育段階のすべての領域で行なわれることになっている．「素質教育」の実
施にあたっては，徳育，知育，体育，美育等を教育活動のなかで有機的に統一
することが求められる．特に学校教育では，知育をしっかりとやるだけでなく
徳育をそれ以上に重視し，さらに体育，美育や労働技術教育，社会実践活動を
加えることによって，学生の全面的な発達と健全な成長を促すことになってい
る．従来の，「応試教育」に対する批判としての「素質教育」は主として初
等・中等教育段階の教育内容や教育方法，評価基準，そして入学者選抜方法等
に関連していたが，「素質教育」を上記のようにとらえることによって，国と
しての教育目標や教育体系，人材の選抜，教員集団といった教育の枠内だけで
はなく，社会的な通念や雇用制度，社会環境等より広範な改革が求められるこ
とになったのである．

　実際には，上述したようなより上級の学校やよりよい学校を目指す競争は依
然として激しく，受験を念頭においた教育はそう簡単にはなくならないだろう．
たとえば，第1節で紹介した国際比較調査では，中国の多くの中学生が本人の
努力とともに「先生の教える能力」も学校の成績に関係があると考えていると
いう結果になっているが，これはよりよい学校への志向が現在でも依然として
強いと読むこともできる．それでも「素質教育」を教育の枠組みとして設定し
たことは，教育内容や入学者選抜方法を手はじめに，教育の各側面，さらには
社会の関連分野へ徐々に影響を与えると思われる．

第6節　現代中国における教育の多様な展開と課題

　1970 年代後半の文化大革命の終結から今日まで，中国では改革開放政策が
とられ，経済体制の転換が進むなかで，教育は経済的・社会的発展の基礎とし
て一貫して重視され，量的に大きく拡大してきた．就学前教育から高等教育ま
での学生総数は 1980 年から 2010 年までの間に，初等教育段階での大幅な減少
にもかかわらず全体としては約 2,000 万人の増加となり，2010 年時点で学生総
数は 2 億 6,097 万人に達している．このような量的拡大とともに，さまざまな
側面で改革が進められ，教育のあり方は変容してきている．そのひとつの側面
は経済体制の転換に伴う市場原理の導入であり，学校設置主体の多様化が進み，
従来の公立学校以外に民営学校の設置が認められ，近年ではそのいっそうの促
進がはかられるようになっている．また，公立学校が運営の効率化や財源の多
様化を求めて民営学校へと転換する動きも見られる．高等教育段階においては，
資源の重点的な配分が行なわれるとともに，各高等教育機関の自主権の拡大と
大学評価活動の展開がいわば車の両輪のように進められている．もうひとつの
側面は「素質教育」の実施である．「素質教育」は，まず受験教育に対する批
判として提案されたが，現在では新しい教育の枠組みとして提唱されるように
なっている．単なる知育だけでなく，徳育，体育，美育等を有機的に関連づけ
て学生の全面的な発達を促そうとするこの「素質教育」の実施は，教育内容や
入学者選抜方法の再検討にとどまらず，社会通念や雇用制度等社会の多くの分
野での改革を求めるものである．こうした不断の改革を通じて，中国の教育は，
わが国以上に多様な展開をみせているのである．

　ただし，このような展開のなかで生じている課題も少なくない．ここでは，
2つの点を指摘しておきたい．

　ひとつは，資源がそれほど十分とはいえない状況では，急激な量的拡大に教
育条件の整備が追いつかないおそれがある点である．たとえば高等教育段階で
は，1990 年代末から職業技術学院の設置が進められたが，その際中等教育機

関である中等専門学校がその母体となっていることが少なくなかったし，高等専科学校が成人高等教育機関や中等専門学校と合併して本科課程を置く単科大学（『学院』）に昇格するケースもみられた．そうした機関のなかには，高等教育機関としての条件を十分に満たすことができない機関もあるだろう．初等・中等教育段階においても，量的拡大が1校当たりの収容人数の増加によって進められている側面があり，学生数の増加に伴う教育条件の維持・改善が十分でない学校がある．

　もうひとつの課題は，教育の質や普及の点で大きな地域間格差がある点である．中国全体でみれば東部の沿海地域と西部内陸地域とでは就学率や学校の教育条件等に違いがあり，平均的には後者の地域の方が立ちおくれている．またそれぞれの地域内でも，都市部と農村部とではやはり格差が存在する．さらに，すでに述べたような，ひとつの都市のなかでも資源の重点的配分を受ける学校とそうでない学校があるという学校間格差まで含めて考えると，ある教育段階の学校を卒業したといっても，実際に何をどのように学び，どの程度の能力を身につけているのかは，通った学校によって大きく異なることになる．その解決に向けた取り組みは始められているが，規模の大きさからすると前途は険しい．

　中国は，量的拡大をさらに進めるなかで，いかに質の維持・向上をはかるのか，そして質や普及の地域間格差をどのように解消していくのかという大きな課題を抱えているのである．

〈注〉
　1）ひとりっ子政策は1979年から実施されてきたが，2015年末に関連法が改正され，廃止されることになった．

〈引用・参考文献〉
石井光夫「中国」文部省編『諸外国の学校教育（アジア・オセアニア・アフリカ編）』大蔵省印刷局　1996年

植村広美『中国における「農民工子女」の教育機会に関する制度と実態』風間書房
　2009 年

王智新『現代中国の教育』明石書店　2004 年

大塚豊「中国の大学評価」『大学評価に関する総合的比較研究』（平成 6 年度〜平成
　8 年度科学研究費補助金（基盤研究(A)(1)）研究成果報告書　研究代表者・桑原
　敏明）筑波大学　1997 年

大塚豊「中国：学校設置形態の多元化と公立学校」『比較教育学研究』（第 28 号）
　東信堂　2002 年

大塚豊『中国大学入試研究―変貌する国家の人材選抜―』東信堂　2007 年

楠山研「中国における学校段階の制度的区分変更に関する考察―6‐3 制への回復
　と 5‐4 制の実験―」『比較教育学研究』（第 28 号）東信堂　2002 年

楠山研『現代中国初中等教育の多様化と制度改革』東信堂　2010 年

篠原清昭『中国における教育の市場化―学校民営化の実態―』ミネルヴァ書房
　2009 年

諏訪哲郎・王智新・斉藤利彦編著『沸騰する中国の教育改革』東方書店　2008 年

中島直忠編『日本・中国高等教育と入試　二一世紀への課題と展望』玉川大学出版
　部　2000 年

南部広孝編『文革後中国における大学院教育』（高等教育研究叢書 69）広島大学高
　等教育研究開発センター　2002 年

南部広孝『中国高等教育独学試験制度の展開』東信堂　2009 年

長谷川豊・南部広孝・吉村澄代「『中華人民共和国高等教育法』訳と解説（前編）」
　『季刊 教育法』（第 118 号）エイデル研究所　1998 年

長谷川豊・南部広孝・吉村澄代「『中華人民共和国高等教育法』訳と解説（後編）」
　『季刊 教育法』（第 119 号）エイデル研究所　1999 年

一ツ橋文芸教育振興会・日本青少年研究所『中学生の生活と意識に関する調査報告
　書　日本・米国・中国の 3 カ国の比較』日本青少年研究所　2002 年

鮑威『中国の民営高等教育機関―社会ニーズとの対応―』東信堂　2006 年

牧野篤『民は衣食足りて―アジアの成長センター・中国の人づくりと教育―』総合
　行政出版　1995 年

牧野篤「中国の成人高等教育―新たな動向と課題―」日本社会教育学会編『高等教
　育と生涯学習』（日本の社会教育第 42 集）東洋館出版社　1998 年

牧野篤『中国変動社会の教育―流動化する個人と市場主義への対応―』勁草書房
　2006 年

劉文君『中国の職業教育拡大政策―背景・実現過程・帰結―』東信堂　2004 年

何東昌主編『中華人民共和国重要教育文献（1949 年〜 1997 年）』海南出版社

1998 年

何東昌主編『当代中国教育』当代中国出版社　1996 年

教育部発展規劃司編『中国教育統計年鑑』人民教育出版社　（各年版）

《教育規劃綱要》工作小組辦公室『教育規劃綱要学習輔導百問』教育科学出版社　2010 年

《中国教育年鑑》編輯部編『中国教育年鑑』人民教育出版社（各年版）

中華人民共和国教育部『面向 21 世紀教育振興行動計画学習参考資料』北京師範大学出版社　1999 年

〈文献解題〉

王智新『現代中国の教育』明石書店　2004 年

　　教育関連法規と教育行財政制度，初等・中等・高等の各教育段階の状況，そして教員制度，教科書制度といった点について，中国に近代学校制度が導入された 19 世紀半ばから現在までを視野に入れて論述されている．コンパクトにまとめられていて，中国教育の概要を知るには手頃な書である．

牧野篤『中国変動社会の教育―流動化する個人と市場主義への対応―』勁草書房　2006 年

　　改革開放政策がとられて以降 1990 年代後半までの教育の変化が，教育現象，教育法制の構造，教育内容，教育研究などの領域において分析されるとともに，それを踏まえて 1990 年代後半以降，特に都市部の教育がどのように変化しているのかが論じられている．

大塚豊『中国大学入試研究―変貌する国家の人材選抜―』東信堂　2007 年

　　中華人民共和国成立から今日までをいくつかの時期に区分し，それぞれの時期における大学入試制度を分析するとともに，政治や経済といった各時期の国家的課題との関係を明らかにしている．高等教育政策の変化を理解するうえでも有用である．

諏訪哲郎・王智新・斉藤利彦編著『沸騰する中国の教育改革』東方書店　2008 年

　　中国社会で生じている経済格差を踏まえて，教育においてみられるさまざまな格差（地域間格差，階層間格差）の実態に迫るとともに，それを解決しようとする政策の動向や民間の取り組みをとりあげて検討している．

篠原清昭『中国における教育の市場化―学校民営化の実態―』ミネルヴァ書房
　2009 年

　　文化大革命終結後今日まで中国で急速に進む教育の市場化について，中央政府
と地方政府によって展開される政策の次元と，教育費の変化や，多様な主体によ
る学校の運営といった実態の次元から明らかにしている．

楠山研『現代中国初中等教育の多様化と制度改革』東信堂　2010 年

　　中国の初等中等教育においてどのような学制がとられてきたのかを，9 年制義
務教育の普及に主たる焦点を当てつつ多様化と地方化の観点から論じ，あわせて
教育段階の接続や学校選択制，学区制について検討している．

〈演習問題〉

①わが国と異なる点に注意しながら，中国の学校教育体系の特徴をまとめてくだ
　さい．
②市場原理の導入によって生じた改革の内容をまとめてください．また，同じよ
　うな改革がわが国で進められているかどうか確認してみましょう．
③「素質教育」の内容とそれが中国の教育・社会に及ぼす影響をまとめてくださ
　い．
④中国でわが国以上の高学歴志向が見られる理由を考えてください．

191

第7章

現代シンガポールの教育改革

——グローバル化への対応——

本章のねらい

人口 550 万人程度の東南アジアの都市国家であるシンガポール
が，建国以来追求してきた経済的・教育的発展の背景と，能力主義
に基づく教育戦略の特徴について理解し，それを必要としてきた社
会的環境と世界的な経済潮流について考察する．その一部としての
能力別ストリームや高等教育マンパワー政策の特徴と構造について
認識し，それらが多民族・多文化・多宗教の社会環境においてもつ
問題点と，シンガポールのこれまでの対応策について考察する．

第1節　教育システムと学力政策

(1)　アジアの優等生

　シンガポール共和国は，東南アジア，マレー半島の先端，赤道直下に位置す
る島国であり，人口 550 万人の都市国家である．中国大陸出身の移民の子孫で
ある華人が国民の大多数 (74.3%) を占める東南アジア唯一の華人系国家である
が，周囲をマレーシア，インドネシアというマレー系国家に囲まれ，マレー系
住民も 13.3% を占め，インド系の移民の子孫も 9.1% を占める多民族国家であ
る (2014 年)．歴史的に文化と貿易の十字路に位置し，アジア的な風土のなかに，
英語を公用語のひとつとし，西洋的なシステムを取り入れた科学技術立国を目
指している．

　シンガポールは植民地英領マラヤから 1959 年に自治領となり，1963 年マレ

図7-1　東南アジア地図

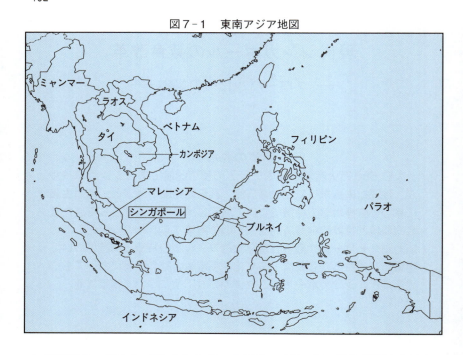

ーシア連邦の一部として独立したが, 2年後の1965年, 民族問題などからマ
レーシアより分離独立した. 以来, 人民行動党 (PAP) のもと, 生き残りイデ
オロギーによる徹底した能力主義に基づく社会・教育政策を推進し, 10歳か
らの早期選抜教育や高学歴者優先政策などによって, 高い教育水準と識字率
(96%, World Bank 2015), 高い国際競争力(2013年度で世界第5位：IMD, 2013) を達成
してきた.

　シンガポールは国際教育到達度評価学会 (IEA) の国際学力テスト (いわゆる
TIMSS) に, 1983年に初等レベルの理科で初参加し, 19ヵ国中16位という成
績からスタートし, 第2回 (1995年) で中等レベルの理科・数学で1位, 2000
年のTIMSS 2003において, 数学・理科の両分野, 初等・中等両レベルで1位
という輝かしい成績に到達した. 現地各紙には「香港, 日本, 台湾, 韓国を破
った」といったような五輪で金メダルを取ったかのような扇情的な記事が並ん

表7-1　国際学力テスト（TIMSS/PISA）の結果

TIMSS 2011 中学2年 数学・理科				PISA 2012 15歳 数学・科学リテラシー			
国・地域	数学	国・地域	理科	国・地域	数学	国・地域	科学
韓国	613	シンガポール	590	上海	613	上海	580
シンガポール	611	台湾	564	シンガポール	573	香港	555
台湾	609	韓国	560	香港	561	シンガポール	551
香港	586	日本	558	台湾	560	日本	547
日本	570	フィンランド	552	韓国	554	フィンランド	545

出典）国立教育政策研究所, 2012, IEA 国際数学・理科教育動向調査の2011年調査（TIMSS 2011）（http://www.nier.go.jp/timss/2011/T11_gaiyou.pdf）
国立教育政策研究所, 2013, 生徒の学習到達度調査2012（http://www.nier.go.jp/kokusai/pisa/pdf/pisa2012_result_outline.pdf）

だ. 2011年のTIMSSにおいてもその成績は維持されている. シンガポールは, 高校生（15歳）の実践的応用力に主眼をおいた, もうひとつの国際学力テストとして有名なOECDのPISAテスト（生徒の学習到達度国際調査）には2009年から参加し, 2012年には数学・科学リテラシーの分野でそれぞれ2位と3位を占めた. これらのスコアから見たここ30年間のシンガポールの教育成果の向上は, 疑問の余地なく賞賛すべきものである.

　このことは, アジアの教育レベルの高さを改めて世界に印象づけるとともに, その背後にある厳しい競争社会の存在を暗示させた. とりわけ多民族国家シンガポールの好成績は, 都市国家という一方での特殊性はあるとしても, これまでの社会の平均的な学力水準の競争においては均質的社会が優位という常識を覆したという意味で, 多くの多民族途上国に示唆を与えるものであった.

(2)　教育システムとメリトクラシー

　シンガポールの学齢就学率は1990年代にすでに初等学校で96％, 中等学校で93％に達しており, ほぼ全入の状況が実現していたが, マイノリティなどの処遇を配慮して, 2003年にはじめて義務教育が導入された. シンガポールの教育統計を表7-2に掲げるが, その特徴は主としてPSLE, GCE-O/N, GCE-Aという3つの関門試験があり, 初等学校の修了までは98％, 中等学校

表7-2　シンガポール教育統計（2001-13）

	2001	2005	2010	2012
初等教育修了試験合格率	97.4%	97.2	97.9	98.1
中等教育修了*比率	84.1%	84.4	87.8	88.6
大学予備課程試験合格**率	23.5%	24.1	26.0	25.9
技術カレッジ（ITE）就学率	19.9%	20.7	20.9	21.2
ポリテクニク就学率	38.1%	38.4	45.8	47.1
ジュニア・カレッジ就学率	27.8%	28.4	27.5	27.7
大学就学率	22.1%	22.2	25.6	28.2
教員一人当り児童数（初等学校）	25.1 人	23.5	19.3	17.7
教員一人当り生徒数（中等学校）	19.6 人	18.5	16.1	13.9

* GCA-N レベル 5 科目合格または O レベル 3 科目合格
** GCE-A レベル 2 科目および AO レベル 2 科目以上合格者
出典）Education Statistics Digest 2006, p.ix, 2015. p.iv.

の修了までは 90％とかなり高い進学率を示すものの，その後の GCE-A レベル試験が難しく，ジュニア・カレッジとポリテクニクを合わせた中等後教育への就学率で 74％，大学への就学率で 29％と急速に競争が厳しくなることであろう．

　初等学校は 6 歳から 11 歳までの 6 年間で，2014 年には 182 校に 23.7 万人が就学していた．最初の 4 年間は基礎段階とされ，基礎的な識字と数学的能力に学習の力点が置かれ，授業時間の 80％が英語，民族母語，算数の学習に当てられる．そのほか，理科，社会，公民，道徳，絵画工芸，音楽，保健体育などの時間がある．平均のクラスサイズは 33.6，教員一人当たりの児童数は 16.5 人である．

　それに続く 5 年次と 6 年次の 2 年間はオリエンテーション・ステージと呼ばれ，全児童に英語による読み書きと認知能力を保障しながら，それに加えて各人の（民族）母語の能力に応じてコース配属が行なわれた．これまでは母語の能力によって 3 コースに分かれる能力別ストリーミング制が有名であったが，2008 年からは母語クラスのみ能力によってコースが分かれるバンディング制度（Banding system）に転換された．

図7-2　シンガポールの教育システム（体系図）

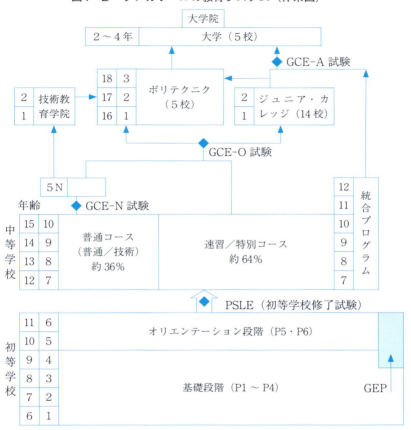

初等教育の最終年には初等学校修了試験（PSLE）が行なわれ，生徒はその結果に基づいて，中等学校から普通，速習／特別，および統合の3つのコースに分属される．中等学校は12歳からの4年間で2013年現在154校存在している．統合コース（Integrated Programme）は学力の高い10％の生徒に，より独立した自由な学習を提供する6年間のコースで，GCE-O レベル試験を免除して，そのまま中等後教育に進み，大学入学に向けて GCE-A レベル試験を受験する．2013年現在15校が統合プログラムを提供している（後述）．その他の生徒のう

ち，速習（Express）コースは４年間で通常の英語と母語を学習して GCE-O レベル試験を受けるコースである．残りの普通（Normal）コースは通常４年間のコースで GCE-N レベル試験を受けるが，さらに１年間勉強して GCE-O レベル試験を受験することができる．カリキュラムはさらに普通（Academic）カリキュラムと技術（Technical）カリキュラムに分かれている．たとえば，2014 年時点の中等学校第１学年でのコース分属比率は，普通コース（技術系・普通系）で 36.1％，速習コースで 63.9％，となっている（MoE, 2015）．

中等後教育レベルにおける教育機関は，ジュニア・カレッジ 14 校，ポリテクニク５校，技術教育学院（Institute of Technical Education：ITE）３校の３種類がある．ジュニア・カレッジは大学への進学を目的とした２年間のプログラムをもつ学校で，修了時の GCE-A レベル試験を受けて，シンガポール国立大学，南洋工科大学，シンガポール経営大学および国立教育学院の学位課程に進学する．ポリテクニクは現在５校あり，より実務志向の高等教育機関として３年間のコースを提供し，修了時にディプロマを授与する．技術教育学院は中等学校卒業時の GCE-O レベル以外に GCE-N レベルの保持者や有職成人も就学可能な１～２年間の技術課程で，国家技術教育証書（Nitec）という学位を授与する．技術教育校の生徒で優秀な成績のものはポリテクニクに進学も可能である．そのほか理数系の才能児のために NUS 科学高校（後述），芸術系の才能を示したものにラサール・カレッジ，ナンヤン芸術アカデミーなどの特殊校が設立されている．

表7-3　シンガポールの学校と設置形態（2015）

	政府立	政府補助	独立校	特別校	合計
初等学校	144	41	0	0	185
中等学校	119	28	3	5	155
一貫校など	4	3	6	3	16
ジュニア・カレッジ他	10	4	0	0	14

出典）Ministry of Education, Singapore, 2015, Education Statistics Digest, 2015, p. 2.
このうち 28 校が自律（オートノマス）校ステータスを与えられている

　高等教育については第3節で詳述するが，シンガポールには大学は2014年現在，シンガポール国立大学（NUS），南洋工科大学（NTU），シンガポール経営大学（SMU），シンガポール技術デザイン大学（SUTD），シンガポール科学技術学院（SIT）の5校が認可されている．シンガポール国立大学は1905年設立の医学校を起源に，1980年私立南洋大学と合併して成立した．

　学校の設立形態から見ると，182校ある初等学校はすべて公立で，政府立校が144校（77%），設立母体は民間であるが政府の補助を受けている政府補助（Government-Aided）学校が残りの41校（24%）である．中等学校は一貫校を含み211校あり，そのうち123校（73%）は政府立校，31校（18%）が政府補助学校，そして独立（Independent）校が9校，特別（Specialized）校が8校ある．前2者のうち自律（autonomous）校ステータスを与えられた学校が28校あり，独立校のようなカリキュラム編成権やスタッフの人選・配置などの一部の人事権を与えられて，独創性と専門性の高い教育を安価な授業料で提供できるという制度で1994年から開始された．

(3)　才能児教育プログラム

　天然資源に乏しく，発展途上のシンガポールにとって，人間こそが最も重要な国家資源であり，地球規模での競争に生き残るために，社会のリーダーの果たす役割をきわめて重要視している．才能ある個人やリーダーは，国家の経済と科学技術の発展の原動力であり，国家発展の方向性と手段を国民に指し示す水先案内人としての役割も担っている．

　国家や科学界を導く将来のリーダー層は，国の規模にかかわりなく，ある程度の人口が必要とされている．しかしシンガポールのような人口規模の小さな国では，たとえば初等学校1年次の入学者数が全国で5万人とすれば，そのうちの1%をリーダーの候補とすれば，すでに500人になってしまう．したがって，シンガポールは将来のリーダーを識別し，育成するというプロセスにおいて，もはや少しの才能児の見逃しも許されないという，差し迫った環境のなか

で，独特の才能児教育システムが生み出されてきた．

　シンガポールの才能教育プログラムの原型は 1979 年に導入された先述の能力別ストリーミング制プログラムにある．子どもたちに自らの学習ペースにあった教育を保証する，という理念は今日の才能教育の出発点である．才能ある個人やリーダーは，国家の経済と科学技術の発展の原動力であり，国家発展の方向性と手段を国民に指し示す水先案内人としての役割をもっている．したがって，シンガポールは将来リーダーとなる個人をできるだけ早く識別し，育成することが必要で，人口規模からいって，一人も潜在能力のある子どもの存在を見逃すことができないという社会環境がある．

　シンガポール教育省はそのなかに才能教育局を設置し，1984 年に才能教育プログラム（Gifted Education Programme：以下 GEP）を導入した．GEP は「知的に恵まれた子ども」のためのプログラムであり，アメリカから招かれた専門家の指導のもと，飛び級などを伴わない拡充（enrichment）プログラムが選択された．GEP の対象とする学年は初等学校 4 年から 6 年の 3 年間と，中等教育は当初 1 年から 4 年までの 4 年間であった．

　1984 年に 2 つの初等学校，ラッフルズ女学院初等部とロシス学院および，2 つの中等学校，ラッフルズ学院およびラッフルズ女学院において才能教育クラス（各校各学年 2〜4 クラス）が設置された．その後 GEP 校は徐々に拡大して参加校は初等学校 9 校，中等学校は最大で 7 校に達した．才能児の選抜方法は，まず 8 月に初等学校 3 年生全員にスクリーニングテスト（英語・数学）の募集があり，3,000 人の児童が選抜される．そのグループが 10 月の P3 選抜テスト（英語・数学・一般能力）を受け，人口の約 1 ％にあたる約 500 人が 4 年次から才能教育プログラムに進むことになる．

　シンガポールの GEP の目的は，1992 年に公式に規定され，2003 年に改定された．それによれば，GEP の目的は，才能ある若者の知的厳格さや高尚な価値観を発達させ，変動する社会の責任ある創造的な指導力を養うことにあり，より具体的には，①知性を深め，思考のレベルを高め，②生産的創造性を涵養

し，③自発的な生涯学習の習慣をもたせ，④卓越と達成を志向する意欲を高め，さらに⑤強い社会的自覚と社会と国家への献身性を育て，⑥道徳的価値と責任ある指導性の質を高める，とされており，「社会と国家への献身」や「道徳的価値」などは欧米の才能教育には見られない目的である．

　GEP の科目名は通常のコースの科目と大きく異なることはない．GEP の児童・生徒は，基本的には通常のストリームの学校と同じシラバスに従うが，カバーされるトピックはより深く幅広いものである．創造性と高度な思考技能により大きな力点が置かれており，そのカリキュラムはより知的にチャレンジングである．またすべての児童・生徒に対して個人研究活動 (Individual Study Options) が奨励されている．ISO プロジェクトは児童の個人的関心に基づいた個人研究活動である．これは児童の作文・会話・視聴覚コミュニケーション技能とともに図書館検索技能，調査技能，学習法学習技能を発達させることを目的としている．

　シンガポール教育省は，2004 年から中等教育レベルに新たに統合プログラム (Integrated Programme, 以下 IP) を導入し，2008 年には中等教育レベルの才能教育プログラムを停止した．これにより中央レベルのシンガポールの才能教育は初等教育 3 年間の GEP のみとなった．IP とは，これまでの中等教育 GEP 校のように特別クラスを作らず，全校をその後の普通中等後教育 (16 歳〜17 歳のジュニア・カレッジ) 2 年間と提携させて，生徒には途中の GCE-O レベル試験の受験を免除し，大学までの 6 年間をいわゆる直通列車 (through train) のように一貫教育を行なおうというプログラムである．

　これまで GEP が 15 歳で終了し，大学に進学するまでに GCE-O レベルと A レベルの 2 つの競争試験により，プログラムが分断され，受験準備コース化される傾向があった．それを改善するために，IP はそのうちひとつの試験を免除し，試験勉強のストレスを軽減し，より自由で創造的なカリキュラムのなかで才能を発揮することができるようにすることを目指している．これにより中等教育は制度上，中央の GEP からは離脱することになったが，依然その強力

な指導のもとにあり，学校に基礎を置く才能教育（School-Based Gifted Education）
と呼ばれている

中等学校とジュニア・カレッジの結合

　統合プログラムの形成形態は大きく３つに分かれる．第１は中等学校と系列
のジュニア・カレッジが提携・合併して６年間のコースを提供するもので，後
述のラッフルズグループがこれに当たる（提携型）．第２は２年制のジュニア・
カレッジがそのコースの募集を４年早く行い，ジュニア・カレッジの環境で統
合プログラムを提供するタイプ（下構型）で，テマセックおよび国立ジュニ
ア・カレッジがこれを行なっている．

　第３は，中等学校が上方にそのコースを延長するタイプ（上構型）で，英華
学院（独立校）と徳明中学が６年間の課程を導入している．英華学院（独立校）
の修了者はスイス国際バカロレア試験を受験し，徳明中学の修了者は GCE-A
レベル試験か漢語水準考試を受験する．華中学院（HCI）は６年間のＡレベル
コースであるが，優秀な生徒は，在学中に南洋工科大学の初年度のコースを取
ることができ，合格すれば，NTU に進学した場合，その単位が免除され，卒
業を早くすることもできる．

　IP プログラムの例として，ラッフルズ学院（Raffles Institute）の事例を見てみ
よう．ラッフルズ学院はその名のとおり，シンガポールの建設者，スタンフォ
ード・ラッフルズ卿が 1823 年に設立したシンガポール学院にその起源をもつ
シンガポール随一の名門校である．ラッフルズ学院はそのモットーにもあるよ
うに，「思索家・指導者・パイオニアの育成」をその目標にしており，構内の
壁にも「世界レベルの指導者，世界レベルのラッフルズ卒業生」といったスロ
ーガンや科学者・指導者・OB/OG の写真などが組み込まれており，さまざま
な機会に生徒を鼓舞し，意欲を高める工夫がほどこされている．

　2004 年よりラッフルズ・ジュニアカレッジと提携して６年間の統合プログ
ラムを開始したためそれまでの GEP は終了した．2009 年に両校は合併してラ
ッフルズ学院となったため，自校内で６年一貫の IP（ラッフルズ・プログラム

（RP）と称する）を提供し，修了者にはラッフルズ・ディプロマを授与している．プログラムは科目的には通常と変わらないが，内容的に深く，探究的で，進度の速いものである．9月の3週間は通常カリキュラムを停止し，大学，研究所，先端企業などとの接触の機会を設けている．さらに通常のカリキュラムでは満足しない生徒には，ラッフルズ・アカデミーという科目別の特別クラスを用意し，科目ごとに別クラスでの分離授業を行なっている．

　中等才能教育政策のもうひとつの転換点は，これまでになかった科学・数学，スポーツ，芸術などの特定の領域や分野に例外的な才能をもつ生徒のために特殊高校（specialized high school）の設立を認めた点である．シンガポール・スポーツ高校に続いて，理数系の特殊高校として，2005年NUS科学高校（NUS High School of Mathematics and Science）が国立シンガポール大学（NUS）に隣接して設立された．NUS科学高校は15歳と17歳の志願者から選別テストと選別キャンプ（一部は面接やポートフォリオ）によって250人の生徒を選び，6年間もしくは4年間のコースを提供する．

　そこではアメリカのSAT（Scholastic Assessment Test）やAP（Advanced Placement）の受講が可能で，修了によってNUS科学ディプロマが授与される．最終の2年間は数学，化学，物理，生物のうちのひとつの専攻をもち，モジュールシステムで単位を取得する．アインシュタイン・クラブやダビンチ・プログラムなどのようなエンリッチメント・プログラムをもっている．2010年にはシンガポール科学技術高校も設立されている．

　このようにシンガポールのGEPは2000年代に入り，急速な制度的変革を経験することになった．それはシンガポールの独自の路線というよりは，アジア各国の才能教育プログラムの影響を受けた，世界的に収斂するかのような方向性を示している．その第1は統合プログラムに代表されるような一貫校・連携校の設置である．これは日本の公立中高一貫校（中等教育学校）の創設と類似するもので，進学試験や修了試験を免除することによって，受験負担を減らし，カリキュラムに余裕と自由度を与え，才能のより適切な開花を期待するもので

ある.

　第2の傾向は，独立の特殊高校の設置である．シンガポールではこれまで，指定校の校内に特別才能クラスを併設する形式を選んできたが，上述のとおりNUS 科学高校の設立や，その他の独立系国際高校の設立が認められ，教育省GEP 外の制度とはいえ，独立した才能教育高校が登場した．第3に促進（飛び級）プログラムの導入である．これまでシンガポールの才能教育は拡充プログラムに特化し，飛び級などを行なってこなかったが，事実上，早期卒業・進学が可能になった.

　第4は，才能児の選抜・識別方法の多様化である．これまでの才能児識別は国家試験と専用の識別テストで行なわれてきたが，NUS 科学高校のテストキャンプやポートフォリオの採用のように，各校において独自の選抜システムを採用するケースが増えている.

　多くの国の才能教育が直面する問題は，才能児を識別し，特定のプログラムに惹きつけるには選抜試験と（有名大学への）進学という仕組みに頼らざるを得ない．しかし同時に，彼らが受験勉強に忙殺されるようになっては，豊かで自由な才能の発揮は阻害されてしまうというディレンマがある．シンガポールの才能教育の改革も，その克服に向けた努力とみることもできる.

第2節　政府主導の教育政策

(1)　思考する学校，学ぶ国家

　国民の高い教育的達成の実現に成功したシンガポール政府の次の目標は，子どもたちがその達成の代償に払っている，大きな受験ストレスの軽減と，自由な創造的思考への意識転換であった．1997 年 6 月に第 2 代首相ゴー・チョク・トン（Goh Chok Tong）は，第 7 回思考に関する国際会議において「思考する学校，学ぶ国家」（Thinking Schools, Learning Nation）と呼ばれるビジョンを提唱した．この改革は，「教育における IT マスタープラン」（現在はマスタープラン

Ⅱ：Masterplan 2　MoE 2006）と「大学入試改革」と並んで，シンガポールの教育の発展における大きな画期と考えられているものである．これは単なるスローガンではなく，「シンガポール国民に対する生き残りと先進性の維持をかけた戦略である」といわれている．これによれば，「シンガポールは国家の一部の人間だけが思考し，他の者がそれに従うという考えを捨てるべきである．そうではなく，すべての者がそれぞれの立場で，常に向上心を持ち，学び，革新する精神を持つべきである」（Goh, 1997）と述べている．

　ここで「思考する学校」とは，「参加と創造と革新を通じて，常にあらゆる場面で，意欲的に提起し，より良い道を探り，卒業後もその精神を保持する，思考する子どもを育成する学校」のことを意味している（Tan, 2001:36-42）．すなわち，「思考する学校」は「思考技能」が明示的・公式に教えられる学校のことではなく，学習機関として，絶え間ない学習文化の推進が行なわれ，その教員や管理職においても，絶え間ない学習とその改善努力が行なわれるという，「学習文化」をもつ学校のことである．（Natahan, 2001:36）

　「思考する学校，学ぶ国家（TSLN）」は大きく4つの柱をもっており，それは①批判的・創造的思考，②教育における IT の活用，③国民教育（市民性教育），そして④行政改革である．そして，さらに①の批判的・創造的思考の文化を発達させ，推進する具体的な教育改革として，1）批判的・創造的思考の技能を明示的に教える教育，2）各科目のシラバス内容の削減，3）評価モードの再検討，4）学校評価における結果よりも過程への強調がキー・ストラテジーとして設定された（MoE, 1997）．

　その後，ゴー政権のもとで提起された教育スローガンには「能力志向の教育」「創造的・批判的思考」「学校優秀化モデル（SEM）」「国民教育（NE）」などさまざまあるが，いずれも TSLN の延長線上にあるものであった．なかでも 2003 年からは「革新と進取の気性」（Innovation & Enterprise：I&E）に特に焦点が当てられてきた．これはシンガポールの個人と社会の双方に，複雑に変化する生活や環境に対応できる能力と精神を備えようというものである．「I &

E」精神はシンガポールの児童・生徒・学生，教員，学校指導者すべてが発達すべき思考態度（mindset）として推進されてきた．すなわち，①探求の精神と独自の思考，②失敗のリスクを知りながら他と異なる方法を試みる態度，③強靭な性格，挫折しても立ち直り再びトライする能力，④チームに参加し，チームをリードし，チームで戦う態度，⑤社会に報いるという感覚，などが「I&E」精神に合致するライフスキルであるとされている．

(2) シンガポール版「ゆとりの教育」:「教え過ぎず，学びを促す」

　2004 年 8 月に首相となった第 3 代リー・シェンロン（Lee Hsien Loong）は，教育政策においてゴー政権の基本方針を引き継いだが，その焦点は一見かなりの方向転換を示唆するようにもみえた．すなわち「教え過ぎず，学びを促す」（teach less, learn more：TLLM）というイニシアティブである．これはカリキュラムの軽減と点数至上主義からの脱却を主張した構想で，ある意味でシンガポール版「ゆとりの教育」ともとれる取り組みである．リー新首相はその就任演説で，「我々は子どもたちに学ぶ時間を与えるために，教えることを控えなくてはならない.」（MoE, 2005a）と主張し，これは 2005 年 9 月のサルマン・シャンムガラタム（Tharman Shanmugaratham）教育大臣のスピーチで具体化された（MoE, 2005b）．

　これに基づいて 2005 年 1 月 TLLM 実行委員会が立ち上げられ，初等学校 36 校，中等学校 35 校，ジュニア・カレッジ 6 校，国立教育学院からのべ 200 人の教育関係者が招集され，6 回にわたる起草会議のなかで，TLLM の基本概念が形成された．他の国のシステムや実践についての情報を集めるとともに，オーストラリア，香港，インド，日本，ニュージーランド，イギリスへの研修視察ツアーが行なわれた．このイニシアティブにおける主な勧告案には以下のようなものが含まれている（MoE, 2005c）．

　「教え過ぎず，学びを促す」（TLLM）の勧告項目（抜粋）

・子どもたちが学ぶことを激励しよう．彼らが学ぶことを愛するように，そ

して失敗することも恐れないように.

- 子どもたちをテストだらけの人生に導くのではなく，人生というテストに準備できるように教えよう.
- 私たちは，子どもたちがただ単に試験でいい点を取る方法ではなく，人生において役立つような価値，態度，思考態度を教えよう.
- 私たちは，子どもたちがあらかじめ定められた答えにたどり着くよりも，もっと問題を探求し，興味をめぐらせ，批判的に思考することを援助しよう.
- 私たちは，「どんな体型にもあうフリーサイズの服」のような教育ではなく，子どもたちのさまざまな関心，準備状況，やる気を認識し，さまざまな教育学的対応ができるように努めよう.
- 私たちは，子どもたちを一時的な一回きりの試験に基づくのではなく，子どもたちの学習，成長を長期的に援助しながら，多様で多種でより正確な方法により，より質的に評価しよう.

　今回の「教え過ぎず，学びを促す」(TLLM) 運動は，前政権の教育政策を方向転換するものではなく，TSLN の目指す制度的・構造的改革の中心点において，学習者の学習の質を改善することによって，改革を根底から推進するものとされている．したがって，TLLM は「革新と進取の気性 (I&E)」の一部であり，「I&E」は TSLN の一部であるような，三重の同心円の包含関係として説明されている (MoE, 2005a: 3)．シンガポールは依然として TSLN のビジョン追求の途上にあるが，その焦点は学習者のキャラクターや価値観というより抽象的な側面の発達に移行しつつあり，これまでの多様な選択肢の提供に加えて，これからは学習者を動機づけたり，教員の学習ガイド能力の向上など，より「ソフトな」側面への注意深い作業が必要と認識されたのである．

　TLLM は教師に仕事を減らせと勧めるものではなく，子どもたちがテストや試験に準備するのではなく，それぞれの人生に準備できるように，より焦点を当てた教育を行なうということである．教師と学習者のインタラクションの

質を改善することによって，学習者はより学習に集中し，教育の望ましい成果をより良く達成することができるとしている．それは学習の焦点を量から質に転換するボトムアップ型のイニシアティブである．そして，学校の指導者と教員はこの変革のエージェントであり，教育省はそれをサポートするという立場になる．

「教え過ぎず，学びを促す」（TLLM）理念の導入のために，具体的なカリキュラムや人的配置にも改革が行なわれた．まず初等および中等学校のカリキュラム内容が科目により 10 ～ 20 ％が削減され（体育と芸術・音楽の時間を除く）GCE-O レベル試験の出題範囲から除外されることになった．この空いた自由時間により，教員は教科内容や教材の開発やカスタマイズを行なったり，またより広い教育学的資源の利用が可能になる．2010 年までに，教育省はすべての教員に週当たり平均2時間の自由時間を与え，その時間を教員は自分の授業を振り返り，見直し，またカリキュラムやプログラムを児童・生徒の個々の学習要求に適合させるために利用することになる．2時間のうち1時間は「時間割」上の自由時間（空白時間）として設定される．残りの1時間は別途 2007 年までに，各学校1名の課外活動指導員（Co-curricular Programme Executives）をリクルートし，課外活動指導時間を代替指導することによって平均1時間が提供される（MoE, 2005b）．

また教員へのサポートとして，カリキュラム・カスタマイズ，教育学，評価に関する研修を提供し，4学区に1ヵ所の研修センターを設置する．現在退職した，あるいは離職中のベテラン教員を初任者教員へのメンター（mentor）として配置する．教員と学校の指導者は TLLM の中心的な推進者であり，個々の優れた実践が国内の他の学校の教員や指導者によって共有される環境を構築することが重要である．そのために学校内で，学校間で，あるいは教育省と学校の間に開かれた，共有文化が存在する教育コミュニティーの形成が必要であるとされている（MoE, 2005c : 15）．

また，価値教育（人間形成）にも大きな力点が与えられる．2007 年度より道徳・市民性教育のシラバスを改訂し，その時間に「情緒・社会性学習」（Social-

Emotional Learning：SEL）を導入する．SEL とは，全人教育の中核であり，子どものあらゆる決定において方向性を与える価値観が，適切に表出されるような社会的・情緒的コンピテンシーの形成を目的としている．

　中等学校には 2006 年から，初等学校とジュニア・カレッジには 2008 年から，総数にして 3,000 人の学校カウンセラーが配置された．2010 年までに初等からジュニア・カレッジまでの学校に 3,000 人の教員を加配し，さらに 550 人の補助教員をリクルートする予定である．また 14 校の普通校に，中程度の障害をもつ，失読症および自閉症の児童・生徒を統合するのを援助するために特殊ニーズ支援指導員（Special Needs Officer）を配置する予定で，2005 年 9 月までに 33 人が配置されている（MoE, 2005b）．

　シンガポールの教員養成は NTU に附属する国立教育学院（NIE）において行なわれている．初等学校の教員は学士プログラムにおいて，中等学校の教員は専門教育と 1 年間の大卒ディプロマ・プログラム（Postgraduate Diploma in Education）において主として養成されている．いわゆる大学院付加学位であり，10 週間の教育実習を含めて 60 単位が必要で，各科目は GCE-A レベル試験に対応した内容となっている．シンガポールの教員養成は英国の影響を強く受けており，教員のキャリア・トラックが自分で選べるようになっている．すなわち，児童・生徒への教育を重視する教職トラック，管理職や教育行政職を目指すリーダーシップ・トラック，それぞれの専門分野での高度な知識の専門家を目指す上級専門家トラックの 3 つが用意されている（金井，2012:272-274）．シンガポールの教員は行政職とも密接なつながりがあり，教員から教育行政職へのキャリアアップもしばしば見られ，それもあって，教員の平均年齢は若く，30 ～ 34 歳が最も多く，25 ～ 29 歳がそれに続いている（MoE 2015:14）．

(3)　最先端の ICT 学校，フューチャースクール

　シンガポールでは，前節でも述べたとおり，1997 年より学校における IT 環境の向上を目指して，「教育における IT マスタープラン」を推進してきた．

その第3期の ICT（情報コミュニケーション技術）のマスタープランとして 2007 年に教育省が打ち出したのが，フューチャースクール・プロジェクト（Future School Project）である．これは教育活動の諸相に ICT を編み込むことによって，学習を変容させることを目指す教育学的実践である．プロジェクトは 2008 年に初等学校2校，中等学校3校で開始され，2010 年に中等学校1校，2011 年に初等学校1校と中等学校1校が加わり，2013 年現在8校で推進されている．

　プロジェクトに参加した学校では，コンピュータやタブレット端末，電子黒板，LAN などの IT 機器が完備されているのはもちろんであるが，ICT 学習管理システムにより，授業や諸活動が ICT によりコントロールされ，校務では出欠管理，成績管理，学習管理が行なわれ，授業ではテキスト，資料，ノート（学習記録），演習問題，集計採点，フィードバックなどがすべて端末を通じて行なわれる．IT 企業との提携により開発されたソフトにより，インタラクティブなゲーム仕立ての学習ソフトや客観テストだけでなくエッセイのような記述式の入力にも瞬時にフィードバックが可能なシステムも取り入れられている．結果的に学校における紙媒体書類の使用を削減し，地球環境にもやさしい教育にもつながるとされる．

　たとえば，ビーコン初等学校（Beacon Primary）では1年生の児童が，デジタルストーリーテリングというソフトを利用して，写真，ビデオ，音声データを加えて，グループで創造的なプレゼンテーションを行なう活動を取り入れている．中等学校の華僑学院（Hwa Chong Institution）では，物理の問題解決学習に対面学習とオンライン学習を組み合わせた「ブレンド学習」を，生物学には「概念マッピング」を，また歴史の授業には「非同期型討論ボード」などさまざまな IT ツールを活用し，生徒のやる気と理解力の向上に成功している（Chung et al. eds., 2013）．

　フューチャースクールはただ単に ICT 環境が充実した学校ではなく，教育と学習の環境において，イノベイティブ（革新志向）な態度や創造性を奨励し，問題解決能力を養うような全人的教育の仕組みを意図的に取り入れている．急

速に変化発展する社会にあって，グローバルな世界で活躍できる人材の養成を目指している．全教員は IT 研修への参加が義務づけられている．シンガポール教育省は，これによって若者に，グローバル社会で生き抜く力の基礎を提供することを目指しており，事業の拡大を計画している．問題点としては，初期ソフトの開発に費用がかかること，いろいろな工夫をしてもやはり選択型の問題が多くなること，プロジェクトが関連 IT 企業との関係に左右されやすいこと，などがあげられている（ティ・リー・ヨン他編著，2011）．

第3節　マンパワー政策と高等教育

⑴　「東洋のボストン」構想

　シンガポールの高等教育の起源は，英領植民地時代の 1905 年設立のシンガポール医学校と 1928 年創立のラッフルズ・カレッジにさかのぼる．両校は 1949 年に合併してマラヤ大学（University of Malaya）となり，まもなく人文・理・医・教育・工・法・農の 7 学部をもつ総合学位授与大学として発展した．1957 年にマラヤ連邦が独立すると，1959 年，その首都であるクアラルンプルにマラヤ大学クアラルンプル分校を設立し，シンガポールと同格の 2 つの自治権をもつ分校が成立した．1965 年，シンガポールがマラヤ連邦から分離することによって，マラヤ大学シンガポール校がシンガポール大学となった．

　シンガポール国立大学（National University of Singapore：NUS）は 7 つの学部（Faculty：人文社会科学，ビジネス経営，歯学，医学，工学，法学，理学）と 9 つの学部レベルの学科（School：コンピュータ，デザイン・環境，歯学，音楽，公共政策，保健ほか）をもち，すべての部局が学士およびそれ以上の学位を授与している．シンガポールの国内最大の規模をもつ最高学府で，大学の国際ランキングでは東京大学や香港大学とアジアの 1 位を競っている．2013 年度の学生数は約 26,000 人である．

　シンガポールのもうひとつの大学の系統は，1955 年に華人社会の寄附によ

り創立された南洋大学（Nanyang University）に始まる華語媒体の流れであった．ところが英語ストリームへの統合が進むにつれて南洋大学への進学者が減少し，1980 年シンガポール大学と合併して国立シンガポール大学（National University of Singapore：NUS）となった．1992 年その南洋大学の跡地に工科大学が設立され，現在の南洋工科大学（Nanyang Technological University：NTU）となった．

南洋工科大学（NTU）は工科カレッジ（土木・環境工学，機械・生産工学，電子・電気工学，コンピュータ工学および材質工学）と 3 つの学科（南洋ビジネス，コミュニケーション，生命科学）をもっている．また NTU の 1 機関である国立教育学院（National Institute of Education：NIE）が教員養成を行っており，4 年間の教育学士（理系・文系）と 2 年間のディプロマコースがある．2013 年度の NTU の学生数は約 23,000 人である．

さらに 2000 年にはシンガポールで最初の私立大学，シンガポール経営大学（Singapore Management University：SMU）が設立された．アメリカンスタイルの社会科学系の大学で，ペンシルベニア大学のワートン（Wahrton）校との提携ビジネスカリキュラムをもち，公設民営方式によって運営されている．一方，シンガポールを代表する NUS と NTU は 2006 年，自治大学（Autonomous University）に移行した．

2012 年，さらに第 3 の自治大学，シンガポール技術デザイン大学（SUTD）は MIT との提携によって開校した．テクノロジーとデザイン学の融合による生活の向上を目指す研究をしている．2014 年現在シンガポール 5 校目の大学，シンガポール科学技術学院（SIT）が認可され，応用科学や健康科学に焦点を置いた教育を行なう予定である．

そのほか，シンガポールには 2013 年現在，14 校のジュニア・カレッジと 5 校のポリテクニクが存在している．2013 年の大学就学率（Net Entry Rate）は 29.4 ％に達し，ポリテクニク等の中等後教育機関を含めれば，その比率は 74.6 ％に達している．

政府はシンガポールの大学を世界水準の大学にし，シンガポールを世界の優

秀な人材が集うボストンのような学術都市にするという意味で，「東洋のボストン」構想をもっている．そのために外国からの教員・研究員・留学生を積極的にシンガポールに招く努力を行なっており，留学生比率は学部・大学院あわせて2割，教育部門の教員の半数が外国人スタッフとなっている．

NUSのパートナー大学は日本の7校を含むアジア34校，オセアニア12校，北中米56校，ヨーロッパ80校に及んでいる．NUSは海外に産学連携のキャンパスを展開しており，アメリカのシリコンバレー（スタンフォード大学），バイオバレイ（ペンシルベニア大学），中国の北京（清華大学），上海（復旦大学），ストックフォルム（スウェーデン王立工科学院）の5校では，学生の6ヵ月から1年間の留学・インターンシッププログラムをもっている．同様にイスラエルには短期プログラム，インド，バンガロールには大学院のプログラムをもっている（NUS 2015）．

これらの結果，シンガポールの全大学における留学生の比率は16％に達しており，理・工・コンピュータ科学の学部においては26％を超えている．また各大学の教員の50〜70％が海外からの招聘者となっている（MoE 2013）．

(2)　高等教育政策の展開

シンガポール政府人的資源省は1999年，「マンパワー21展望（Manpower 21：The Vision)」という報告書を提出し，シンガポールのこれからの持続的経済発展を支えるものは，製造業経済ではなく，知識の生産，利用，そして伝達による経済が中心になり，人的および知的資本の育成と蓄積がその中心的戦略となる展望を示した．この展望を実現するために，才能資本（Talent Capital）という概念を打ち出し，シンガポールをグローバルなマンパワーが集う世界の知的才能のプールとなることを提唱した（MoM 1999）．

シンガポールの大学が海外の留学生や研究者を受け入れるということは，教育の輸出としての短期的効果が見込めるだけでなく，将来的な国家の科学・技術の発展に貢献するというより長期的な経済効果が期待されている．シンガポ

ールは独立以来，国家の経済発展は教育と人材養成にかかっていることを繰り返し強調してきており，とりわけ高等教育が経済の需要に即応して機能するように，教育・訓練と産業のリンクに留意してきた．

2015年，大学教育政策検討委員会は報告書を提出し，2015年以降のシンガポールの大学教育政策の道筋について勧告を行なった．シンガポールの大学はながらくNUSとNTUの2校に限られていたが，2000年以降，大学進学の熱は高まり，第1節でもみたとおり，大学就学率は2014年では30％にまで拡大してきている．しかし日本や韓国のように50％を超えた国々や，タイやマレーシアの40％以上に達した国々などに比べると抑制された数字であるといえる．シンガポールの国民の教育熱はきわめて高く，それは国際教育調査での高い成績にも示されているが，それにもかかわらず，政府は大学を大きく拡大することに慎重であった．

シンガポール政府は一貫して大学教育やその学位に対する価値を維持しようと努めてきたと解釈できる．シンガポールは能力主義の国であり，学歴社会の国である．人びとの学歴は細かく区別され，それに応じて公務員や教員の給与も細かく変動する．学歴は能力の反映であり，よい学歴はよい仕事，高い給与を保証しなくてはならない．近年多くのアジア諸国で起こっていることに，高学歴失業（雇用待機）の問題がある．経済発展初期に学卒者が華々しい出世を遂げた姿や，その高給に憧れて，国内の進学熱が過熱し，それにこたえる形で高等教育を拡大させた国が多い．その結果今日，急増した大学からあふれる学卒者を吸収できるだけの産業の発達が間に合わず，彼らにそのプライドにふさわしい職を準備できず，不本意な就職を嫌って就業待機する若者が激増している．

このような事態はやがて学歴への不信や社会不安を生み出す．シンガポール政府が力を入れたのは大学に進学しない者の受け皿としてのポリテクニクや技術教育学院（ITE）であった．ITEは国内中級労働者の訓練と技能向上を目的とした中等後教育機関であるが，世界クラスの職業訓練校を目指して改革を続

け，今では高い就職率とポリテクニクへの進学可能性などで生徒の意欲は高くなっている．シム・チュン・キャット（シム，2005）は，シンガポールの厳しいトラッキングの「敗者」が行くとされる技術教育学院（ITE）の生徒について調査している．その結果，技術教育学院の生徒は，同校は①進路準備に有利であり（87%），②将来の職業選択の幅を広げてくれる（90%）と感じており，また，③その授業について79%が面白いと答えていた．このようにシンガポールは国家の産業構造にマッチした中等（後）教育機関を拡充するとともに，そのレベルの教育を国際的に高い水準に保つことによって，学歴競争に敗者を生み出さない努力を続けている．

　2015年の大学教育政策検討委員会の報告書は，2020年には公立大学の学位コースへの就学率を40%にすることを勧告している．そこでは「大学教育の高い質を維持しながら，学位の価値を保持し，学卒者の失業（不就業）を最小限に抑える」（MoE 2012: 4）ことが提起されている．報告では，この増加の一部を私立セクターの力を借りて進めることを提唱している．すなわち唯一の私立大学であるシンガポール経営大学（SMU）に公的に資金援助された学位コースを導入する試みである．産業界に強いリンクをもつSMUに，現職の社会人を一部パートタイムで受け入れて，スキルアップすることによって，安い学費でより高い学位にアップグレードすることが可能になる．

　また，増加する大学生人口の一部は留学生によっても支えられる．その具体的な政策として，アジア各国から「知的移民」の受け入れを奨励し，コンピュータ科学，生命科学，工学などの特定の分野における優れた人材を，学費の免除，奨学金の提供などの待遇でシンガポールの大学に留学させ，卒業後数年間はシンガポールで働くことを条件にして，情報技術産業の担い手を確保しようというプログラムを開始した．

　シンガポール政府は，世界一流の海外教育機関の誘致に積極的であり，これまでに15校を受け入れてきた．また，2006年時点での留学生の受け入れは8万人であったが，2015年までに，留学生15万人を受け入れ，最終的には，ア

214

ジアにおいて教育的ハブ（education hub）になることを目標としている．それは，海外の頭脳を流入させ，卒業後もシンガポールに留まってもらい，世界レベルの研究や多国籍企業を誘致するためである．加えて，シンガポールの教授言語が英語であることも，国境を越える高等教育や，近隣のアジア諸国からの留学生が入ってきやすい要因となっている（竹腰，2014：108）．

　シンガポールの大学制度は，急速に多角化してきており，これまでの①伝統的国立大学に加えて，②それらの大学の海外分校の展開，③外国の一流大学の分校・キャンパスの誘致，④国内外の企業などによる私立大学という新たなカテゴリーが生まれている．私立大学は積極的にアジアからの留学生を募集しており，②の海外分校と合わせて，シンガポールの教育的輸出というビジネスを形成している．全世界で２兆ドルともいわれる，留学生マーケットにシンガポールは積極的に参入しようとしており，従来の留学生送り出し国から，受け入れ国への転換を図っている．

〈引用・参考文献〉

Chung Wen Chee, Jasmin Tey, Chow Chiu Wai and Hon Chiew Weng eds., *A borderless and passion-driven learning institution: Lessons from Hwa Chong's Future School 2008-2012,* Singapore, 2013.

Goh Chok Tong, Speech: 'Thinking Schools, Learning Nation', Ministry of Education, Singapore, Home Page, 1997 (Speech). (http://www.moe.gov.sg/media/speeches/1997/020697.htm　2016.4.29 アクセス)

Gopinathan, Anne Pakir, Ho Wah Kam and Vanithamani Saravanan eds., *Language, Society and Education in Singapore: Issues and Trends,* Times Academic Press, Singapore, 1994.

IMD 2013, World Competitiveness Center（WCC) IMD 2013;

MoE 1997, Masterplan for IT in Education-Summary, 1997. (http://www.sideshare.net/pieyat/the-masterplan-for-it-in-education　2016.4.29 アクセス)

MoE 2005a, Ministry of Education, 2005, *Contact: the teachers' Digest: Transforming Learning, Teach Less, Learn More*.: 2005issue. (http://www.moe.

gov.sg/corporate/contactprint/2005/pdf/contact_oct05.pdf　リンク切れ)

MoE 2005b, Ministry of Education, Singapore, Press Release, 22 September 2005, Greater Support for Teachers and School Leaders. (http://www.moe.gov.sg/media/press/2005/sp20050922.htm.　2016.4.29 アクセス)

MoE 2005c, Ministry of Education, Singapore, *Contact The Teachers' Digest, Transforming Learning*, October.

MoE 2006, Education Statistics Digest: Moulding The Future of Our Nation, p.x. (http://www2.moe.edu.sg/esd/ESD2002.pdf　アクセス　リンク切れ)

MoE 2006, IT Masterplan 2 Homepage. (http://www.moe.gov.sg/corporate/yearbook/2006/time/masterplan_2_marches_on.html　アクセス　リンク切れ)

MoE 2012, Report of the Committee on University Education Pathways Beyond 2015 (CUEP), Final Report. (http://www.moe.gov.sg/media/press/files/2012/08/cuep-report-greater-diversity-more-opportunities.pdf　2016.4.29 アクセス)

MoE 2013, Parliamental Replies. (http://www.moe.gov.sg/media/parliamentary-replies/2013/07/percentage-of-international-students-in-undergraduate-programmes-at-nus-ntu-smu.php　アクセス　リンク切れ)

MoE 2015, Ministry of Education, Singapore, 2015, Education Statistics Digest, 2014. (http://www.moe.gov.sg/default-source/document/publications/education-statistics-digest/esd-2015.pdf　2016.4.29 アクセス)

MoM 1999, Ministry of Manpower, 'Launch of Manpower 21 Plan', (http://www.nas.gov.sg/archivesonline/speeches/view-html？filename=1999081305.htm 2016.4.29 アクセス)

Nathan, J. M., "Making 'Thinking Schools' Meaningful: Creating Thinking Cultures", in Tan, Jason, Gopinathan and Ho Wah Kam eds., *Challenges Facing the Singapore Education System Today*, Prentice Hall, Singapore, 2001, pp. 35-49.

NUS 2012, NUS 科学高校ホームページ (http://www.nushigh.edu.sg/　2016.4.29 アクセス)

NUS 2015. (http://www.nus.edu.sg/iro/sep/partners/pu/index.html　2016.4.29 アクセス)

NUS (http://www.nus.edu.sg/)

Tan, Jason, Gopinathan and Ho Wah Kam eds., *Challenges Facing the Singapore Education System Today*, Prentice Hall, Singapore, 2001.

World Bank 2015, Data, Literacy rate, adult total (% of people ages 15 and above). (http://data.worldbank.org/indicator/SE.ADT.LITR.ZS　2016.4.29 アクセス)

池田充裕「シンガポールにおける教育政策の動向とその特質— Independent School と Autonomous School の事例を踏まえて—」『日本教育行政学会年報』（第 20 号）1994 年　pp. 216-230

池田充裕「シンガポールの教育改革と学力モデル」原田信之編著『確かな学力と豊かな学力—各国教育改革の実態と学力モデル』ミネルヴァ書房　2007 年　p. 182, pp. 210-211

池田充裕「第 4 章シンガポール　世界の頂点目指す自治大学化と米中を結ぶ新大学の誕生」北村友人・杉村美紀編『激動するアジアの大学改革—グローバル人材を育成するために—』上智大学出版　2012 年

金井里弥「シンガポール　能力主義を基盤とするキャリア形成」小川佳万・服部美奈編『アジアの教員—変貌する役割と専門職への挑戦—』ジアース教育新社　2012 年　pp. 260-278

金井里弥「シンガポールの中学校における宗教理解学習の実態—「宗教原理」の解釈に着目して—」『比較教育学研究』（第 48 号）東信堂　2014 年　pp. 46-67

国立教育政策研究所「IEA 国際数学・理科教育動向調査の 2011 年調査（TIMSS 2011）」2012 年（http://www.nier.go.jp/timss/2011/T11_gaiyou.pdf　2016.4.29 アクセス）

国立教育政策研究所「生徒の学習到達度調査 2012」2013 年（http://www.nier. go.jp/kokusai/pisa/pdf/pisa2012_result_outline.pdf　2016.4.29 アクセス）

ゴピナタン・S.「シンガポールの大学教育—ある国立大学の創設—」アルトバック・セルバラトナム編，馬越徹・大塚豊監訳『アジアの大学—従属から自律へ—』玉川大学出版部　1993 年　pp. 285-310

斎藤里美編著・監訳，上條忠夫編『シンガポールの教育と教科書—多民族国家の学力政策—』明石書店　2002 年

シム・チュン・キャット「高校教育における日本とシンガポールのメリトクラシー—選抜度の低い学校に着目して—」『教育社会学研究』（第 76 集）2005 年　pp. 168-186

杉本 均「シンガポールの才能教育— Ability Driven Education —」『比較教育学研究』（第 45 号）特集「各国のエリート教育，才能教育事情」東信堂　2012 年　pp. 22-36

竹腰千絵「オーストラリアにおけるトランスナショナル高等教育—シンガポールへの海外教育展開—」杉本均編『トランスナショナル高等教育の国際比較』東信堂　2014 年

ティ・リー・ヨン他編著，中川一史監訳『フューチャースクール—シンガポールの挑戦—』ピアソン桐原　2011 年．2013 年現在，参加校はビーコン初等学校，キ

ャンベラ初等学校，クレセント女子中学，華僑中学，ジュロン中学，シンガポール科学技術中学，南僑初等学校，義安中学の8校である．

〈用語解説〉

• メリトクラシー（meritcracy）

　　入学や昇進などの社会的な選抜や配分において，生まれや階級，人種，性別などの属性とは無関係に，個人の達成や業績を主要な基準にして決定される社会原理．能力主義や業績主義とも呼ばれる．地縁・血縁を排して自由な競争を認めるという公平性・合理性がある一方，その競争の結果生じた配分や報酬の格差を積極的に認めようとするため，敗者や社会的弱者に対する配慮を欠く側面もある．

• アファーマティブ・アクション（affirmative action）

　　積極的差別解消措置とも表現される社会的弱者に対する優遇政策．大学や公務員の採用において，政府がマイノリティやカーストの成員に対して一定の採用枠を設け，その構成比における歴史的な格差の是正をはかる制度．数値的な強制力をもつ場合効果は大きいが，差別の発生メカニズムを解決することにはならず，また採用・選抜水準に二重性が生じ，優秀なマジョリティの成員が不採用になる「逆差別」の可能性が弊害として存在する．

〈文献解題〉

綾部恒雄・石井米雄編『もっと知りたいシンガポール』（第2版）弘文堂　1994年
　　シンガポールの社会と教育を含め，国家の成り立ちと現状，そして21世紀への展望についてさまざまな側面から紹介・分析した入門書．教育については能力主義を中心とした国家の教育管理の現状と，一方で民営化による国際競争対応への戦略など，特色ある側面とその背景について考察している．

田村慶子『頭脳国家シンガポール』講談社現代新書　1993年
　　人口小規模の都市国家であるシンガポールが，東南アジアの非華僑国家に囲まれて，生き残るために選択した管理国家のイデオロギーとその背景，そしてそれが達成した成果について論述している．シンガポールの華々しい経済的成長と社会福祉政策の発展の反面，多民族社会における格差の拡大，外国人労働者の流入やシンガポール人の頭脳流出などの副作用についても分析している．

斎藤里美編著・監訳，上條忠夫編『シンガポールの教育と教科書―多民族国家の学力政策―』明石書店　2002 年

多民族・多言語社会であるシンガポールの子どもたちが世界一といわれる高学力を達成している背景について，その公教育制度の構造，人材育成システム，カリキュラム・教科書制度などから解明を試みている．シンガポールの小学校で使われている英語，数学，科学，健康の教科書を抄訳して掲載するとともに，その学習内容について日本との比較を行ない，そこにあらわれたシンガポールの学力観を分析している．

〈演習問題〉

①シンガポールの子どもたちが高い学力水準や教育水準を達成している背景について考えてみましょう．

②シンガポール社会が国際競争のなかで生き残ってゆくために行なっている教育政策についてまとめてみましょう．

③能力主義に基づく自由競争の結果生じた，民族的な教育格差について，シンガポール政府と NGO はどのような対策を講じているでしょうか．

第8章

若者の就労問題について考える

──教育から労働へ移行できない若者の実態──

本章のねらい

　近年，若者バッシングが激しい．無理もない．たとえば「ニート」について報道番組が組まれた場合に，必ずといってもいいほど，平日の昼間から公園でスケートボードに興じる，茶髪・ピアスの若者が登場し，「なぜ働かないのか」と問われると，「え〜，だって働くのってウザいしぃ……」といった言葉を返してくる．そこに込められたメッセージは，「彼ら／彼女らはどうしようもない若者たちである」ということであり，彼ら／彼女らが現在の境遇にあるのは，社会の問題ではなく，個人的な意識の問題だというわけだ．

　しかし，そうなのだろうか．たとえば本田由紀他『「ニート」って言うな！』（光文社，2006）において本田は，ニートという概念が登場してくることによって，本来若者の就労に関して社会的取り組みが必要で，しかもその気運が高まってきたにもかかわらず，個人的な原因─たとえば，甘え─のせいにされ，社会的取り組みの流れに水をかけたと指摘する．

　本書の筆者らも認識をほぼ共有する．上述の本田他（2006）は現在のさまざまな社会的言説を分析したものであり，筆者らがそれを繰り返す必要はないだろう．

　筆者らは何を言いたいのか？　結局のところ，若者に対する温かい目線が急速に失われているということである．その根本には若者に対する歪んだイメージを植えつける無意識的なあるいは意図的なメッセージの発信があろう．しかし，筆者らの考えるところ，若者を大事にしない社会には未来はない．若者を甘やかすというのではない．ただ，同じ社会でコミュニティで生きていく同胞として，彼ら／彼女らを「育てていこう」，あるいはともに「成長しよう」という気もなく，ただ「どうしようもない奴らだ」と蔑む目線からは，何も建設的な提言は生まれない．同胞を見下し，蔑む，弱者に対して，自己責任を強調し，社会のせいにするな，甘えるな

220

と声高に叫ぶ．これは社会なのか？　社会とはただ砂粒のように人が集まっているだけの場所なのか？　こういったことにつきる．そこで，本章ではフリーター，ニート，ワーキング・プアを中心とする近年の若者論を概観し，それらと近年のキャリア教育がどのような関係にあるのかを論じたい．第１節と第２節は山内，第３節から第６節は原が担当する．

第１節　いわゆる「ニート」について

　まず，ここで，近年さほど論じられなくなってきたが，一頃よく議論されたニートについて分析してみよう．ニートという言葉は，もともとイギリスから来ている．1990年代末からイギリスでは16〜18歳人口の９％にあたる16.1万人が教育にも雇用にも職業訓練にも身を置いていないことが明らかになっている．彼らは NEET（Not in Education, Employment or Training）と呼ばれるようになる．（原，2006より）．1997年にブレア政権が発足し，同年に社会的排除（social exclusion）防止局がスタートする．1999年に同局が *"BRIDGING THE GAP"* と題するレポートを提出したが，このレポート内で初めて NEET という言葉が登場し定義されている．

　1997年に発足したブレア政権は福祉国家時代の福祉依存体質からの脱却を訴えた．巷間よくいわれる「私はホームレスには金を恵まない」というブレア首相の言葉は，自立を促し，自助努力をする人には支援する，という基本姿勢の端的な表現である．もちろん，その代わりにいわゆる「福祉」は削減し，財源運用の効率化をねらっているわけである．しかし，この政策を実効あるものにするには，雇用へのアクセスの改善と動機づけが必要であり，職業訓練が重視されるようになる．しかし，雇用の改善だけではなく教育の改善も，あわせてうたわれるのである．つまり，従来のような新古典派の主張する完全雇用モデルを目指すのではなく，雇用可能性（employability）を高める必要があるというわけである．

　この視点からは NEET は若者であるにもかかわらず福祉の対象になり，膨大な社会的コストが発生することになるし，さらに，社会的排除との関連も指摘されるようになり，彼ら／彼女らの反社会的行動，非社会的行動も問題視されるわけである．

　しかし，上述の議論はあくまでもイギリスの議論であり，日本のニート（アルファベット表記ではなくカタカナ表記）問題には良くも悪くも独自性がある．

　ニートという言葉は，玄田有史・曲沼美恵（2004）以降，広く社会的認知を得たといえる．20 世紀後半の日本で広くみられた学校から職業へのスムーズな移行が 21 世紀に入る前後から崩壊し始め，フリーター問題が発生したのと関連するものと考えられる．小杉礼子（2005）によれば，フリーター（＝フリー・アルバイター）は 1980 年代末にアルバイト情報誌が作った言葉であり，「念頭に置いていたのは，何らかの目標を実現するため，あるいは組織に縛られない生き方を望んで，あえて正社員ではなくアルバイトを選ぶ若者」だった．ところが，1990 年代の景気後退後に激増したのは「やむを得ず」型，「モラトリアム型」等のタイプが増加した（小杉，同書）．山田昌弘の「パラサイト・シングル」論（山田，1999）が登場するのも，この時期である．しかし，今日語られるニートの意味は「パラサイト・シングル」とは異なり，豊かな中産階級の甘えたおぼっちゃま，お嬢ちゃまというイメージではなく，悲壮感の漂うものともなっている．また，ニートは求職活動を展開しない無業の若者を指す言葉ともなっている．求職活動を展開しない以上は，公的支援の対象外となってしまうのであり，それは自己責任論の前では，「どうしようもない若者」という議論となり，切り捨ての対象になってしまうのである．いずれにせよ，イギリスのような階級的・民族的視点は欠落しているといえるのである．

　ニートと一口にいっても，内実は多様で，さまざまな類型がある．

　例えば，和田秀樹（2005）は①責任を取りたくない症候群型，②社会的ひきこもり型，③パラサイトシングル型，④希望格差社会型，⑤家族社会崩壊型に分けている．浅井宏純（2005）は①逃避型，②もがき型，③新型＝学校依存型

に分け，①をさらに，ヤンキー型とひきこもり型に，②をさらにつまずき型と立ちすくみ型に分けている．また二神能基（2005）は①情報力必要型，②社会力必要型，③人間力必要型に分類する．いずれにせよ，「ニート・ひきこもり問題」とひとくくりにして論じられるきらいがあるニートだが，ひきこもりはその一類型に過ぎず，同一視はできない．

ニートに対しては，さまざまな視点からの問題提起と取り組みがある．岡崎智（2005）（浅井・森本編所収）によれば，下記の通りである．

- ハローワーク，ヤングハローワーク，総合労働相談コーナー
- ジョブカフェ，ヤングジョブスポット，ジョブジョブワールド
- 若者自立挑戦プランによるキャリア教育
- トライアル雇用，日本版デュアルシステム，草の根 e ラーニング
- 若者自立塾，ジョブ・パスポート，職業訓練券
- NPO や民間企業による就労支援

しかし，ニートという概念については，現在も本田他（2006）を始め，鋭い批判があり，なお，論争的である．最も大きな争点は，ニートという概念が，いかなる新たな有効な労働政策・教育政策の打ち出しに貢献したのか，という点にある．この点については，原が後述する．

第2節　いわゆる「使い捨てられる若者たち」について

ニート論に代わって注目を浴びているのは，いわゆる貧困論である．特に，先進諸国において近年若者を中心とする就労形態および彼ら／彼女らのメンタリティが非常に大きな関心を呼んでいる．筆者らの関知する範囲でもイギリス，イタリア，アメリカ，日本でこれらの書籍が非常に大きな反響を呼んでいる．そこに描かれているのは，国によって差はあるが，あまり良くない労働環境において，おおむね低賃金で，しかもあまりキャリアについての展望をもてそう

にない職務に就いている若者を中心とする群像である.

　筆者らが問題にするのは，こういったスチュアート・タノックの邦訳の題に
いう「使い捨てられる若者たち」がどのような層から，どのような経緯で発生
してくるのかについてである．というのは欧米のケースと日本のケースとでは
大きな違いがあるように考えるからである．本研究の目的は，これらの諸点に
関する日本のケースの特質を，主として英米両国と比較して明らかにしていく
ことにある.

　さて，まずイギリスについてである．第1節で述べたようにNEETをめぐ
る議論でよく紹介されるが，「使い捨てられる若者たち」の背景には社会的排
除（ソーシャル・イクスクルージョン）の問題がある．NEET（日本版「ニート」では
なくアルファベット表記のイギリス版「NEET」）の比率を，地域別にみても，南北差
が大きく（北＞南），スコットランド内でもハイランドとローランドの間で差が
ある（ハイランド＞ローランド）.

　ポリー・トインビーの『ハードワーク』においては，最低賃金が実質価格に
おいて大きく低下していることが繰り返し指摘されている．いわゆるワーキン
グ・プアと呼ばれる人びとの賃金はほとんど上昇しておらず，しかも最低賃金
の下落傾向が続いているわけである.

　さて，今述べたポリー・トインビーの『ハードワーク』についてであるが，
イギリスの労働党よりのクオリティ・ペーパー『ガーディアン』の女性記者が
「英国国教会」の『貧困と闘う教会活動』の「40日間最低賃金（時給£4.1＝約
820円）で暮らす体験をしてみませんか」という提案を受け，低賃金労働者の
暮らしを体験したレポートである．一部にはセレブなご婦人がマリー・アント
ワネットもどきの「ごっこ遊び」をしただけという批判もあるが，かなり秀抜
なレポートと筆者らは評価する．サッチャー政権下で進んだ新自由主義的政策
の結果，イギリスでは階層（階級）間格差が広がり，低賃金労働者の家庭の子
どもは，結局社会的に上昇することができず，親と同じ道を辿っているという
現実が紹介されているこういった人びとには，南アジア系移民，カリブ海諸島

系移民の特に女性，若者が多くみられるということである．

　次にイタリアについてである．2006年8月6日付の『朝日新聞（朝刊）』で紹介されたように，『ジェネラチオーネ・ミッレ・エウロ（1000ユーロ世代）』がイタリア国内で大きな反響を呼んでいる．筆者らはイタリア語をよく解さないけれども，把握した範囲で述べると，これはクラウディオという27歳の通信会社の会社員を主人公にした小説である．ばりばりハードな仕事をこなし働く，しかし低賃金，というわけである．イタリアでは1990年代始めから終身雇用から短期雇用に切り替え始めた．さらに，2003年に改正された労働法で，派遣労働が認められた．また若年無業者が増加した．

　周知の通り，イタリアでは，日本同様にコネ採用の慣習があり，親類や有力者からの推薦がない若者は就業することが困難になっている．不平等を測定するジニ係数をみてもアメリカが高いのは当然予想できるところであるが，イタリアはそれに近いところまで来ている．また，イタリアでは18〜30歳の約8割が「経済的に独立が困難」なため親と同居しているという状況もある．

　さて，最後にアメリカについてであるが，元々離転職が日本よりも盛んではあるが，若年者の転職回数が多いこと，高校中退や人種的マイノリティであるほど雇用状態が悪化することが，しばしば指摘されている．バーバラ・エーレンライクの『ニッケル・アンド・ダイムド』によれば，1973年の賃金レベルと比較した場合，賃金上昇率が最も低いのは全労働者のなかでもっとも貧しい層であり，賃金格差が急速に拡大しているということである．

　筆者らはアメリカ本土とは別にハワイ州に注目している．周知の通り，ハワイは全人口の17％が移民であるが，貧困率が1990年代に急速に増えている．収入の増加率においては地域間格差が目立っており，若年無業者の増加にも影響を与えている．

　ハワイ州はアメリカ全体と比べて失業率はかなり低いが，平均収入は逆に低くなっている．本論文全体とも関連することであるが，失業率の低下，すなわち（形式的な）完全雇用が問題の解決ではないということである．正規雇用で

あっても生活できるほどの収入を得ていないため，多くの若者がアルバイトも同時に行って，その日暮らしの状況で，一生低賃金労働に従事することになるわけである．しばしば指摘されるように，（形式的な）完全雇用が目指されるべきなのではなく，雇用可能性を高める（そして実質的な「完全雇用」を可能にする）ことが目指されるべきなのである．

　先ほど述べたバーバラ・エーレンライクの『ニッケル・アンド・ダイムド』であるが，彼女もポリー・トインビー同様，低賃金労働に従事し，ルポルタージュを書き上げた．彼女も，いわゆるワーキング・プアに女性，民族的マイノリティが多くいることを強調している．「頑張れば報われる」「成果に応じて果実にありつける」という美辞麗句に飾られた新自由主義，競争主義的な政策は，実は就労して働いても働いても貧困から抜け出す見込みのまったくない人びとを大量生産しているわけであるが，そういった低賃金労働に長く従事しているうちに，メンタリティまでも蝕まれてしまうというところが同書の重要な指摘であると考える．実際に，同書によれば最低生活を営むための「生活賃金」を稼げない人が全労働人口の６割以上となっているということである．なお，先ほどのポリー・トインビーも，バーバラ・エーレンライクも自身は若年労働者ではないが，彼女らのレポートの中心は若年労働者が占めていることを一言断っておく．

　なお，『使い捨てられる若者たち』の著者，スチュアート・タノックは，もうひとつ年齢差別ということを指摘している．つまり年配者の雇用を守るために，ワーキング・プア化した若者が増えているということである．われわれが若年者に中心をおいて研究を進めたいと考える根拠はここにある．

　以上，欧米諸国に見られる若年無業者の多くは，民族的マイノリティ，女性，低所得層出身者，高校中退者などであり，彼ら／彼女らがソーシャル・イクスクルージョン＝社会的排除の対象になっているということを先行研究は示している．もちろん，この「常識」自体吟味されねばならないだろう．しかし，この「常識」に基づき諸国はソーシャル・インクルージョン＝社会的包含を目指

して，諸施策を打ち出そうとしているわけである．今概観してきた諸著作からいえることは，彼ら／彼女らの労働環境が30年以上前からあまり改善されてはないということである．いうなれば，不平等の悪循環が若年無業者・低賃金労働者を生み出しているわけである．

第3節　どのような若者が
##　　　　フリーターやニートになっているのか

　フリーターやニートに代表される学校から職業への移行がスムーズに進まない事態は，多くの先進諸国が経験してきたところである．ニートを定義したイギリスでは，1980〜90年代半ばまでは景気が悪く，大量の失業者やホームレスが発生した．イギリスの景気は90年代後半から回復し，失業率は低下していったが，その波に取り残されたニートは減らず，むしろ増加していったのである．1999年にイギリス政府のSocial Exclusion Unit（社会的排除防止局）が発表した報告書 *BRIDGING THE GAP* では，毎年16〜18歳人口のうち，およそ9％にあたる約16万1千人の若者が教育，職業訓練，あるいは雇用のどれにも関係していないことがわかった[1]．さらにそこでは，16〜18歳の間にニートであったものは，その後に厳しい負の効果をもたらすことを指摘している．16歳のときにニートであったものの4割以上は18歳になってもニートであり，21歳以上になったときも失業している確率がきわめて高いことである．このような状態にあった若者は，労働市場に損失をもたらすか，または，他の社会的排除の兆候を引き起こす危険性があるといわれている．この報告書では，教育，雇用および職業訓練にかかわっていない男性の71％が薬物を使用しており，成人後も少年時代の行為を続けるために犯罪加害者になることや，不安定な生活習慣からうつ状態または身体的にも不健康な状態に陥りやすいことも明らかになっている．また，16〜18歳において6ヵ月以上の期間で社会的不参加であった女性の71％が21歳までに出産を経験していることが明らかにされ，

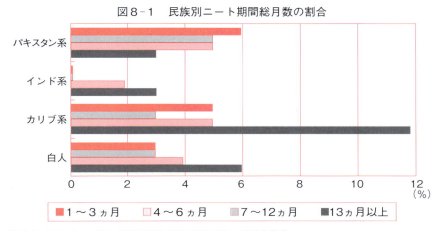

図 8 - 1　民族別ニート期間総月数の割合

■ 1〜3ヵ月　□ 4〜6ヵ月　▨ 7〜12ヵ月　■ 13ヵ月以上

出典）Social Exclusion Unit, *BRIDGING THE GAP*, 2001, p.23 より作成

女性のうち 3 人に 1 人は親になる前に教育にも雇用にもかかわらなかったことが報告されている．このように 10 代のうちにニートになった若者はその後の人生において社会参加へ復帰することが難しいといえるだろう．

　それでは，イギリスではどのような若者がニートになるのだろうか．多くの研究者は，ニートが生み出された要因として，人種や階級といった社会的不平等を指摘している．*BRIDGING THE GAP* では，その民族の違いによって社会的な所属をもたない期間が長くなることが明らかにされている（図 8 - 1 参照）．

　これを見るとカリブ系の子どもがニートになる割合が高いが，その期間の長さに注目すると，カリブ系の子どもがこのなかでもっとも高いことがわかる．カリブ系やパキスタン系に比べると，白人やインド系がニートになる割合は低く，民族によってニートになる期間が異なっていることがわかる．同報告書では，さらに詳しくニートの民族別の割合を調べるために，1998 年において 16 歳の子どものうち，ニートになる子どもの人種別の割合も表している（図 8 - 2 参照）．

　これをみると，16 歳人口において，ニートになる人種はバングラデシュ系

図8-2　16歳人口における人種別ニートの割合（1998年）

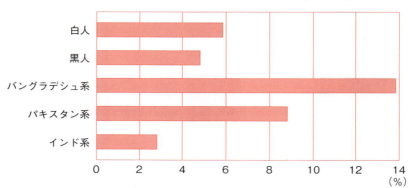

出典）Social Exclusion Unit, *BRIDGING THE GAP*, 2001, p. 49 より作成

やパキスタン系が多く，インド系や白人は彼らに比べると低いことがわかる．
以上のデータにより，ニートになる若者には，自分たちがどの民族に属するか
によって大きく異なることがわかる．とくにパキスタン系やバングラデシュ系
の若者は，義務教育が修了して22ヵ月以内を目安としたときに，ニートにな
る期間を4ヵ月以上経験していることが明らかになっている．

　また，ニートには地理的な特徴もあげられる．図8-3は，イングランドの
地方教育当局（LEA）別に，1996〜97年にかけて16〜17歳の若者のうち，
ニートの割合を示したものである．

　これを見ると，一番ニートの割合が高い地域では16〜17歳の4割がニート
であることが明らかになっている．上記にあげられた地方は，旧炭鉱地域とい
った歴史的に失業率の高い地域が多く，親の失業が子どもの世代にニートとい
う形になってあらわれていることが考えられる．以上の結果を踏まえ，玄田有
史（2004）は，イギリスにおいてニートが生み出される傾向として，「経済的に
豊かではない」「親が失業している」「母子家庭」といった家庭の問題があるこ
とが指摘されている[2]．

　イギリスでは，このような16〜17歳でニートの状態となっている若者に対
して，各省庁がその解決策を検討し始めている．そのなかのひとつとして，宮

図8-3　地方教育当局（LEA）別16～17歳人口におけるニート割合

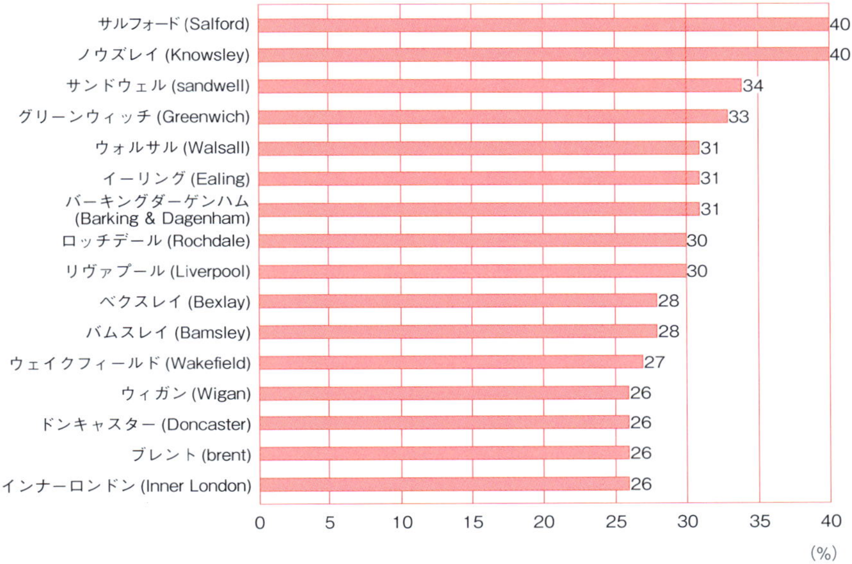

出典）Social Exclusion Unit, *BRIDGING THE GAP*, 2001, p. 26 より作成

本みち子（2004）は，2001年よりイギリスで開始されたコネクションズ・サービスをあげている[3]．これは大規模な財政を投じて設置された若者支援サービスであり，2004年現在イングランドで47ヵ所に設置されている．それまで若者関連の政策・支援に関わってきた6つの関係省庁や民間組織，キャリアサービスが連携し，若者が必要とする支援をひとつに統合する点に特徴がみられる．各地域のコネクションズは，地域に居住する対象年齢のすべての若者に対する責任をもっているが，支援するにあたっては，若者を3つのグループに区分している．これは複合的問題をもつ若者が最優先され，彼らは集中・持続的な支援を必要としているからである．コネクションズの具体的目標は，①ニート状態の若者の比率を減少させること，②16歳で公的資格なしに学校を終える若者の数を減少させること，③低学力の生徒の学力を引き上げ，また不登校生徒を減らすこと，④義務教育後の進学者を増やすこと，⑤未婚の母，施設出身者，

犯罪歴のある者の社会参加の機会を増やすこと，⑥薬物使用者へのサポートを増やすこと，がある．

このように，イギリスではニートの問題を社会全体の問題ととらえ，関係省庁が一体となって彼らに対するサポートを行なっている．しかし，日本では，労働市場の変化と子どもたちの職業観・勤労観の未熟さが，フリーターやニートの背景であるとして，キャリア教育の必要性が強調されている．はたして，このとらえかたは確かなのだろうか．

そこで本節では，日本ではどのような若者がフリーターやニートになっているのか，その傾向を各種データからとらえてみたい．

(1) 多様化するフリーター

フリーターとなる若者はどのような特徴をもつのだろうか．表8-1は学歴や年齢などの項目別に見た場合，フリーター率がどのように推移したのかを示したものである．

これを見ると，フリーターになるのは男性よりも女性に多く，男性は2002年ごろまで年齢が低くなるにつれてフリーター率が高かったが，2007年より

表8-1　性・年齢・学歴別フリーター率（%）

	男性							女性						
	1982	1987	1992	1997	2002	2007	2012	1982	1987	1992	1997	2002	2007	2012
計	2.4	4.0	4.4	6.4	10.6	14.6	16.4	7.3	10.8	10.2	16.3	35.5	29.0	30.2
15〜19歳	7.8	14.8	15.7	24.4	50.0	21.4	21.3	6.7	14.4	15.1	29.2	65.2	34.4	32.1
20〜24歳	3.8	6.1	6.6	10.6	29.1	22.9	22.7	6.1	8.9	9.2	16.9	36.8	30.5	30.6
25〜29歳	1.7	2.5	3.0	4.4	9.4	15.4	17.1	9.6	12.1	10.2	13.6	29.3	28.6	28.9
30〜34歳	1.3	1.6	1.5	2.4	6.4	9.5	12.4	10.5	13.4	10.8	14.3	34.6	28.1	31.0
中学	4.3	9.1	12.3	15.6	11.8	26.4	22.2	12.9	27.2	32.1	42.4	25.2	46.7	39.9
高校	2.4	4.4	4.9	7.2				6.5	10.7	11.1	20.0			
短大・高専	2.2	3.3	3.1	5.1	8.9	14.9	14.8	7.3	8.2	6.9	12.1	20.0	24.1	27.9
大学・大学院	1.2	1.4	1.4	2.7	7.3	11.2	9.9	8.0	8.9	6.8	9.6	19.3	26.3	22.4

出典）総務省「労働力調査」および労働政策研究・研修機構「若年者の就業状況・キャリア・職業能力開発の現状②」（http://www.jil.go.jp/institute/siryo/2014/documents/0144_01.pdf　2015.12.19 アクセス）

25 歳以上であってもフリーター率が 1 割を超えていることがわかる．女性においては，年齢によるフリーター率に格差がなくなりつつあることがわかる．

　また，学歴別で見た場合，男女ともに高学歴者のフリーターの割合が増加し続けており，とりわけ女性は 2 割強が大学・大学院を卒業・修了してもフリーターとなっていることがわかる．

　それでは，フリーター一人あたりの年収はどのように異なるのかを見てみたい．図 8-4 は 2014 年にリクルートワークス研究所が首都圏の 18 〜 69 歳を対象に行なったアンケートの中から，現在の就労形態を「フリーター」と答えた538 名の年収の分布である．

　この図をみると，フリーターは 100 〜 200 万未満を頂点として分布していることがわかる．リクルートワークス研究所は 2001 年よりフリーターの調査を行なっているが，2001 年では約 180 万円だった平均年収が 2014 年には 158.3万円と低くなっており，フリーターをとりまく環境が厳しくなってきていることがわかる．

図 8-4　フリーターの年収

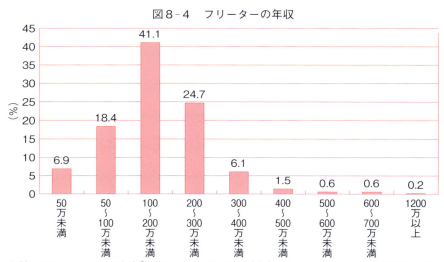

出典）リクルートワークス研究所「2014 ワーキングパーソン調査」(http://www.works-i.com/pdf/150323_wp2014.
　　pdf　2015.12.19 アクセス）より作成

　こうしてフリーターの特徴を見てくると，年齢や学歴においても，また収入といった点からもフリーターとなる若者が実に多様であることがわかる．ひとくちにフリーターといってもその背景にある要因はさまざまであり，すべてのフリーターが「正規の雇用がないから」という理由だけで，刹那的にアルバイトとして働いているのではないと考えられる．

(2)　新しいタイプの若年無業者「ニート」

　1990年末のイギリスにおいて，教育，雇用，職業訓練のいずれにも身を置いていない若者が16～18歳人口の9％にあたる16.1万人も存在することが報告され，深刻な若年層の雇用問題が浮き彫りとなった．彼らは「ニート」(NEET：Not in Education, Employment or Training) と呼ばれ，フリーターや引きこもりとも区別して分類される．このニートがイギリスだけではなく，日本にも存在していることが指摘されるにつれて，新たな若年層の雇用問題に発展しつつある．そこで，このニートについても，どのような特徴があるのか見ていきたい．

　ここでは日本型ニートを労働経済白書および労働政策研究・研修機構の定義より「無業で求職活動をしていない者のうち，卒業者かつ通学しておらず，配偶者なしで家事をおこなっていない者」である「非求職無業者」のデータより見てみたい．

　まずニートの具体的な数について見ていきたい．次の図8-5はニート人口の推移である．

　これを見ると，大きく2つのことがわかる．

　ひとつめに，2002年をピークとして34歳以下のニートの数は減少しているということである．ニートに関する問題が提起されたのは2000年初めのことであり，内閣府を中心とする若年就労施策が行った対策が，10歳代の若者において，効果をもちつつあるという指摘である．

　もうひとつは，2007年より統計の範囲となった高齢者ニートの割合が年々

図 8-5　ニート人口の推移

出典）労働政策研究・研修機構「若年者の就業状況・キャリア・職業能力開発の現状②」（http://www.jil.go.jp/institute/siryo/2014/documents/0144_02.pdf　2015.12.19 アクセス）より作成

多くなっているということである．厚生労働省定義によるニートは 34 歳以下のみを対象としていたが，近年のフリーターやニートの高齢化を踏まえ，年齢を 44 歳以下に引き上げたことにより，これまで研究の範囲外とされてきた高齢者ニートの実数についても把握されつつあること，またその数値は他の年齢層と異なりかなり大きな数となっていることがわかる．

　次に，ニートの学歴別構成の推移についても見てみたい．図 8-6 は 15 〜 44 歳のニートの最終学歴の推移である．

　これをみると，年を追うごとに高学歴ニートの割合が高くなっていることがわかる．1990 年代にはニートの 8 割以上が中学もしくは高校卒業であり，ニートの問題のひとつに学歴の低さを指摘することができた．しかし，2012 年においてはニートの 25.9％が短大や専門学校，大学や大学院を出ており，学歴の高さがニートのリスクを低めるといった指摘は必ずしも当てはまらないようになっていることがうかがえる．

図8-6　ニートの学歴別構成の推移

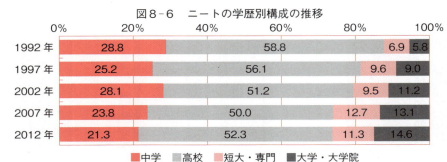

出典）労働政策研究・研修機構「若年者の就業状況・キャリア・職業能力開発の現状②」（http://www.jil.go.jp/institute/siryo/2014/documents/0144_02.pdf　2015.12.19 アクセス）より作成

図8-7　親と同居している若者の就業状況別世帯全体年収の分布

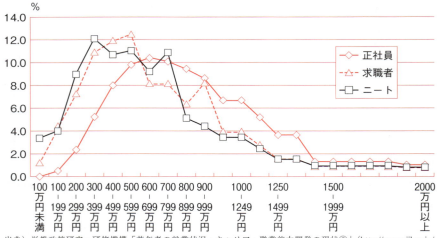

出典）労働政策研究・研修機構「若年者の就業状況・キャリア・職業能力開発の現状②」（http://www.jil.go.jp/institute/siryo/2014/documents/0144_02.pdf　2015.12.19 アクセス）より作成

　それでは，ニートの年収はどのように分布しているのであろうか．ここでは親と同居している若者の就業状況別世帯全体年収の分布から考察してみたい．図8-7は正社員，求職者，ニートの若者の世帯年収分布をみたものである．

　これをみると，正社員の年収は 600 万円台を頂点としてゆるやかな正規分布を形成しているのに比べて，求職者は 500 万円台を頂点とした鋭角な分布，ニ

ートについては 300 万円台と 700 万円台にこぶが 2 つある状態となっている．とりわけ 300 万円の頂点にした部分については，ニートがいるにもかかわらず，世帯そのものはあまり裕福な状態とは言えず，収入は親に頼らざるを得ない状態だが，頼る親さえも経済的な余裕がない．700 万円台のニートについてはひとまず収入がなくても家計を維持できる環境にあるといえるだろう．

第 4 節　フリーターやニート増加の背景にあるもの

　フリーターやニートといった若年無業者は年を追うごとに増加し，大きな社会問題となっている．では，いったい何がこのような定職をもたない，働かない若者を生み出した要因なのだろうか．これまでの調査研究から，大きく分けると以下の 3 つの要因があることが指摘されている．

(1)　労働市場説

　小杉によれば，1990 年以降の就職環境の厳しさ（高校への求人の大幅減，雇用慣行の変化・多様化，景気の後退など）があるにもかかわらず，新規学卒採用が基本であるという労働市場の基本は変わらないため，新規学卒時以外を外した無技能の若者の正社員就職はより難しくなっていることが指摘されている[4]．1990 年以降からの経済の後退は，それまでの既存の産業構造を大きく変容させ，そのなかでももっとも大きなものが終身雇用と年功序列の衰退である．高卒における正規雇用の激減とそれ以降の新規雇用の年齢制限は一度フリーターやニートになってしまった若者にとって就職の敷居を高くしてしまい，そのままフリーターやニートで居続けざるをえなくなる，というのが本説の主張である．

(2)　教育問題説

　苅谷剛彦は一連の教育改革の意図せざる結果として，子どもたちのなかでインセンティブ・ディバイド（学習への誘因・意欲の格差拡大）が広がり，勉強にお

いて努力を続けるものとあきらめた者への二極化がはっきりと進行していると指摘している[5]. また,玄田はそれを反映するように,自分の求める業種の正規の職業に就くことを早期にあきらめる若者が増加している,と述べている[6]. すなわち,1980年代後半から進められたゆとり教育が,就職という競争から降りてしまうフリーターやニートなどの若年無業者を生み出してしまったのではないか,というのである.

　また,学校やカリキュラムそのものを問題視する小杉のような指摘もある. すなわち,学校のなかでは,就業への意欲形成の指導(キャリア教育)が十分展開されておらず,進路選択を考慮した指導も不活発な場合があり,欠席・成績面での低位者はそもそも支援の対象から落ちてしまう構造があること,また,大学では教育を通じて形成される職業能力と就業との関係(職業的レリバンス)が問われにくくなっている現状を吟味しなおす必要があることにも言及している[7].

　いずれにしても,職業と教育との関係が見えにくくなったために,学校での学習に対して意欲をもてない若者が増え,その結果,若年無業者が増加した,というのがこの説の指摘である.

(3)　家庭環境説

　小杉によれば,とりわけ都市部の家計状態が苦しい家庭において,親の子どもへの関心や期待水準が低い傾向があり,経済的自立を強いられることへの反発や無気力が若年無業者を生み出すといった層がある一方で,逆に,教育に関心の高い高学歴富裕層の子どもたちのなかからも働かない若者が生み出されていることが指摘されている. 後者は,成績不良などひとたび学校での失敗が起こると職業選択においても負の影響がみられたり,「やりたいこと」をさせてやりたい親の思いが強かったりと,パラサイトを許すことのできる豊かな家計状況にある家庭からも働かない若者が生み出されている,というのがこの説の指摘である[8].

　玄田も，社会の豊かさや子どもの甘え以外の「家庭環境」に若年無業者を増加させる主要因があることを示唆しており，今後さらにそれが増加する恐れがあることに警鐘を鳴らしている[9]．

第5節　若年無業者は学業成績と関係がある⁉

　このように，若年無業者を生み出す要因は実に多様であり，以上にあげた3つの説が複合されたところに問題の焦点があるであろうことは容易に察せられる．そこで，2000年の日本労働研究機構による一連の調査研究の成果を用いて，複合要因の検討をしてみたい．

　堀有喜衣や本田由紀は，首都圏の高校3年生に対してのアンケート調査を通して，学業成績や高校階層と将来の進路選択との関係に着目している．堀は，進路選択において高校が高い比重を占めているにもかかわらず，高校の進路指導にのらない高校生がいることを明らかにしている．従来，高校は「学校を通じてよりよい職業や生活を獲得することができる」という伝統的な価値に基づいて，生徒から学校に対するコミットメントを引き出し，進路指導を有効に機能させ，結果的に良質な労働力を生み出すことに成功していた．しかし，堀は高校生のなかにこのような伝統的価値を共有しようとせず，学校に対して帰属意識の低い生徒がいることに着目した[10]．

　ここには資料を掲載しないが，彼らは「まじめな学校生活を送る」ことが将来の希望をかなえるとは思っておらず，その多くは相対的に社会階層下位の出身者であった．しかし，将来，「高収入を得たい」「独立したい」などといった野心は高い．

　そこで，高校3年になってからの欠席日数が21日以上のものを「パートタイム生徒」と定義したうえで，成績や予定進路とのクロス集計を行なっている（表8-4参照）．

　これをみると，フリーターを予定進路としている割合が，「成績上位から中

表8-4　予定進路と成績（無回答除く）

成績		予定進路									
		正社員就職：内定あり	正社員就職：内定なし	専門・各種学校：進学先決定	専門・各種学校：進学先未定	大学・短大：進学先決定	大学・短大：進学先未定	フリーター	家事手伝い	その他	まったく未定
成績上位から中位	パートタイム生徒	19.4	9.3	21.0	4.0	7.3	12.1	18.5	2.8	2.0	2.8
	非パートタイム生徒	28.0	4.9	25.8	3.6	19.8	9.0	6.4	0.5	0.6	1.3
	計	27.5	5.1	25.5	3.7	19.0	9.2	7.1	0.7	0.7	1.4
成績下位	パートタイム生徒	14.5	10.7	13.2	6.3	1.6	6.0	34.2	3.6	1.3	8.3
	非パートタイム生徒	28.6	7.2	23.8	5.4	6.2	5.4	17.4	1.6	0.9	3.4
	計	25.8	7.9	21.7	5.6	5.3	5.5	20.7	2.0	1.0	4.4

出典）堀有喜衣「高校生とフリーター」小杉礼子『自由の代償／フリーター』日本労働研究機構　2002年　p. 125
より作成

位（7.1%）」よりも「成績下位（20.7%）」の生徒に多いことがわかる．また，成績にかかわらず「パートタイム生徒」は「非パートタイム生徒」よりもかなり多くの生徒がフリーターとなる予定（「成績上位から中位」では「パートタイム生徒（18.5%）」に対して「非パートタイム生徒（6.4%）」と約3倍，「成績下位」では同様に34.2%と17.4%と約2倍）であることがわかる．

また，進路が「まったく未定」というニート予備軍と考えられる生徒は，「成績下位」の「パートタイム生徒」に8.3%と圧倒的に多い．一般に，出席率の低調なパートタイム生徒は，学校生活にあまり価値を見出しにくくなっており，結果的にさまざまな学校生活から取り残されやすい生徒だと考えられる．したがって，進路指導もあまり受けず，就職活動もしないことが原因でそのままフリーターやニートになっているのではないだろうか．

また，本田は堀と同様のデータを用いてフリーターの性別による差異に注目し，フリーター予定者の高校階層およびそこでの成績と性別との関連を調べ，どのような生徒がフリーターになるのかといった分析を行なっている（表8-5参照）．

表8-5　偏差値・成績・性別とフリーター予定との関係

偏差値	成績	上のほう	やや上のほう	真ん中あたり	やや下のほう	下のほう	無回答	合計
上	男子	3.3	0.0	16.7	26.7	46.7	6.7	100.0
	女子	2.3	9.3	11.6	27.9	44.2	4.7	100.0
中の上	男子	4.4	4.4	15.4	22.0	48.4	5.5	100.0
	女子	7.4	11.1	26.9	24.1	27.8	2.8	100.0
中の下	男子	3.8	7.5	16.5	21.8	45.1	5.3	100.0
	女子	5.3	12.0	26.9	25.5	26.0	4.3	100.0
下	男子	9.9	15.5	16.9	26.8	28.2	2.8	100.0
	女子	13.3	14.4	21.1	18.9	25.6	6.7	100.0

資料：本田由紀「ジェンダーという視点から見たフリーター」小杉礼子『自由の代償／フリーター』日本労働研究機構　2002年　p.153より作成

　これをみると，偏差値が高い高校にいる生徒ほど，成績ランクが下がるにつれてフリーター予定率が高くなる．この傾向は特に男子生徒に強く，偏差値下位校をのぞいて「下のほうの成績」にある男子においては，ほぼ半数近くがフリーター予備軍になっていることがわかる．女子生徒についても同様の傾向はみられるものの，男子ほど成績によるフリーターの予定率に差はない．女子の特徴は，偏差値下位校では「上のほうの成績」の生徒であっても13.3%がフリーター予定者であるということである．

　これらのデータからわかることは，若年無業者に「なる」か「ならない」かが学校にいるときの成績によってかなり左右されるという点である．それも，出席の低調な成績下位生徒や，偏差値上位校にいてひとたび学業成績でつまずいた生徒ほどフリーターになりやすいというデータなどは特徴的であるといえるだろう．彼らは満足な進路指導も受けられなかったり，進路に対しての希望をもてなくなったりしてフリーターやニートになってしまう．これは，社会階層によってニートの発生率が異なるイギリスや，人種によって就業率の差があるアメリカとは異なった日本に固有の特徴といえるだろう．

　一昔前ならば，学校を卒業することは就職することと同じ意味をもち，学校から職業への移行が非常に円滑に行なわれていたのが日本の特徴であった．し

かし，この数年の社会の変動は若者の学校から社会への移行を困難にさせている．フリーターやニートの増加問題は，その典型的な事例といえるのかもしれない．

第6節　子どもの貧困と若年就労問題

　近年の若年就労問題についての研究を見てみると，労働政策研究・研修機構による「若年者の就業状況・キャリア・職業能力開発の現状」やリクルートワークス研究所による「ワーキングパーソン調査」や「雇用の現状」といった総務省の時系列のデータを分析したものが報告されているが，一時の流行は少し落ち着いたと受け止められている．

　理由のひとつとして指摘できるのは，フリーター・ニートの高年齢化である．これまでのフリーターやニートの大部分は30歳未満であり，社会問題として世間の注目を集めていたが，若年の範囲に含まれない年齢にまでフリーター・ニートの範囲が広がることにより，「働かないのは個人の責任だ」といった個人責任に帰す風潮が強くなった．その結果として，若年就労問題が取り上げられる機会が少なくなったといえるだろう．

　それに代わって近年注目されているのは，「子どもの貧困」である．2013年6月に「子どもの貧困対策推進法」が制定され，日本国憲法第25条の生存権が侵害されている子どもたちの存在を指摘する声が大きくなった．子どもの約6人に1人が貧困の状態であり，教育や健康，保育，生活に大きな影響があることが明らかになっている．子どもの貧困の要因として，保護者の貧困があり，それらの背景に親世代の就業状態が不安定であることは論を待たない．結果として，親世代の貧困が子ども世代のさまざまな面において悪循環として表れていることは先行研究からも明らかである．子どもの貧困が未就労につながることは明らかであり，親世代の就労支援や子世代の教育や福祉上の支援が求められている．

　若年就労，子どもの貧困，どちらの問題においても教育が果たすべき役割は大きい．これらの問題はまださまざまな課題の端緒に過ぎず，今後の政策によっては子どもの環境が大きく変化することは自明である．学習環境が保証されていない子どもたちの進路をどのように保証するのか，貧困の悪循環から抜け出すための仕組みが教育に求められているのである．

〈注〉
1）玄田有史・曲沼美恵『ニート―フリーターでもなく失業者でもなく―』幻冬舎　2004 年　p. 25
2）同上　pp. 24 〜 29
3）宮本みち子「社会的排除と若年無業―イギリス・スウェーデンの対応」労働政策研究・研修機構『日本労働研究雑誌』第 46 巻11 号　2004 年　p. 22
4）小杉礼子『フリーターとニート』勁草書房　2005 年　p. 202
5）苅谷剛彦『階層化日本と教育危機―不平等再生産から意欲格差社会へ』有信堂高文社　2001 年
6）玄田・曲沼　前掲書　p. 254
7）小杉　前掲書　p. 204
8）小杉　前掲書　p. 256
9）玄田・曲沼　前掲書　p. 206
10）堀有喜衣「高校生とフリーター」小杉礼子『自由の代償／フリーター』日本労働研究機構　2002 年　pp. 123 〜 125

〈引用・参考文献〉
上里一郎監修・白井利明編『迷走する若者のアイデンティティ―フリーター，パラサイト・シングル，ニート，ひきこもり―』ゆまに書房　2007 年
明石要一『キャリア教育がなぜ必要か―フリーター・ニート問題解決への手がかり―』明治図書　2006 年
荒木創造『ニートの心理学―「激化」したアダルトチルドレンにどう対処するのか―』小学館　2005 年
朝日新聞経済部『不安大国ニッポン―格差社会の現場から―』朝日新聞社　2006 年
浅井宏純・森本和子『自分の子どもをニートにさせない方法―ニートといわれる人々―』宝島社　2005 年
文春新書編集部編『論争　格差社会』文藝春秋　2006 年

部落解放・人権研究所編『排除される若者たち―フリーターと若者たち―』解放出版社

玄田有史・曲沼美恵『ニート―フリーターでも失業者でもなく―』幻冬舎　2004 年

玄田有史・小杉礼子・労働政策研究・研修機構『子どもがニートになったなら』NHK 出版

玄田有史編『希望学』中央公論新社　2006 年

原清治「フリーター，ニート問題と日本の教育計画」山内乾史・杉本均編『現代アジアの教育計画（下巻）』学文社　2006 年

畠中雅子『教育貧民―減収増税時代でも減らない「教育費」事情―』宝島社　2005 年

速水敏彦『他人を見下す若者たち』講談社　2006 年

本田由紀『若者と仕事―「学校経由の就職」を超えて―』東京大学出版会　2005 年

本田由紀『多元化する「能力」と日本社会―ハイパー・メリトクラシー化のなかで―』NTT 出版　2005 年

本田由紀・内藤朝雄・後藤和智『「ニート」って言うな！』光文社　2006 年

本田照光・白井邦彦・松尾孝一・加藤光一・石畑良太郎『階層化する労働と生活』日本経済評論社　2006 年

二神能基『希望のニート―現場からのメッセージ―』東洋経済新報社　2005 年

不登校情報センター編『最新版　不登校・引きこもり・ニート支援団体ガイド』子どもの未来社　2005 年

居神浩・三宅義和・遠藤竜馬・松本恵美・中山一郎・畑秀和『大卒フリーター問題を考える』ミネルヴァ書房　2005 年

絲山秋子『ニート』角川書店　2005 年

岩瀬彰『「月給百円」サラリーマン』講談社　2006 年

人生戦略会議『ニート・フリーター革命　30 歳へのスピード戦略―下流スパイラル脱出ミッション―』WAVE 出版　2006 年

城繁幸『若者はなぜ 3 年で辞めるのか？―年功序列が奪う日本の未来―』光文社　2006 年

門倉貴史『ワーキング・プア―いくら働いても報われない時代が来る―』宝島社　2006 年

加藤諦三『格差病社会』大和書房　2006 年

苅谷剛彦『学校・職業・選抜の社会学―高卒就職の日本的メカニズム―』東京大学出版会　1991 年

苅谷剛彦・菅山真次・石田浩『学校・職安と労働市場―戦後新規学卒市場の制度化過程―』東京大学出版会　2000 年

喜入克『叱らない教師，逃げる生徒―この先にニートが待っている―』扶桑社

　　2005 年

吉川徹『学歴と格差・不平等―成熟する日本型学歴社会―』東京大学出版会　2006 年

小林よしのり『中流絶滅（新ゴーマニズム宣言第 15 巻)』小学館　2006 年

小林由美『超・格差社会アメリカの真実』日経 BP 社　2006 年

小島貴子『我が子をニートから救う本―ニート或いはニートの予備軍の親たちへ
　　―』すばる舎　2005 年

小島貴子『就職迷子の若者たち』光文社　2006 年

小日向未森『ジャスト・ニート』ノベル倶楽部　2005 年

河野員博『現代若者の就業行動』学文社　2004 年

小杉礼子『自由の代償フリーター―現代若者の就業意識と行動―』労働政策研究・
　　研修機構　2002 年

小杉礼子『フリーターという生き方』勁草書房　2003 年

小杉礼子編『フリーターとニート』勁草書房　2005 年

小杉礼子・堀有喜衣編『キャリア教育と就業支援―フリーター・ニート対策の国際
　　比較―』勁草書房　2006 年

工藤啓『「ニート」支援マニュアル』PHP 研究所　2005 年

熊沢誠『若者が働くとき―「使い捨てられ」も「燃えつき」もせず―』ミネルヴァ
　　書房　2006 年

毎日新聞社会部編『縦並び社会―貧富はこうして作られる―』毎日新聞社　2006 年

松宮健一『フリーター漂流』旬報社　2006 年

三浦展『下流社会―新たな階層集団の出現―』光文社　2005 年

宮島理『現在がわかる！　格差社会―「格差」の実態がサクッとわかる！―』九天
　　社　2006 年

宮本みち子『若者が《社会的弱者》に転落する』洋泉社　2002 年

牟田武生『だれにでも起きる!?　ニート・ひきこもりへの対応』教育出版　2005 年

中野雅至『高学歴ノーリターン』光文社　2005 年

中野雅至『格差社会の結末―富裕層の傲慢・貧困層の怠慢―』ソフトバンク・クリ
　　エイティブ　2006 年

日本労働研究雑誌 Vol. 46　No. 11 労働政策研究・研修機構　2004 年

日本社会教育学会編『社会的排除と社会教育（日本の社会教育第 50 集)』東洋館出
　　版社　2006 年

二宮厚美『格差社会の克服―さらば新自由主義―』山吹書店　2007 年

小田晋・作田明責任編集『ニート・ひきこもり・PTSD・ストーカー』新書館
　　2005 年

小方直幸「大学から職業への移行における新卒派遣のインパクト」『大学論集』第

　37集　広島大学高等教育研究開発センター　pp. 61-77　2006年

李尚波『女子大学生の就職意識と行動』御茶の水書房　2006年

斎藤貴男『機会不平等』文藝春秋　2000年

斎藤貴男『教育格差と階層化（シリーズ「教育改革」を超えて５）—斎藤貴男対談
　集　自己教育する身体をとりもどそう—』批評社　2005年

齊藤環『「負けた」教の信者たち—ニート・ひきこもり社会論—』中央公論新社
　2005年

佐藤俊樹『不平等社会日本—さよなら総中流—』中央公論新社　2000年

佐藤洋作・浅野由佳・NPO文化学習協同ネットワーク編『コミュニティ・ベーカ
　リー　風のすみかにようこそ—ニートから仕事の世界へ—』ふきのとう書房
　2005年

澤井繁男『「ニートな子」をもつ親へ贈る本』PHP研究所　2005年

白川一郎『日本のニート・世界のフリーター』中央公論新社　2005年

失業者友の会編『失業天国—一生楽して遊んで暮らしたい人のお気楽本—』光進社
　1998年

杉田俊介『フリーターにとって「自由」とは何か』人文書院　2005年

橘木俊詔『脱フリーター社会—大人たちにできること—』東洋経済新報社　2004年

橘木俊詔『格差社会—何が問題なのか—』岩波書店　2006年

橘木俊詔・浦川邦夫『日本の貧困研究』東京大学出版会　2006年

タノック，スチュアート（大石徹訳）『使い捨てられる若者たち—アメリカのフリ
　ーターと学生アルバイト—』岩波書店　2006年

てぃ～ん『ニート脱出の投資戦略—バリュー株で億万長者へ—』　2005年

鳥居徹也『フリーター・ニートになる前に読む本』三笠書房　2005年

山田昌弘『パラサイト・シングルの時代』筑摩書房　1999年

山田昌弘『パラサイト・シングルのゆくえ—データで読み解く日本の家族—』筑摩
　書房　2004年

山田昌弘『希望格差社会—「負け組」の絶望感が日本を引き裂く—』筑摩書房
　2004年

山田昌弘『新平等社会—「希望格差」を超えて—』文藝春秋　2006年

矢下茂雄『大卒無業—就職の壁を突破する本—』文藝春秋　2006年

安川雅史著・多湖輝監修『「ひきこもり」と闘う親と子を応援する本—ニート・不
　登校は必ず解決できる！—』中経出版　2006年

和田秀樹『ニート脱出—不安なままでもまずやれる事とは—』扶桑社　2005年

渡部真編『モラトリアム青年肯定論（現代のエスプリ460）』至文堂　2005年

渡部真『現代青少年の社会学』世界思想社　2006年

渡部昭男『格差問題と「教育の機会均等」―教育基本法「改正」をめぐり "隠された" 争点―』日本標準　2006 年

『ポリティーク　2005　特集　現代日本のワーキング・プア』旬報社

『月刊高校教育 2005 年 6 月号　特集　フリーター・ニート問題と高校生』学事出版

『月刊高校生活指導 2006 年春季号　特集　ニート問題への提言』青木書店

『季刊　自治と分権　2004 年秋　ワーキング・プアと社会保障・福祉』自治労連・地方自治問題研究機構

『教育運動誌　クレスコ 2005 年 9 月号　「フリーター・ニート」問題への視座』大月書店

『ユリイカ―詩と批評― 2006 年 2 月号　特集　ニート』青土社

阿部彩『子どもの貧困Ⅱ―解決策を考える』岩波新書　2014 年

〈用語解説〉

- **ワーキング・プア**

　　門倉貴史（2006）の定義によれば，「汗水垂らして一生懸命働いているのに，いつまで経っても生活保護水準の暮らしから脱却できない人たちのこと」を指す．都道府県による違いはあるが，およそ年収 200 万円未満である．2005 年で 546 万人強にものぼるとされている．自営業者を入れると 1,400 万人を超えるといわれる．

- **ネットカフェ難民**

　　何らかの事情で住んでいた自宅，寮などを退去し（させられ），24 時間営業のインターネットカフェやマンガ喫茶などで夜を明かし，主として日雇い派遣労働（ワンコールワーク）などで生計を維持している者を指す．どれほどの人数がこれに該当するのかについては，平成 19 年 8 月 28 日付『朝日新聞（夕刊）』12 面に，厚生労働省の調査結果として 5,400 人と推計されている．

- **ワンコールワーカー**

　　携帯電話などで一日限り（ないしはごく短期間）の単純労働に派遣される労働者のこと．労働者派遣法の改正により，派遣できる業務が拡大したことと携帯電話の爆発的な普及が背景にある．ワンコールワーカーはスキルアップにつながらない単純な仕事のため，高い時給の仕事には就くことできず，ほぼワーキング・プアになっている．「使い捨てられる人々（特に若者）」の典型であり，格差社会の象徴とみなされる．

〈文献解題〉

斎藤貴男『機会不平等』文藝春秋　2000年

　　いわゆる格差社会論がブームになる以前に，新自由主義的な構造改革の問題点を指摘し，厳しく批判した，この分野の嚆矢ともいえる好著．特に教育機会の格差化との関連で論じているところが重要である．

本田由紀・内藤朝雄・後藤和智『「ニート」って言うな！』光文社　2006年

　　若者をめぐる言説がマスコミにおいてどのように展開されているかを検証し，ユースフォビア，若者バッシングの傾向を鋭く批判した好著．特に本田のニートの概念をめぐる批判的検討は重要．

二宮厚美『格差社会の克服─さらば新自由主義─』山吹書店　2007年

　　格差社会化を全面的に否定し，また格差社会の原因を新自由主義的な構造改革に求める観点から，多様な「格差社会論」を整理し，鋭く批判した好著．

〈演習問題〉

①フリーターの大量発生の原因としては，(1)社会経済的背景，(2)学校の職業教育，(3)家庭のしつけ＆本人の職業意識などが理由としてしばしばあげられます．それぞれの説のメリットとデメリットを整理し，まとめなさい．

②格差社会にも積極的推進論，容認論，否定論などさまざまにあります．それぞれの説をどのような社会的立場の人びとがどのような根拠に基づいて支持しているのでしょうか，また他の説をどのように批判しているのか整理し，まとめなさい．

欧文索引

1902 年教育法 …………………… 116
1988 年教育改革法 ……………… 108
2002 年教育法 …………………… 120
2003-2007 年教育振興行動計画 …… 175
2011 年教育法 …………………… 107
211 プロジェクト ………………… 181
21 世紀を目指す教育振興行動計画 … 175
985 プロジェクト ………………… 181
985 工程 ………………………… 181
Academy ………………………… 107
ADHD …………………………… 18
Advanced Level Examination …… 111
Advanced Placement …………… 201
AFS ……………………………… 83
AP ……………………………… 201
attainment targets ……………… 108
Autonomous University ………… 210
Becker, H. J. …………………… 161
British Council …………………… 69
Bush, G. W. ……………………… 148
citizenship education …………… 123
City Technology College ………… 104
community school ……………… 105
Connexions ……………………… 111
Contextual Value Added: CVA …… 110
Core Professional Standards …… 114
Cuban, L. ……………………… 134
Dedicated School Budget ……… 117
Dewey, J. ……………………… 140
DfEs circular 2/98 ……………… 113
ECTS …………………………… 78
EiC Action Zones ……………… 118
Eic Cluster ……………………… 118
Employability …………………… 220
Enrichment ……………………… 198
ERASMUS ……………………… 78
Excellence in Cities: EiC ……… 118
Excellent Teacher ……………… 113
foreign students ………………… 70
foundation school ……………… 105
free school ……………………… 107
GCE-A …………………………… 193
GCE-A レベル試験 ……………… 195
GCE-N レベル …………………… 196
GCE-O/N ………………………… 193
GCE-O レベル試験 ……………… 195
General Certificate of Secondary: GCSE
……………………………… 104, 110
General National Vocational Qualifica-
tion: GNVQ …………………… 111
Gifted Education Programme: GEP
……………………………… 198
Goh Chok Tong ………………… 202
Grant Matintained School: GM School
……………………………… 106
Grund Schule …………………… 54
Gymnasium ……………………… 54
Haupt Schule …………………… 54
Hutchins, R. …………………… 140
IB ………………………………… 86
IB 課程 …………………………… 86
IB 認定大学 ……………………… 86
IEA ……………………………… 192
independent school ……………… 105
Institute of Technical Education: ITE
……………………………… 196
Integrated Programme ………… 195
Integrated Programme: IP ……… 199
Interdependency ………………… 73
ITE ……………………………… 212
J-1 ビザ ………………………… 85
Jefferson, T. …………………… 140
Johnson, S. M. ………………… 160
Landman, J. …………………… 160
LD ……………………………… 18
Lead Inspector ………………… 124
Lee Hsien Loong ……………… 204
Local Education Authority: LEA …… 106
Local Management of Schools …… 116
maintained school ……………… 105
Mann, H. ……………………… 138
Manpower 21: The Vision ……… 211
mentor ………………………… 206
Multi-Academy Trust …………… 108
National Curriculum …………… 108
National Institute of Education: NIE
……………………………… 210
National Test …………………… 110
NE ……………………………… 203
New Public Management ……… 126

248

NICs/NIEs ·················73
No Child Left Behind Act of 2001······ 148
NUS High School of Mathematics and
  Science ························· 197, 201
NUS 科学高校 ·························· 196, 201
O.J.T ·································49
OECD································ 193
ofsted ······························ 116
Parkhurst, H.························ 146
PFI ································· 118
PISA テスト ·························· 191
Post Threshold Teacher··········· 113
PPP ································· 118
Private Finance Initiative ········ 118
PSLE ·························· 193, 195
PTA ·································10
Public Private Partnership··········· 118
publicly funded independent school ··· 105
publicly funded school·············· 105
Qualification Curriculum Authority: QCA
  ································· 109
Reading First ················· 148
Real Schule ·····················54
Regan, R. ······················ 147
Regional Inspection Providers: RISPs
  ································· 124
Regional School Commissioner ········ 117
SAT ································· 199
Scholastic Assessment Test ············ 199
School Improvement Partners: SIPs
  ································· 117
school leave ····················· 104
school teachers' pay and conditions
  document ···················· 122

SEM ································· 201
SIT ································· 197
Social Emotional Learning: SEL
  ···························· 206, 207
social exclusion···················· 220
Special Needs Officer ··············· 207
specialist school ··················· 104
specialized high school ·············· 197
SUTD ·························· 197, 210
Teacher's standards ··············· 114
teachers: meeting the challenge of chan-
  ge ······························· 113
TES·································· 112
Tharman Shanmugaratham ············· 204
The Great Debate in Education ····· 126
Thinking Schools, Learning Nation ··· 202
TIMSS ····························· 193
TLLM······························ 205
Transnational Education·················90
trust ····························· 107
Tyack, D. ····················· 134, 139
UCTS ·································79
University Mobility in Asia and Paci-
  fic: UMAP ·························78
University of Malaya ·············· 209
Urban, W. ························ 163
voluntary aided school ··············· 105
voluntary controlled school ··········· 105
Wagoner, J. ······················ 139
Webster, N. ······················ 138
Wells, A. S. ····················· 158
Work Experience···················· 109
Work-related Learning ··············· 109
WTO ·································72

和文索引

あ行

アイデンティティ·················· 2
アインシュタイン・クラブ··············· 201
アカウンタビリティ············· 123, 134, 138
アカウンティング・スクール（会計士
  大学院）························54
赤尾勝巳······························ 156
アカデミー···························· 107
アカデミー法···························· 107

浅井宏純···························· 221
アジア・太平洋大学交流機構·············78
アファーマティブ・アクション········· 144
天野郁夫·····························52
アメリカ········· 133-142, 144, 146-148, 154,
  161, 163, 164, 167
アメリカ国際教育協会·····················75
アメリカン・フィールド・サービス······83
アルトバック····························67
異学年集団の復活·····················21

域内大学コース……………………78
生きる力………………………… 8
異校種間連携……………………21
いじめ……………………………… 1
いじめの4層構造論………………14
いじられキャラ…………………26
伊藤茂樹………………………… 3
インセンティブ・ディバイド（学習への
　誘因・意欲の格差拡大）…………235
ウェブスター…………………… 138
ウェルズ，A. S. ……………… 158
うつ状態………………………… 226
英国文化センター………………69
Aレベル試験　…………………111
エグルトン・リポート……………17
江淵一公…………………………78
エラスムス計画…………………78
応試教育………………………… 183
欧州大学生移動アクション計画…… 77, 78
岡崎智………………………… 222
教え過ぎず，学びを促す……………204
親の教育義務…………………… 138
オルヴェウス，D. ………………15
オルタナティブ・スクール……… 137, 155

か行

海外研修……………………………68
海外子女教育振興財団………………81
外国人学生…………………………70
回状……………………………… 113
外人教師……………………………66
加害者………………………………14
「科教興国」戦略 ……………… 174
拡充……………………………… 198
学習指導要領…………………… 135
学士力………………………………61
革新と進取の気性………………… 203
学力低下…………………………… 1
学歴社会……………………………38
カタリバ……………………………29
学級崩壊…………………………… 1
学校化……………………………… 2
学校改善パートナー……………… 117
学校病理…………………………… 1
学校優秀化モデル………………… 203
学校理事会……………………… 112
カーネギー・ユニット…………… 146
金子郁容………………………… 154

カミングス，W. ……………………76
カリキュラムの現代化…………… 143
カリキュラムの人間化…………… 143
苅谷剛彦………………………… 235
観衆…………………………………14
完全競争……………………………50
完全情報……………………………50
キーステージ…………………… 108
機会原因説…………………………13
危機に立つ国家………………… 143, 147
企業内教育…………………………39
帰国子女学級………………………83
帰国子女教育学級…………………83
帰国子女特別入学枠………………86
技術教育学院………………… 196, 212
規範意識欠如説……………………14
キャリア教育…………………… 236
旧制高校……………………………54
キューバン…………………… 134, 145
教育改革国民会議……………… 154, 165
教育機会………………………… 142, 143
教育再生実行会議…………………88
教育水準監査院………………… 116
教育成果についての説明責任………… 134
教育大討論……………………… 126
教育的配慮…………………………10
教育投資……………………………58
教育におけるITマスタープラン（現在
　はマスタープランⅡ：Masterplan 2
　Moe 2006）……………… 202, 203, 207
教育問題説……………………… 235
共依存関係のいじめ………………10
教員の規準……………………… 114
教員の給与及び待遇に関する文書…… 112
教員の専門職規準……………… 114
教員：変化と課題に対応する………… 113
教科書検定制度………………… 135
強制的バス通学………………… 156
清永賢二……………………………14
グラマースクール……………… 104
クリントン，B. ……………………23
クリントンコール…………………23
グローバル化…………………… 165
訓練可能性（＝Trainability）………49
研究生院………………………… 182
黒崎勲…………………………… 167
玄田有史………………………… 221
公営学校………………………… 105

250

公営独立学校……………………… 105
高学歴社会…………………………38
高等専門学校………………………54
校内暴力……………………………… 5
公費維持学校……………………… 105
公民権運動………………… 142-144
公立学校…………………………… 105
ゴー・チョク・トン……………… 202
国際学力テスト…………………… 193
国際学校……………………………86
国際教育到達度評価学会………… 192
国際バカロレア……………………86
国際バカロレア加盟校……………86
国際バカロレア規約………………87
国民教育…………………………… 203
国立教育学院………………… 196, 210
個人的収益率………………………58
小杉礼子…………………………… 221
国家中長期教育改革・発展計画要綱（2010
　年-2020年）………………… 175
国庫補助学校……………………… 106
子どもの貧困対策推進法………… 240
コネクションズ…………………… 111
コネクションズ・サービス……… 229
コミュニティコントロール論…… 142, 150,
　154, 155
コミュニティスクール…………… 178
コモン・スクール運動…………… 168
コロンビア特別区………………… 153
雇用可能性………………………… 220

さ行

在外邦人子弟………………………80
才能教育プログラム……………… 198
才能児……………………………… 137
佐々木洋平………………………… 155
佐藤学………………………………20
さらし………………………………28
サルマン・シャンムガラタム教育大臣
　…………………………………… 204
ジェファーソン…………………… 140
シェフィールド大学いじめ防止プロジ
　ェクト………………………………24
資格・カリキュラム委員会……… 109
識字率……………………………… 143
シグナリング理論…………………50
思考する学校，学ぶ国家………… 202
四書五経……………………………42

自治大学…………………………… 210
実業高校……………………………54
シックスフォーム………………… 111
シックスフォーム・カレッジ…… 111
シティ・テクノロジー・カレッジ… 104
渋谷恭子…………………………… 154
市民性教育………………………… 123
シム・チュン・キャット………… 213
社会人基礎力………………………60
社会的収益…………………………58
社会的・職業的地位………………41
社会的排除防止局………………… 220
就職基礎能力………………………60
受験競争…………………………… 2
受験地獄……………………………37
朱子学………………………………42
ジュニア・カレッジ……………… 194
主任監査官………………………… 124
障害児……………………………… 137
上級資格教員……………………… 113
状況の付加価値…………………… 110
職業関係学習……………………… 109
職業教育法………………………… 145
職業体験学習……………………… 109
職業的レリバンス………………… 236
情緒・社会性学習………………… 206
初等学校修了試験………………… 194
ジョブ・ローテーション…………47
自律的学校経営…………………… 116
シンガポール医学校……………… 209
シンガポール科学技術学院……… 197
シンガポール技術デザイン大学… 197
シンガポール経営大学…………… 196
シンガポール国立大学…………… 196
シンガポール技術デザイン大学… 210
シンガポール経営大学…………… 210
人権侵害……………………………25
人権的民族的マイノリティ……… 158
新公共経営論……………………… 126
新興工業化諸国・地域……………73
新古典派経済学……………………50
新植民地主義………………………72
人的資本論…………………… 48, 140
スクール・カースト………………26
スクリーニング仮説………………48
鈴木寛……………………………… 154
スチュアート・タノック………… 223
ストレス原因説……………………14

スプートニク・ショック…………… 142, 143
スプリット・コース………………………70
スペシャリスト・スクール……………… 104
スポンサーアカデミー…………………… 107
スミス，P. ……………………………………17
性格原因説……………………………………13
生活科…………………………………………8
清教徒………………………………………… 138
生徒の学習到達度国際調査……………… 193
世界貿易機構…………………………………72
ゼロ・トレランス……………………………23
全国共通教育課程………………………… 108
全国共通試験……………………………… 110
全国共通職業資格試験…………………… 111
総合的な学習の時間……………………… 8
相互従属………………………………………73
総合性中等学校…………………………… 104
総合性ハイスクール……………… 139, 145
総合的な学習の時間……………………… 165
相互認定制度…………………………………78
創造的・批判的思考……………………… 203
疎外………………………………………… 2
素質教育…………………………………… 185

た　行

タイアック，D. ………………… 134, 145
大恐慌……………………………………… 143
体罰……………………………………… 7
太平洋教育文化交流協会……………………83
タイムズ教育版…………………………… 112
ダビンチ・プログラム…………………… 201
単位互換スキーム……………………………79
段階型…………………………………………54
地域学校コミッショナー………………… 117
地域監査機関……………………………… 124
知的移民…………………………………… 213
地方当局（地方教育当局）……………… 106
地方補助学校……………………………… 105
チャータースクール……… 134, 153-162
中央教育審議会………………………………88
中華人民共和国義務教育法……………… 173
中華人民共和国民営教育促進法………… 179
中等教育修了資格試験…………… 104, 110
帝国大学………………………………………54
適能教育主義……………………………… 165
デューイ…………………………………… 140
寺子屋…………………………………… 42, 53
転換型アカデミー………………………… 107

ドイツ……………………………………… 142
統計的差別理論………………………………50
統合コース………………………………… 195
統合プログラム…………………………… 199
到達目標…………………………………… 108
特殊高校…………………………………… 201
特殊ニーズ支援指導員…………………… 207
特定学校補助金…………………………… 117
特別な教育ニーズ………………………… 137
特別な教育的ニーズをもつ生徒……………17
独立学校…………………………………… 105
読解力を第一に…………………………… 148
トラスト…………………………………… 107
トランスナショナル教育……………………90
トランスナショナル高等教育………………91
ドルトン・プラン………………………… 146

な　行

ナンヤン芸術アカデミー………………… 196
南洋工科大学……………………………… 197
ニート……………………………………… 220
ニューイングランド……………… 138, 139
ニューヨーク市…………………… 142, 150
人間力…………………………………………60
ネットいじめ………………………… 1, 25
ネットカフェ難民………………………… 243
農民工子女………………………………… 174
能力志向の教育…………………………… 203

は　行

バウチャー………………………… 151, 156
バウチャー制度…………………………… 154
パーカースト……………………………… 146
ハッチンズ………………………………… 140
バーバラ・エーレンライク……………… 224
バブル崩壊………………………………… 165
パラサイト・シングル…………………… 221
藩校…………………………………… 42, 53
被害者…………………………………………14
ビジネス・スクール…………………………56
ひとりっ子政策…………………………… 177
貧困との戦い……………………………… 144
二神能基…………………………………… 222
不登校…………………………………… 1
フリースクール…………………………… 107
ブレア政権………………………………… 220
文化大革命………………………………… 170
分岐型…………………………………………53

分離·····················52
ベイカー・デー···················112
米国国際教育協会···············70
偏差値輪切り体制···············37
傍観者·····················14
ポートフォリオ··················51
ホームエデュケーション············ 102
ホームスクーリング············· 158
補修事業校···················81
ポリー・トインビー··············· 223
ポリテクニク·············· 196, 212
堀有喜衣···················· 237
本田由紀···················· 219

ま行

マイノリティ···················18
曲沼美恵···················· 221
マグネットスクール········· 151, 156, 157
マサチューセッツ州··············· 160
マジョリティ···················19
町の学校設置義務··············· 138
学びから逃走する子どもたち·········20
マラヤ大学··················· 209
マルチアカデミートラスト··········· 108
マン······················ 138
マンパワー 21 展望··············· 211
ミネソタ州··················· 153
民営公助··················· 180
メディカル・スクール··············56
メンター··················· 206
モダンスクール················ 104
森口朗·····················26
森田洋司····················14

や行

山田昌弘···················· 221
有志団体立管理学校·············· 105
有志団体立補助学校·············· 105
優秀教員··················· 113
ゆとり····················· 6
ユネスコ····················67
ヨーロッパ学校·················86

ら行

ラサール・カレッジ··············· 196
ラッフルズ・カレッジ·············· 209
ラベリング··················· 2
リアルいじめ··················26
リーグテーブル················ 110
リー・シェンロン··············· 204
リベラル・エデュケーション········· 138
リーマンショック················76
離学······················ 104
リクルートワークス研究所·········· 231
留学生·····················66
レーガン大統領················ 147
労働市場説·················· 235
労働政策研究・研修機構··········· 240
労働生産性···················59
ロー・スクール（法科大学院）········56
ロータリー青少年交換留学··········83

わ行

ワーキングプア················ 245
和田秀樹··················· 221
ワトソン，J.·················73

編者紹介

原　清治（はら・きよはる）
1960 年長野県生まれ
佛教大学教育学部教授　博士（学術）
主要著書等：『学生の学力と高等教育の質保証（Ⅱ）』（共編著，学文社，2013 年）『学
　　　　　校教育課程論（第二版）』（単編著，学文社，2013 年）『若年就労問題と学
　　　　　力の比較教育社会学』（単著，ミネルヴァ書房，2009 年）『「使い捨てられ
　　　　　る若者たち」は格差社会の象徴か―低賃金で働き続ける若者たちの学力
　　　　　と構造―』（共著，ミネルヴァ書房，2009 年）
専 攻 分 野：教育社会学

山内乾史（やまのうち・けんし）
1963 年大阪府生まれ
神戸大学大学教育推進機構／大学院国際協力研究科教授　博士（学術）
主要著書等：『学修支援と高等教育の質保証（Ⅱ）』（共編著，学文社，2016 年）『「学
　　　　　校教育と社会」ノート―教育社会学への誘い―』（単著，学文社，2015
　　　　　年）『学修支援と高等教育の質保証（Ⅰ）』（単編著，学文社，2015 年）
　　　　　『学生の学力と高等教育の質保証（Ⅱ）』（共編著，学文社，2013 年）『学
　　　　　生の学力と高等教育の質保証（Ⅰ）』（単編著，学文社，2012 年）
専 攻 分 野：教育計画論・高等教育論

杉本　均（すぎもと・ひとし）
1958 年静岡県生まれ
京都大学大学院教育学研究科教授　Ph. D.
主要著書等：『現代アジアの教育計画（上・下）』（共編著，学文社，2006 年）『マレー
　　　　　シアにおける国際教育関係―教育へのグローバル・インパクト』（単著，
　　　　　東信堂，2005 年）『大学の管理運営改革―日本の行方と諸外国の動向―』
　　　　　（共編著，東信堂，2005 年）『トランスナショナル高等教育の国際比較』
　　　　　（編著，東信堂，2014）
専 攻 分 野：比較教育学

比較教育社会学へのイマージュ

2016年 8 月10日　第一版第一刷発行
2018年10月20日　第一版第二刷発行

編著者　　原　　　清　　治
　　　　　山　内　乾　史
　　　　　杉　本　　　均
発行者　　田　中　千　津　子

発行所　株式会社　学　文　社

©2016　Hara Kiyoharu, Yamanouchi Kenshi
and Sugimoto Hitoshi Printed in Japan

東京都目黒区下目黒3-6-1
電話(3715)1501代・振替00130-9-98842

（落丁・乱丁の場合は本社でお取替します）　　　●検印省略
（定価はカバーに表示してあります）　　印刷／株式会社亨有堂印刷所
ISBN978-4-7620-2594-5